**마법 같은 영상 제작을 위한**

# 스마트폰 촬영 및 편집

### with 캡컷

**마법 같은 영상 제작을 위한
스마트폰 촬영 및 편집 with 캡컷**

Copyright © 2025 by 김지희 All rights reserved.

**초판 1쇄 발행** 2025년 3월 3일
**초판 5쇄 발행** 2026년 1월 1일

**지은이** 김지희
**펴낸이** 송찬수
**펴낸곳** 시프트

**출판등록** 2024년 1월 26일 제2024-000016호
**주소** 경기도 파주시 청암로 82
**팩스** 050-4047-5587

**기획·편집** 송찬수 / **디자인** 다람쥐생활

**문의** ask@shiftbook.co.kr
**SNS** instagram.com/shift.book

**ISBN** 979-11-986730-4-6 13000
**책값은 뒤표지에 있습니다.**

- 이 책은 저작권법에 따라 보호를 받는 저작물이므로 무단 전재와 무단 복제를 금합니다.
- 이 책의 내용 전부 또는 일부를 이용하려면 반드시 저작권자와 시프트의 동의를 받아야 합니다.
- 잘못된 책은 구입처에서 교환해 드립니다.
- 시프트에서는 여러분의 소중한 원고, 새로운 기획을 기다리고 있습니다.
  https://bityl.co/idea 에서 설문을 작성하거나 아이디어 또는 주제를 이메일 offer@shiftbook.co.kr 로 보내 주세요.

마법 같은 영상 제작을 위한

# 스마트폰 촬영 및 편집
## with 캡컷

릴스 마법사
롱제이 김지희 지음

시프트

※ **일러두기**

- 이 책의 내용을 기반으로 한 운용 결과에 대해 지은이 및 출판사에서는 일체의 책임을 지지 않으므로 양해 바랍니다.
- 이 책의 집필 시점과 학습 시점에 따른 캡컷의 버전 차이, 사용하는 디바이스나 운영체제의 차이에 따라 일부 기능은 지원하지 않거나 책의 내용과 다를 수 있습니다.
- 용어 표기는 실제 프로그램에 사용된 단어를 우선으로 하였습니다.
- 시프트 출판사의 출간 도서 및 관련 자료는 https://bityl.co/shiftbook 에서 확인할 수 있습니다.
- 이 책의 실습용 영상 또는 파일은 별도로 제공하지 않습니다.
- 책 내용과 관련된 문의는 지은이(kimjihee55@naver.com) 혹은 출판사(ask@shiftbook.co.kr)로 연락해 주시기를 바랍니다.

차례

들어가며 ● 009 | WARNING ● 014 | 추천의 글 ● 013

## PART I  마법같은 영상의 시작, 제대로 촬영하기

### CHAPTER 01 | 마법의 도구, 스마트폰 200% 활용을 위한 기본 설정 ● 017

- MAGIC 01  촬영의 기본, 수직과 수평 유지를 위한 설정 … 018
- MAGIC 02  영상의 품질을 결정하는 해상도와 프레임 … 021
  - 영상의 선명한 정도를 결정하는 해상도 … 021
  - 부드러운 영상을 결정하는 프레임 … 022
  - 기본 카메라 앱에서 해상도와 프레임 설정 변경 방법 … 023
- MAGIC 03  마법 같은 영상 제작을 위한 준비물 3가지 … 025

### CHAPTER 02 | 잘 찍은 영상 하나로, 밤샘 편집 건너뛰기 ● 027

- MAGIC 01  영상과 절친되기 … 028
  - 영상이 두려운 여러분에게 … 028
  - 잘 만든 영상 콘텐츠의 비밀 … 029
- MAGIC 02  여러분, 촬영 전 이것 하셨나요? … 030
  - 렌즈는 반드시 깨끗하게 유지하기 … 030
  - 영상의 품질과 대상의 비율을 결정하는 촬영 자세 … 031
  - 배경에 따라 확 바뀌는 결과 … 033
- MAGIC 03  3가지로 분류할 수 있는 촬영 대상 … 034
  - 움직이는 것 … 034
  - 움직일 수 없는 것 … 035
  - 멈춰 있지만 움직이게 할 수 있는 것 … 036
- MAGIC 04  주요 대상의 위치를 사수하라! … 037
  - 가장 눈길이 가는 곳을 공략하라 … 037
  - 격자 선에 배치하라 … 039
  - 수직을 활용하라 … 041
  - 공간감을 활용하라 … 042

차례

| MAGIC 05 | 거리에 따라 결정되는 샷의 종류 | 043 |
| MAGIC 06 | 사물을 바라보는 위치에 따른 차이, 앵글 | 046 |
| | 눈높이에서 바라보는 아이 레벨 앵글 | 046 |
| | 위에서 내려다보는 하이 앵글 | 049 |
| | 아래에서 올려다보는 로우 앵글 | 051 |
| MAGIC 07 | 의외로 모르는 스마트폰 활용법 4가지 | 053 |
| | 촬영 범위와 강조 대상을 선택할 수 있는 배율 | 053 |
| | 느림의 미학, 슬로 모션 | 055 |
| | 순식간에 지나가는 고속 촬영 | 058 |
| | 인물 영상 촬영에 특화된 모드 | 060 |
| MAGIC 08 | 무빙이 어렵다고? 3가지로 끝! | 064 |
| | X축으로 움직이자 | 065 |
| | Y축으로 움직이자 | 067 |
| | Z축으로 움직이자 | 069 |
| MAGIC 09 | 무엇을 촬영해야 할지 고민이라면 | 071 |
| | 촬영하기 전 반드시 정해야 할 것 | 071 |
| | 하나의 동작으로 10개의 영상 만드는 법 | 071 |

## PART II 영상에 마법 한 스푼, 캡컷 편집

### CHAPTER 01 | 영상에 마법을 더해 줄 캡컷 기본기 • 077

| MAGIC 01 | 영상 편집 앱, 어떤 것을 선택할까? | 078 |
| | 영상 편집 앱, 왜 캡컷일까? | 078 |
| | 캡컷? 유료? 꼭 써야 할까? | 080 |
| MAGIC 02 | 편집 전 꼭 장착해야 할 캡컷 기초 | 081 |
| | 앱 실행 전 반드시 준비할 2가지 | 081 |
| | 캡컷의 기본 인터페이스 및 기능 살펴보기 | 085 |
| | 워터마크와 이별하기 | 088 |
| | 영상 불러와서 클립으로 추가하기 | 090 |
| | 영상 편집을 위한 클립 및 화면 기본 조작 방법 | 091 |
| | 완성할 영상의 비율 변경하기 | 093 |
| | 편집의 시작, 컷 편집 | 095 |
| | 잘 만든 영상, 제대로 내보내기 | 098 |

| MAGIC 03 | **자주 보고, 반드시 기억해야 할 클립 편집 기능들** | 100 |

영상을 뒤집거나 회전할 땐 변형 2　　　　　　　　　　　　　100
영상의 비율을 조절할 때는 자르기　　　　　　　　　　　　　102
디테일하게 영상을 조정하는 기본　　　　　　　　　　　　　102
컷 편집 끝낸 영상을 다른 영상으로 변경할 땐 교체　　　　　103
교체와 함께 사용하면 더 효과적인 복제　　　　　　　　　　104
재생 중에 특정 부분에서 일시 정지하는 프리즈　　　　　　　104
볼륨을 효율적으로 조절하는 방법　　　　　　　　　　　　　105
열심히 촬영했는데 흔들림이 심하다면 손떨림 보정 Pro　　 106

## CHAPTER 02 | 용량만 차지하던 망한 영상, 심폐 소생 • 107

| MAGIC 01 | **버튼 하나로 감각적인 영상이 완성되는 콜라주** | 108 |

콜라주에는 어떤 영상이 어울릴까?　　　　　　　　　　　　108
콜라주 영상 프로젝트 시작하기　　　　　　　　　　　　　　109

| MAGIC 02 | **온 세상이 거꾸로 돌아가는 역방향의 세계** | 113 |
| MAGIC 03 | **자연스러운 영상의 연결, 장면 전환** | 115 |

장면 전환 효과 적용하기　　　　　　　　　　　　　　　　　115
장면 전환 효과적으로 적용하기　　　　　　　　　　　　　　117

| MAGIC 04 | **속도 조절 하나로 새로운 느낌 연출하기** | 120 |

전체 속도를 동일하게 조정하는 일반　　　　　　　　　　　　121
점점 느려지거나 빨라지게 조정하는 곡선　　　　　　　　　　122

| MAGIC 05 | **고급 마법의 핵심, 키프레임** | 127 |

변화의 시작 키프레임　　　　　　　　　　　　　　　　　　　127
사진을 움직이게 만드는 키프레임　　　　　　　　　　　　　129
흑백 세상이 알록달록 세상으로　　　　　　　　　　　　　　131

## CHAPTER 03 | 시선을 잡아 주는 숏폼 자막 • 133

| MAGIC 01 | **자막 작업 시작 전, 이것만은 반드시** | 134 |

기본 설정의 텍스트 추가　　　　　　　　　　　　　　　　　134
텍스트 위치 및 크기 조정　　　　　　　　　　　　　　　　　136
텍스트 클립 위치 고정하기　　　　　　　　　　　　　　　　136

| MAGIC 02 | **숏폼에서 눈길을 끄는 자막 꿀팁 모음** | 138 |

가독성을 위한 데드라인 공식　　　　　　　　　　　　　　　138
자주 하는 자막 실수　　　　　　　　　　　　　　　　　　　140

차례

**MAGIC 03 텍스트를 예쁘게, 보기 좋게 꾸미는 방법** — 142
- 텍스트 편집 상태 확인하기 — 142
- 텍스트 꾸미기의 시작, 글꼴 — 143
- 다양한 스타일 적용하여 텍스트 꾸미기 — 147
- 눈에 확 띄는 유튜브 쇼츠 스타일 자막 편집 방법 — 152
- 자막 작업이 더욱 빨라지는 라스팅 텍스트 — 153

**MAGIC 04 내 손을 따라다니는 텍스트 만들기** — 155

## CHAPTER 04 | 음악, 그리고 오디오의 모든 것 • 159

**MAGIC 01 영상 편집에 참고할 샘플 음악 준비하기** — 160
- 영상 편집 중에 사용할 참고용 음악 녹음하기 — 160
- 녹화한 영상의 참고 음악 활용하기 — 163

**MAGIC 02 비트에 맞춰 음악 편집하는 방법** — 166

**MAGIC 03 음량 조절의 모든 것** — 170

**MAGIC 04 목소리를 자막으로 만드는 방법** — 172
- 영상 보면서 녹음하기 — 172
- 녹음한 음성으로 5초 만에 자막 생성하기 Pro — 174
- 자동 캡션 자막 편집 꿀팁 — 175

## CHAPTER 05 | 영상을 살리는 색감 보정법 • 177

**MAGIC 01 색감 보정 이론의 기초** — 178
- 색을 보정할 때 반드시 알아야 할 이론 지식 — 178
- 색을 다른 색으로 바꿀 수 있다고? — 184

**MAGIC 02 색 보정만으로 완성하는 마법의 영상 편집** — 187
- 빨간 사과만 컬러인 세상 만들기 — 187
- 흑백에서 점점 알록달록하게 변하는 세상 만들기 — 188
- 옷 색상이 계속 바뀌는 신기한 영상 만들기 — 189

**MAGIC 03 예쁜 얼굴, 맛있는 음식을 만드는 기본 색감 보정** — 193
- 생기 넘치고 화사한 얼굴 표현하기 — 193
- 맛집 영상을 위한 맛깔나는 영상 보정 — 195

| MAGIC 04 | 계절감을 끌어올리는 사계절 보정법 | 197 |
|---|---|---|
| | 봄, 꽃에 화사함 한 스푼 핑크빛 보정 | 197 |
| | 여름, 감성 넘치는 지브리 느낌의 보정 | 199 |
| | 가을의 정취를 살리는 가을빛 보정 | 201 |
| | 겨울, 새하얀 겨울 왕국으로 보정 | 205 |

## CHAPTER 06 | 모르면 아쉬운 보너스 스킬 • 207

| MAGIC 01 | 얼굴은 작게, 다리는 길게, 8등신 보정 | 208 |
|---|---|---|
| | 얼굴을 주먹 만하게 보정하기 | 208 |
| | 다리가 길어 보이는 보정법 | 210 |
| MAGIC 02 | 움직이는 사람을 따라다니는 얼굴 모자이크 | 212 |
| | 자동이지만 유료인 블로의 모자이크 기능 | 212 |
| | 모자이크 기능도 무료인 비타 | 215 |
| | 일주일 무료, 아이폰에서만 사용할 수 있는 브이딧 | 217 |
| MAGIC 03 | 영상을 만들면서 반드시 알아야 하는 저작권 | 219 |
| | 저작권 걱정 없이 안전하게 사용할 수 있는 글꼴 모음 | 219 |
| | 음악 저작권에서 벗어나는 방법 | 221 |

# PART III 실전, 마법 같은 영상 편집

## CHAPTER 01 | 마법 같은 영상을 위한 핵심 비법 4가지 • 223

| MAGIC 01 | 영상 합성을 위한 오버레이 & PIP | 224 |
|---|---|---|
| | 2개 이상의 영상을 하나의 장면으로 합성하기 | 224 |
| | 오버레이 혼합 기능으로 텍스트에 영상 넣기 | 228 |
| MAGIC 02 | 영상에서 사람만 남기려면? 배경 제거 | 235 |
| | 캡컷의 배경 제거 기능 사용하기 | 236 |
| | 다른 앱에서 배경 제거하기 | 238 |
| MAGIC 03 | 얼굴 말고, 영상에 씌운 마스크 | 242 |
| | 원하는 모양으로 마스크 적용하기 | 242 |
| | 마스크 기능으로 쌍둥이 영상 만들기 | 246 |

| MAGIC 04 | 영화 CG와 같은 합성 기법, 크로마 키 | 251 |
|---|---|---|
| | 크로마 키 세상 파헤치기 | 251 |
| | 크로마 키 기법의 이용 사례 살펴보기 | 252 |
| | 캡컷의 크로마 키 합성 방법 | 255 |

## CHAPTER 02 | 영상 마법의 마지막 보스, 실전 편집! • 257

| MAGIC 01 | 커피 위에 사람이? 작은 세상 마법 | 258 |
|---|---|---|
| MAGIC 02 | 시간을 조절하는 마법 | 261 |
| MAGIC 03 | 사람이 날아오는 마법 | 264 |
| MAGIC 04 | 내가 4명이나? 네 쌍둥이 마법 | 268 |
| MAGIC 05 | 기둥 뒤로 가면 옷이 바뀌는 마법 | 272 |
| MAGIC 06 | 문이 열리면서 새로운 세상이 펼쳐지는 마법 | 276 |
| MAGIC 07 | 커피가 지나가니 텍스트가 나타나는 마법 | 281 |
| MAGIC 08 | 상자를 열지 않고 상자 속 물건을 확인하는 마법 | 286 |

## FINAL MISSION | 트랜지션 미션을 수행하라 • 290

크로마 키 배경 • 292
찾아보기 • 293

 들어가며

# 영상 촬영 편집 꿀팁 마법을
# 경험하기 전에!

 **교사 시절, 어쩌다 영상을**

똥손 중의 똥손이었던 제가 지금은 어디서나 "금손이시네요!"라는 말만 듣고 삽니다. 영상은 고사하고 사진조차도 제대로 배운 적 없지만, '영상 촬영 편집'이라는 주제로 대기업에서 강의까지 하기에 이르렀습니다. 우리가 어떤 민족입니까? 도전의 아이콘 아니겠습니까!

강의를 나가면 많이 듣는 질문 중 하나가 "어떻게 영상을 배운 적도 없으면서 그렇게 잘 찍으세요?"입니다. 누구나 처음은 있습니다. 저의 첫걸음은 교사 시절 만든 UCC 영상이었습니다. 지금처럼 영상 콘텐츠가 대중적이지도 않고, 영상을 편집하려면 프리미어 프로라는 선택지만 떠오르던 때, 거의 2주간 밤을 새우며 만들었습니다. 해상도나 프레임이 무슨 의미인지조차 모른 채 그저 이어 붙이는 작업 위주였죠. 3번이나 파일이 날아가 컴퓨터를 던지고 싶은 마음이 들었고, '다시는 영상을 만들지 않겠다.'는 결심까지 했습니다. 그렇게 힘들게 완성한 영상은 막무가내로 촬영하여 화질이나 색감이 형편없었지만, 다시 돌아오지 않을 추억이 가득 담겨 있습니다. 제자들과의 소중한 1년을 3분으로 압축한 제 보물 같은 영상은 지금까지도 종종 재생해 보는 소중한 선물이 되었죠.

︽ 제자들과 1년을 정리한 첫 UCC 영상

인생에서 새로운 도전을 위해 교사라는 직업을 그만둔 후 강연과 책 출간이라는 목표를 세웠고, UCC 제작의 고생과 추억이 잊혀질 때 쯤, 인생의 목표를 가장 빠르게 달성하는 방법으로 다시 영상을 떠올렸습니다. 그 누구도 나의 이야기를 들어주지 않지만, 좋은 음악에 감성을 움직이는 글이 어울어진 영상이라면 귀를 기울일 거라는 확신이 들었습니다. 그 순간부터 실천하기 시작한

 **들어가며**

것이 바로 '영상 기록'이었습니다. 영상을 배운 적은 없지만, 과거라는 기록에 음악이라는 조미료 한 스푼이면 스스로를 알릴 수 있는 가장 효과적인 전단지가 될 거라 믿었습니다. 이런 마음가짐 으로 퇴사 후 다양한 일에 도전했고, 그때마다 단 5초라도 그 순간을 영상 증거로 남겨 두었습니 다. 퇴사 후 고생한 3년의 경험은 지금까지도 영상이라는 기록으로 남아 1,000만 명에게 롱제이 라는 사람을 알리는 중요한 발판이 되어 주었습니다.

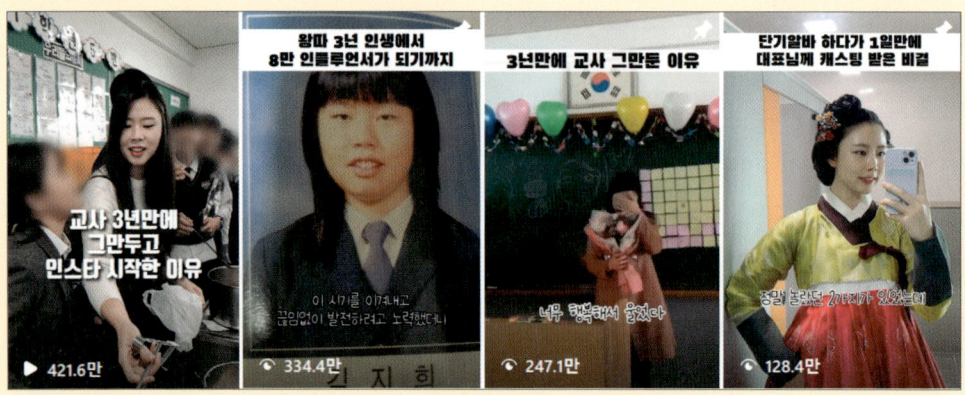
△ 평범한 영상 기록으로 만든 인생 전단지

 **나의 가장 소중한 보물 1호, 스마트폰**

영상 기록을 시작하려고 비싼 카메라나 장비들을 준비했을 거라고 생각하는 분도 있습니다. 하지 만, 저에게는 장비를 마련할 경제적 여유, 그런 장비의 사용 방법을 배울 시간적 여유도 없었죠. 문득 제 손에 들려 있던 스마트폰이 눈에 들어왔습니다. '스마트폰이면 나의 일상을 기록하기에 충분하지 않을까?', '제대로 배워보면 콘텐츠 제작을 더 제대로 할 수 있지 않을까?'라는 생각으로 관련 영상 콘텐츠들을 찾아보기 시작했죠. 국내에서 제작된 스마트폰 촬영 노하우는 많지 않았지 만, 해외에서는 스마트폰을 이용한 영상 제작 사례가 점차 증가하고 있었고, 노하우도 하나둘 공 유되고 있었어요. 그때부터 해외 영상 콘텐츠를 보면서 스마트폰 영상 촬영 노하우나 편집 요령 을 배우기 시작했습니다.

그렇게 배우고 터득하여 여러분에게 알려드리는 노하우는 영화와 같은 작품을 만드는 방법이 아 닙니다. 틸트, 패닝, 조명, ISO와 같은 전문 용어를 구체적으로 설명하지도 않습니다. 그저 누구 나 가지고 있는 최고의 촬영 도구인 스마트폰 카메라를 이용해 스스로를 세상에 알리거나, 새로 운 기회를 맞이할 수 있는 길로 안내해 드리고 싶을 뿐입니다.

**영상, 왜 해야할까요?**

이 책을 보고 계신 여러분에게 묻고 싶습니다. 영상 촬영과 편집이라는 주제의 이 책을 펼쳐 본 이유는 무엇인가요? 이 책을 통해 얻고자 하는 정보, 가고자 하는 길은 무엇인가요? 사람들이 종종 제게 묻는 것 중 하나가 "영상, 진짜 도움 되나요?"입니다.

누군가는 사랑하는 가족과의 추억을 더 잘 남기고 싶어서일 수도 있고, 또 다른 누군가는 저처럼 목표를 달성하기 위한 수단으로 영상을 선택했을 수도 있습니다. 매출을 올리기 위하여서일 수도 있고, 새로운 기회를 바라면서 간절한 마음으로 시작할 수도 있겠죠. 여러분의 계기나 목표가 무엇인지는 모르지만, 한 가지는 말씀드릴 수 있습니다.

### 인생을 바꾸는 가장 빠른 지름길은
### 단언컨대 영상입니다!

지나가는 사람에게 내 이야기를 들어달라고 외치면 그 누가 들어 줄까요? 하루에 10명 찾기도 힘들 겁니다. 하지만 영상은 다르죠. 하루에 300만 명이 나를 봐 주기도 합니다. 단 하나의 콘텐츠만으로도요. 이제는 글과 사진을 넘어 영상이 필수인 시대가 되었습니다. 이 많은 콘텐츠 사이에서 과연 내가 눈에 띌 수 있을까? 고민되시나요?

마이너스 통장, 할 줄 아는 것 하나 없는 현실, 호기롭게 던진 사직서와 반대되는 힘겨운 생활, 이 모든 걸 벗어나기 위해 간절한 마음으로 붙잡듯 시작한 게 영상이었습니다. 비전공자가 토탈 30만 크리에이터, 대기업 숏폼 강의, 대기업과 협업을 하기까지 1년간 찍은 영상은 딱 1만 개였습니다. 이 책에는 그동안 1만 번의 촬영 후 얻게 된 핵심 노하우만을 담았습니다. 여기 산 증인이 있습니다. 이 책의 노하우를 가지고 어디로 가고 싶은지 정해 보세요. 이 책의 첫 페이지를 펼친 여러분이 포기하지 않고 여러분만의 다음 페이지를 만들어 가셨으면 좋겠습니다.

영상에 마법 한 스푼, 여러분 인생에도 도전과 성공이 가득하길 바랍니다.

여러분의 열정 마법사
롱제이 올림

# WARNING

**원산지**
본 제품은 국산입니다. 외국인이라면 책을 보면서 한글도 함께 깨우칠지도 모릅니다.

**원재료명 및 함량**
영상 1만 개를 촬영한 경험자의 찐 노하우!
스마트폰 촬영 및 편집 방법 농축액 10000%

**용법 용량**
8세부터 80세까지 복용 가능.
눈으로만 보지 말고 반드시 행동으로 실천할 것.
주 3회 일몰 1시간 전까지 촬영하고자 노력할 것.

**효능 효과**
영상 똥손의 금손화. 광고, 영화 등 모든 영상을 보는 순간 비법 탐지력 발동.

**사용 시 주의사항**

- 한번 보기 시작하면 소장용으로 한 권 더 구매하고 싶은 증상이 나타날 수 있습니다. 이는 책이 너무 잘 만들어져 나타나는 증상으로, 지인에게 선물하는 등의 방법으로 소비하면 됩니다.

- 공공장소에서 보지 마십시오. 이 책의 강력한 아우라로 모르는 사람이 같이 보기 위해 다가올 수 있습니다.

- 개봉 후에는 될 수 있는 대로 빠르게 완독하고, 최대한 가까운 곳에 두어 자주 찾아보는 것을 추천합니다. 처음부터 띄엄띄엄 사용하면 볼 때마다 까먹고 처음부터 다시 보는 비효율이 발생할 수 있습니다.

- 사람마다 효과가 다르게 나타납니다. 자주 찾아볼수록 마법의 효능이 빠르게 나타날 수 있으니, 종이가 닳도록 보는 것을 권장합니다.

## 추천의 글

@creator_dami

"책을 펼치는 순간, 마법이 시작되었다." SNS 트렌드를 선도하는 최신 촬영 & 편집 기술이 이 한 권에 집약되어 있다. 단순한 가이드북이 아니라, 스마트폰 하나로 누구나 감각적인 작품을 만들어낼 수 있도록 돕는 비법서다. 롱제이님의 오랜 경험과 노하우가 담긴 이 책은 영감을 얻고 싶거나 SNS에서 더 빛나는 나만의 콘텐츠를 만들고 싶은 모든 이에게 최고의 선물이 될 것이다.

**《내 인생을 빛내줄 스마트폰 사진》 저자, 스마트폰 촬영 크리에이터 '담이'**

@oliver_travel_

당신의 스마트폰이 단순한 기계를 넘어 마법의 도구가 되는 순간! 이 책은 촬영과 편집을 단순히 따라 하는 가이드가 아닙니다. 오랜 실전 경험을 바탕으로 한 저자의 노하우가 담긴 비법서이자, 누구나 영상을 자유자재로 다룰 수 있도록 도와주는 마법 같은 책입니다.

스마트폰 하나만으로 감각적인 영상을 만들고 싶은가요? 이 책을 펼치는 순간, 당신은 영상 마술사의 세계로 들어가게 될 것입니다. 이제, 스마트폰을 들어 당신만의 이야기를 창조해 보세요!

**여행 크리에이터 '올리버여행기'**

@hoon2trip

내가 처음에 영상을 공부할 때 이 책이 있었으면 얼마나 좋았을까?! 영상 제작이 어려울 것 같아서 포기했던 적이 있었다면 이번 기회에 다시 도전해 보세요. 초보자도 쉽게 따라 할 수 있는 실전 노하우로 여러분들의 손끝에서 마법처럼 멋진 영상이 탄생할 거예요!

**여행 크리에이터 '훈이트립'**

PART

I

# 마법 같은
# 영상의 시작,
# 제대로
# 촬영하기

# CHAPTER 01

# 마법의 도구, 스마트폰 200% 활용을 위한 기본 설정

영상, 진짜 스마트폰 하나로 될까요? 대답은 "네"입니다. 거의 모든 스마트폰에 탑재된 기본 기능만 제대로 활용해도 충분히 좋은 영상을 촬영할 수 있고, 앱이라는 도구가 더해지면 남부럽지 않은 영상 제작까지 가능해집니다. 본격적인 스마트폰 촬영에 앞서 스마트폰을 200% 더 잘 활용하기 위한 카메라 앱의 기본 설정부터 시작해 보겠습니다.

**Magic 01**  촬영의 기본, 수직과 수평 유지를 위한 기본 설정
**Magic 02**  영상의 품질을 결정하는 해상도와 프레임
**Magic 03**  마법 같은 영상 제작을 위한 준비물 3가지

# 촬영의 기본, 수직과 수평 유지를 위한 설정

스마트폰으로 영상을 촬영하기 전, 입문자라면 반드시 설정해야 할 옵션이 있습니다. 촬영의 기본인 '수직과 수평 맞추기'를 위한 설정으로, 대표 스마트폰인 갤럭시와 아이폰의 설정 방법을 각각 소개합니다.

**아이폰에서 수직과 수평 맞추기** 아이폰 사용자라면 ❶ [설정] 앱을 실행한 후 [카메라]를 선택합니다. 카메라 설정 화면이 열리면 아래쪽에 있는 '구성' 영역에서 ❷ [격자]와 [수준기]를 각각 활성화합니다.

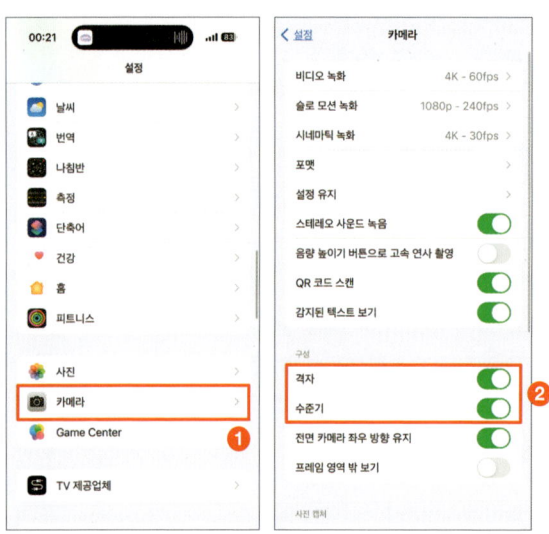

≫ [설정] → [카메라] → [격자], [수준기] 활성화

**갤럭시에서 수직과 수평 맞추기** 갤럭시에서 카메라 앱을 실행합니다. ❶ 오른쪽 아래에 있는 메뉴 아이콘을 누른 후 ❷ 메뉴 목록이 펼쳐지면 맨 왼쪽에 있는 [설정] 아이콘을 누릅니다. ❸ 카메라 설정 화면이 열리면 [촬영 가이드]에서 [격자선 및 수직/수평계]를 활성화합니다.

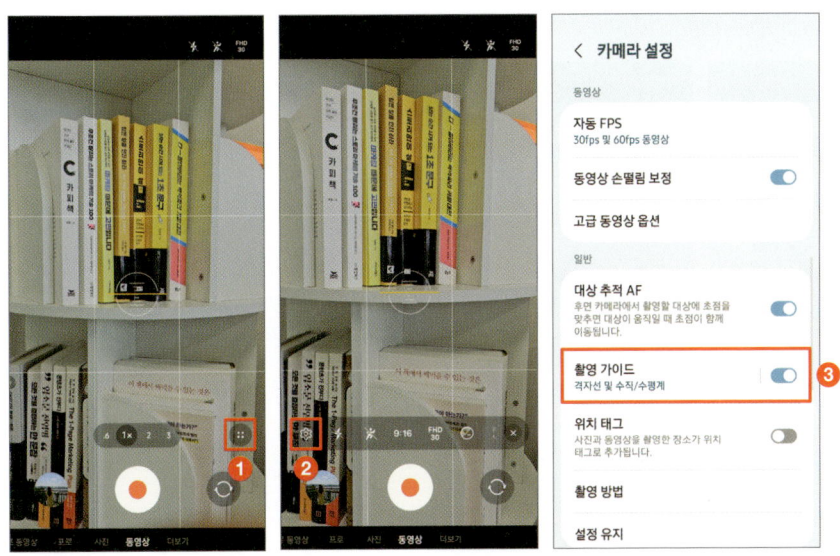

⌃ 카메라 실행 → [메뉴] → [설정] → [촬영 가이드] → [격자선 및 수직/수평계]

**격자와 수준기 활용해서 촬영하기** 아래에서 왼쪽 화면과 같이 격자가 없다면 수직과 수평을 감으로 맞춰야만 합니다. 하지만, 격자가 표시된 오른쪽 화면에서는 대상의 가로와 세로선을 격자에 맞추어 좀 더 안정적으로 촬영할 수 있죠.

⌃ 아이폰에서 [격자] 활성화 전후 비교

계속해서 아래의 화면은 아이폰에서 [수준기]만 활성화한 후 기본 카메라 앱을 실행했을 때입니다. 화면 중앙에 수평선이 표시되며, 아이폰을 좌우로 기울이면 수평선도 함께 기울어집니다. 그러므로 아이폰을 사용하는 분이라면 격자와 수준기를 참고하면서 수직과 수평 맞추기를 기본 원칙으로 생각하고 촬영하면 됩니다.

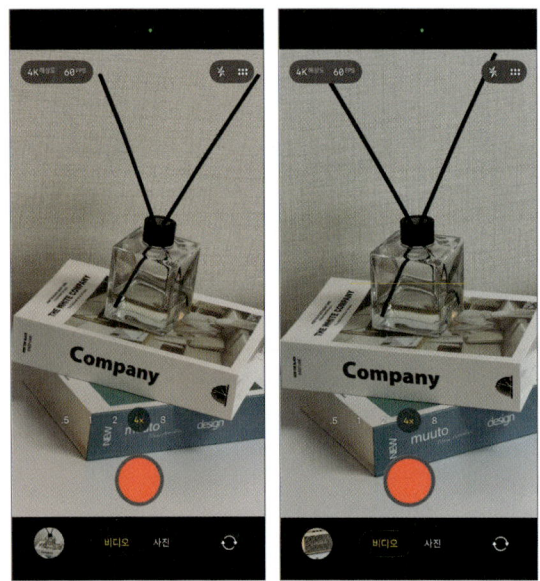

▲ 아이폰에서 [수준기] 활성화 후 기울임 상태(좌)와 수평 상태(우)

아이폰을 사용하든 갤럭시를 사용하든 지금 활성화한 격자와 수준기가 앞으로 여러분의 영상 촬영에 있어 중요한 안내선이 되어 줄 것입니다.

# 영상의 품질을 결정하는 해상도와 프레임

FHD? 60fps? 전문으로 영상을 촬영하는 사람만 알면 될 것 같은 용어지만, 영상을 촬영하고 제작하는 여러분도 반드시 알아야 할 용어입니다. FHD나 60fps 같은 용어는 영상의 품질, 즉 여러분의 영상 화질을 지켜 줄 중요한 기본 설정 중 하나입니다.

 **영상의 선명한 정도를 결정하는 해상도**

아래 사진 중 어느 쪽이 더 좋아 보이나요? 당연히 더욱 선명하게 잘 보이는 오른쪽을 고를 겁니다. 다양한 영상을 보다 보면 '화질이 왜 이렇게 떨어지지?', '이 영상 화질 진짜 좋다!'와 같이 화질이란 표현을 사용할 것입니다. 여기서 화질이란 말은 영상의 선명한 정도를 의미하며, 이를 결정하는 요소가 바로 '해상도'입니다.

︿ 낮은 해상도와 높은 해상도로 촬영한 결과물 비교

우리가 주로 사용하는 최신 스마트폰의 해상도 설정은 1080p(FHD), 4K(UHD) 2가지 중에서 선택하면 됩니다. 1080p보다 4K가 더 높은 해상도로 화질이 좋습니다. 다만 그만큼 촬영한 영상의 용량도 커집니다.

##  부드러운 영상을 결정하는 프레임

해상도가 화면의 선명한 정도를 결정하는 설정이라면, 프레임은 영상의 부드러운 정도, 즉 영상이 얼마나 매끄럽게 재생되는지를 결정하는 옵션입니다. 간혹 뚝뚝 끊기는 것처럼 재생되는 영상을 본 적이 있을 겁니다. 그 영상은 낮은 프레임으로 촬영되었을 확률이 높습니다. 프레임 단위는 fps(frames per second)를 사용하며, 1초에 몇장의 사진을 보여 줄지 결정합니다. 즉, 24fps로 촬영한다면 1초에 24장, 60fps로 촬영한다면 1초에 60장의 사진이 연속으로 재생되는 셈입니다.

⚞ 5fps 영상

⚞ 3fps 영상

예를 들어 한 바퀴 회전하는 영상을 촬영한다고 가정했을 때 위와 같이 1초에 5장의 사진이 재생될 때와 3장의 사진이 재생될 때 어느 영상이 더 매끄러울까요? 당연히 5장의 사진이 재생될 때겠죠?

이처럼 프레임이 높을수록 매끄러운 영상이 되는 것입니다. 보통은 30fps를 기준으로 하고, 좀 더 부드러운 영상을 원한다면 60fps를, 조금 덜 부드러운 영상을 선호한다면 24fps를 선택하면 됩니다. 정답은 없으므로, 직접 설정을 변경하여 촬영해 보고, 좀 더 마음에 드는 설정을 선택하는 것이 좋습니다.

> **TIP & TECH** 간단하게 해상도와 프레임을 각각 비교해 보면 해상도는 4K(UHD) > 1080p(FHD) > 720p(HD)일수록 화질이 좋고, 프레임은 60fps > 30fps > 24fps일수록 부드러운 영상이 되며 그만큼 큰 용량을 차지합니다.

### 기본 카메라 앱에서 해상도와 프레임 설정 변경 방법

기본 카메라 앱을 켜고 동영상(비디오) 촬영 모드를 실행하면 촬영 화면 위에 다양한 설정 아이콘이 나타납니다. 이 중에서 HD, UHD, 4K 등으로 표시된 것이 해상도 설정이며, 24, 30, 60이 표시된 부분이 프레임 설정입니다. 해당 옵션을 눌러서 원하는 설정으로 변경하면 됩니다.

⌃ 갤럭시 설정

⌃ 아이폰 설정

참고로 아이폰으로 영상을 촬영할 때 자주 쓰는 설정값이 있다면 [설정] 앱을 실행한 후 [카메라]를 선택하고 ❶ [비디오 녹화] 옵션에서 ❷ 원하는 해상도와 프레임을 설정할 수 있습니다. 이때 FHD로 설정하고 싶다면 [1080p-HD]를 선택하면 됩니다. 1080p는 FHD로 표기해야 맞지만 아이폰 화면에서는 HD라고 표기되어 있습니다.

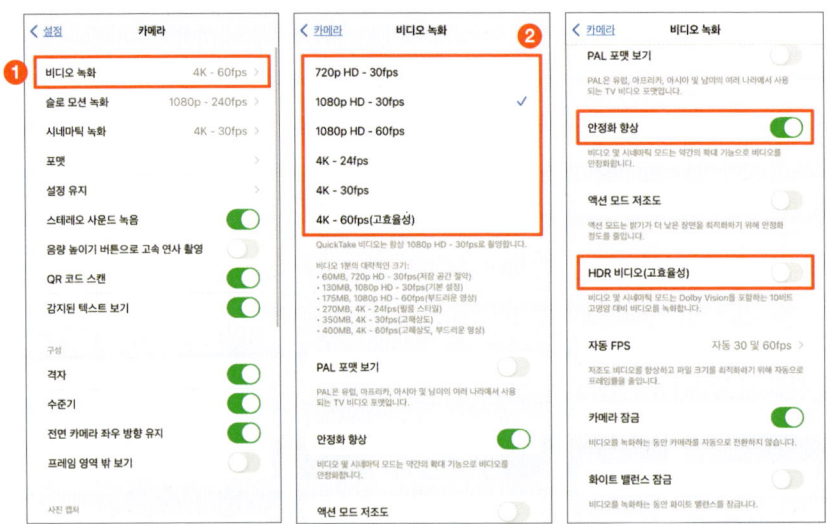

≫ [설정] → [카메라] → [비디오 녹화]

해상도와 프레임이 고민된다면? 유튜브 숏츠, 인스타그램 릴스처럼 세로 영상만 제작한다면 1080p 30fps면 충분합니다. 가로로 촬영하고 잘라서 세로로 사용하거나, 더 큰 화면 등 다양한 용도로 사용할 것이라면 4K 30fps를 추천합니다. 그래야만 유튜브 영상 제작을 위해 가로로 촬영한 영상이라도 세로로 잘라서 사용했을 때 좋은 화질을 유지할 수 있습니다. 여기서 더 부드러운 장면을 연출하고 싶다면 60fps로 바꾸면 됩니다. 정답은 없습니다. 현재 상황이나, 촬영본을 어디에 주로 쓰는지에 따라 결정하시기 바랍니다.

사실…, 필자는 욕심 가득 4K 60fps로만 촬영하여 불필요하게 저장 공간을 낭비하는 스타일입니다. 강의 때 큰 스크린으로 영상을 보여 주거나, 다양한 곳에서 영상을 자르고 편집하고 새롭게 만들어 사용하기 때문에 고용량을 고집하고 있습니다. 이 외에 [안정화 향상]은 켜고 사용합니다. 스마트폰에 기본 손떨림 방지 기능이 있지만, 조금 더 안정적인 결과를 얻기 위한 설정입니다. 추가로 고명암 대비 기능인 [HDR 비디오]는 끄고 사용합니다.

## MAGIC 03

# 마법 같은 영상 제작을 위한 준비물 3가지

잠시 후면 본격적으로 촬영에 대해 배우게 될 겁니다. 그 전에 "정말 스마트폰만 있으면 되는 건가요?"라고 재차 묻는 분들을 위해 몇 가지 준비물을 소개합니다. 여기서 소개하는 3가지와 여러분의 열정만 있다면 충분합니다.

첫째, 당연히 스마트폰은 있어야겠죠? 현대인이라면 누구나 가지고 다니는 스마트폰은 여러분의 비서이자 유능한 직원과 같습니다. 촬영, 편집뿐만 아니라 SNS 홍보까지 모든 작업이 스마트폰으로 해결됩니다. 스마트폰 영상 꿀팁을 널리 전파하는 저에게 "롱제이님, 그래도 PC로 편집할 때가 많죠?"라고 질문하는 분들이 가끔 있습니다. 맹세컨대 지금까지 제가 작업한 영상 중 유튜브에 업로드한 1개의 영상을 제외하고 모든 콘텐츠는 스마트폰으로만 촬영하고, 편집한 결과물입니다.

> **마법 한 스푼 | 스마트폰 어떤 것을 구매해야 할까요?**
>
> "갤럭시가 좋나요, 아이폰이 좋나요?"라고 물어보는 분들이 많습니다. 특히 영상의 경우 어떤 폰을 쓰냐에 따라 느낌이 완전히 다르게 나오기도 합니다. 제 경우는 아이폰을 사용하고 있습니다. 하지만, 제가 어떤 폰을 쓰는지 보고 따라 구매하기보다 갤럭시와 아이폰 모두 하루 대여로 촬영해 본 후 결과를 비교해 보고 직접 결정하는 것을 추천합니다.
>
> 각 스마트폰 장점과 기능이 너무 다르기 때문에 내 취향, 내가 편한 것을 찾는 게 가장 후회 없는 선택이 될 겁니다. 스마트폰의 최신 제품 여부, 최신 제품이라도 라인업에 따라서 화질이나 결과물의 느낌 차이가 있을 수 있으니, 꼭! 구매하기 전 충분히 알아보고 구매하기를 바랍니다.

⌃ 갤럭시와 아이폰의 색감 차이

둘째, 삼각대입니다. 여러분 중 누군가는 다른 사람이나 대상을 촬영할 것이고, 또 다른 누군가는 자신의 모습을 직접 촬영할 것입니다. 만약 여러분이 혼자 촬영을 진행한다면 삼각대는 필수 도구입니다. 또한, 이후 편집 기법 중 하나로 소개할 마스크 기능을 제대로 활용하려면 삼각대에 거치한 후 촬영해야 좀 더 자연스러운 결과를 얻을 수 있습니다. 이처럼 삼각대는 영상을 촬영하고 콘텐츠를 제작하는 여러분에게 스마트폰 다음으로 유용한 도구라고 할 수 있으니, 잘 고장나지 않는 튼튼한 것으로 하나쯤 장만해 놓는 것을 추천합니다.

삼각대에 거치한 후 촬영 중인 스마트폰 »

 **마법 한 스푼 | 어떤 삼각대를 사야 할까요?**

촬영 올챙이 시절, '삼각대가 다 거기서 거기지!'라는 큰 착각으로 5,000원짜리를 구매해서 사용했습니다. 자주 잃어버리기도 하고, 급한 대로 근처에 파는 곳을 찾아 구매하는 경우가 많았죠. 저렴한 제품들의 가장 큰 단점은 잘 망가진다는 것. 결국 5개 넘게 부서지고 돈 낭비 후 제대로 된 제품 하나면 충분하겠다 깨달았습니다. 삼각대의 핵심은 튼튼한 다리인데, 2만 원대로 구매한 제품은 무척 튼튼해 지금까지도 잘 사용하고 있습니다. 아낀다는 생각을 하기보다, 제대로 된 제품 하나 사서 오래 사용하겠다는 생각으로 튼튼한 제품을 구매하기 바랍니다.

셋째, 스마트폰 영상 편집 앱입니다. 여러분이 영상 콘텐츠를 제작할 때 스마트폰으로 촬영한 원본 영상을 그대로 사용하는 일은 거의 없을 것입니다. 날것의 원본 영상을 자르거나 이어 붙이고, 그 과정에서 다양한 효과를 추가하기도 하겠죠? 이런 역할을 해 주는 것이 바로 영상 편집 앱입니다. 이 책에서는 [캡컷]이라는 앱을 이용해 영상 콘텐츠를 제작하지만, 여러분이 지금까지 편하게 사용해 온 다른 앱이 있다면 그대로 사용해도 좋습니다. 최근에 출시된 여러 영상 편집 앱은 사용자의 편의를 고려하여 누구나 쉽게 사용할 수 있습니다. 직관적인 아이콘이나 메뉴명만 잘 확인해도 어려움 없이 사용할 수 있을 테니 이 책에서 알려 주는 원리를 파악한 후 여러분에게 편한 앱에서 적용해 보면 됩니다.

⌃ 다양한 영상 편집 앱, 왼쪽부터 CapCut, VLLO, KineMaster, VDIT, VITA

# CHAPTER 02

# 잘 찍은 영상 하나로, 밤샘 편집 건너뛰기

스마트폰 기본 설정을 마쳤다면 본격적으로 촬영 요령을 알아봐야겠죠? 어려운 단어나 설명 없이 롱제이의 영상 잘 찍는 방법을 최대한 친절하게 담았습니다. 영상뿐만 아니라 사진을 촬영할 때도 적용할 수 있는 방법들이므로 꼼꼼하게 살펴보세요.

**Magic 01** 영상과 절친되기
**Magic 02** 여러분, 촬영 전 이것 하셨나요?
**Magic 03** 3가지로 분류할 수 있는 촬영 대상
**Magic 04** 주요 대상의 위치를 사수하라!
**Magic 05** 거리에 따라 결정되는 샷의 종류
**Magic 06** 사물을 바라보는 위치에 따른 차이, 앵글
**Magic 07** 의외로 모르는 스마트폰 활용법 4가지
**Magic 08** 무빙이 어렵다고? 3가지로 끝!
**Magic 09** 무엇을 촬영해야 할지 고민이라면

# 영상과 절친되기

평생 영상과는 인연이 없을 거라 생각하지 않으셨나요? 지금은 누구나 쉽게 영상을 뚝딱 만들 수 있는 시대입니다. 영상의 필요성을 느끼는데 막상 입문하려니 단어만 들어도 어렵게 느껴지는 분들을 위해 준비했습니다.

 ## 영상이 두려운 여러분에게

'영상'에 도전해 보고 싶지만 멀게만 느껴지지 않았나요? 저 역시 그랬답니다. 비싼 장비들, 무거운 카메라, 외계어 같은 전문 용어들, 게다가 기본 기능을 익히는 데에만 1년 이상 걸릴 것 같은 영상 편집 프로그램까지!

이 모든 걸 다 해내야 한다고 생각하니 막막함과 몰려오는 걱정에 많은 분이 포기해 버리곤 합니다. 하지만 전혀 걱정하거나 어렵게 생각할 필요 없습니다. 예전과 달리 다양한 영상 시청 플랫폼이 있고, 대부분 스마트폰에서 영상 콘텐츠를 소비하는 시대입니다. 따라서 고성능의 카메라 장비가 없어도 스마트폰만 있으면 누구나 쉽고 빠르게, 뚝딱 영상 콘텐츠를 만들고 500만, 1,000만 조회수를 달성하기도 합니다.

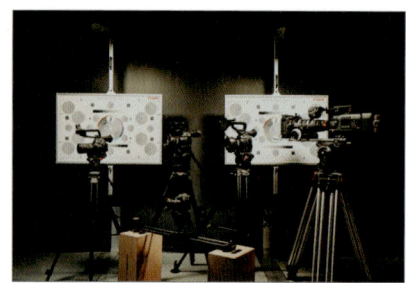 

⌃ 고성능의 영상 촬영 장비들, 영상 촬영 스마트폰 하나면 충분합니다.

비싼 전문 장비로 촬영한다고 반드시 좋은 영상이 만들어지는 것도 아니고, 스마트폰 카메라의 성능은 더없이 좋아지고 있습니다. 게다가 스마트폰으로 영상을 시청하면서 가로로 돌리는 것도 번거로워 세로로 시청하는 사람이 많아졌고, 이런 경향을 반영하여 릴스나 쇼츠와 같은 숏폼 영상이 트렌드가 되었습니다. 늦었다고 생각하는 지금이 영상 제작에 입문하기 가장 좋은 시기입니다.

 **잘 만든 영상 콘텐츠의 비밀**

스마트폰만 있으면 누구나 영상을 제작할 수 있다는 것까진 충분히 인지했을 겁니다. 그렇다면 다음으로 무엇을 어떻게 해야 할까요? 왜 같은 스마트폰으로 촬영한 영상인데 다른 사람의 영상은 영화처럼 멋지고, 내 영상은 엉성하거나 볼품없어 보이는지 깊은 고민에 잠긴 분이 많을 거라 생각합니다.

본격적으로 영상을 촬영하거나 콘텐츠를 제작하기 전에 영상이란 무엇인지? 사람들은 어떤 영상을 볼 때 좋아하는지? 고민해 보세요. 이 2가지만 알고 시작해도 여러분이 제작한 결과물이 훨씬 그럴듯해질 것입니다.

**움직임 담기** 사진은 찰나의 순간을 멈춘 상태로 저장하는 것입니다. 반면 영상은 최소 20장의 사진을 1초에 담아 움직이는 것처럼 보이게 만드는 것이죠. 단순한 사실이지만 많은 분이 이러한 부분을 간과하고 영상을 촬영합니다. 그러다 보니 사진처럼 아무런 움직임 없이 촬영하는 실수를 하게 됩니다. 영상은 사진이 아닙니다. 그러니 영상을 촬영한다면 화면 속 대상의 움직임을 담거나 촬영하는 사람이 직접 움직이면서 움직임을 표현해 보세요. 즉, 결과물에 움직임이 담기도록 촬영해야 한다는 것을 기억하세요.

**사람들이 좋아하는 장면** 사람들은 일상에서 눈으로 보기 어려운 장면을 좋아합니다. 즉, 세상을 새로운 각도와 시선으로 바라본다면 훨씬 더 다양한 장면을 영상에 담을 수 있습니다. 보통 사람들의 시선이 어디를 향하는지, 어떤 눈높이가 가장 익숙한지 생각해 보세요. 그런 다음 보통의 시선과 눈높이를 벗어나 보는 겁니다. 평소와 달리 눈으로 인지할 수 없을 만큼 천천히 움직이거나, 걷는 장면을 하늘에서 내려다본다면 어떨까요? 평소 나의 시선과 전혀 다른 느낌의 영상을 보면 사람들은 신기해하고 잘 만든 영상이라고 생각하게 됩니다. 세상을 평소와 다르게 바라보는 연습을 시작해 보세요!

**MISSION** 잠깐 책을 내려놓고 눈앞에 있는 장면을 평소와 다른 시선으로 딱 3초간 촬영해 보세요!

# 여러분, 촬영 전 이것 하셨나요?

더는 스마트폰에서 카메라 앱을 실행하고 영상을 촬영하는 일이 두렵지 않게 되었나요? 오히려 이것저것 촬영해 보느라 손 쉴 틈이 없을지도 모르겠네요. 다만, 실전 촬영에 앞서 다음 몇 가지는 꼭 기억하세요.

 ## 렌즈는 반드시 깨끗하게 유지하기

잘 만든 영상에 대해 이야기한 후 3초의 영상 촬영 미션을 제시했었죠? 혹시 렌즈를 닦고 촬영을 시작한 분이 있나요? 아마 거의 없을 겁니다. 해상도를 높게 설정하고, 아무리 성능 좋은 스마트폰을 사용하더라도 렌즈를 깨끗하게 닦지 않으면 깨끗한 영상이 촬영될 수 없습니다. 일부러 뽀샤시한 느낌을 연출하려는 게 아니라면 촬영 전 렌즈 닦기는 필필필수!

≪ 렌즈의 기름때로 빛이 번진 사진

렌즈에는 먼지뿐만 아니라 손이 닿으면서 기름때가 가득하답니다. 그러므로 렌즈를 닦을 때는 먼지를 터는 것처럼 가볍게 쓱싹이 아니라 기름때를 제거한다는 생각으로 동그랗게 돌리면서 닦아야 합니다. 마치 안경을 닦는 것처럼 말이죠.

가볍게 한두 번 문지르면 기름때가 제대로 제거되지 않아 오히려 특정 방향으로 빛이 번지는 장면을 보게 될 수 있으니 주의해야 합니다. 그러므로 쓸어내리듯 닦는 것이 아니라 렌즈의 모양에 맞게 둥글게 돌려주며 닦으면 좋습니다. 시계 방향으로 2번, 반시계 방향으로 2번 정도 돌려 주세요. 무엇으로 닦으면 좋냐고요? 닦을 게 없다면 가볍게 옷으로 닦아도 됩니다. 하지만 옷이 거친 경우 렌즈에 상처가 날 수 있으니 안경닦이와 같은 얼룩 제거용 부드러운 천을 준비하면 더 좋겠죠?

## 영상의 품질과 대상의 비율을 결정하는 촬영 자세

다른 사람에게 사진이나 영상 촬영을 부탁한 후 결과를 보니 키가 너무 작게 나와 언짢았던 경험 한 번씩은 있으시죠? 대부분 아래에서 왼쪽과 같은 자세로 스마트폰이 반쯤 눕혀진 상태에서 촬영했을 겁니다. 이런 자세로 촬영한다면 대상의 전체적인 비율이 좋을 수가 없어요. 특히 그 대상이 사람이라면 카메라와 가까운 부분만 강조되어 표현되죠. 또한, 사진 속 자세처럼 한 손으로 영상을 촬영한다면 흔들림이 많아서 '왜 내 폰만 이상하지?'라고 생각할 수 있습니다.

︽ 잘못된 촬영 자세           ︽ 올바른 촬영 기본자세

따라서 영상을 촬영할 때는 위에서 오른쪽의 자세처럼 '렌즈는 내 거야!'라는 생각으로 아주 살짝 몸쪽으로 기울입니다. 그런 다음 흔들림 없이 안정적으로 촬영할 수 있도록 두 손으로 잡고, 팔을 몸쪽으로 붙이는 것이 좋습니다. 다음 3가지를 기억하면서 촬영 자세를 잡아 주세요.

**스마트폰은 몸쪽으로 살짝 기울이고,**

**두 손으로 잡아,**

**팔을 몸 쪽으로 당기기!**

︽ 잘못된 촬영 자세와 촬영 결과

︽ 올바른 촬영 자세와 촬영 결과

실제 촬영 자세와 결과에서 알 수 있듯이 올바른 자세에서 모델의 키가 더 크고 비율도 좋게 나옵니다. 게다가 모델의 표정도 더 생생하게 담긴 것을 알 수 있습니다. 결과를 본 모델의 표정은 더 신나겠죠? 올바른 촬영 자세를 몸에 익혀 누구나 행복하게 만족할 수 있는 영상을 완성해 보세요.

**TIP & TECH** 설명을 위해 잘못된 자세라고 표현했으나, 영상의 콘셉트에 따라서는 위의 자세가 올바른 촬영 자세가 될 수도 있습니다.

## 배경에 따라 확 바뀌는 결과

같은 대상을 같은 각도와 구도로 촬영하더라도 어떤 배경을 두고 찍느냐에 따라 전혀 다른 결과가 됩니다. 여행 크리에이터들이 새벽부터 움직이는 이유, 제가 촬영을 아무 데서나 하지 않는 이유가 바로 배경입니다. 사람 가득 나오는 영상과 아무도 없이 나 혼자 찍는 영상은 전혀 다른 결과를 만들어내기 때문이죠. 촬영 전 배경을 정리하거나, 깔끔한 곳에서 촬영해 보세요. 훨씬 더 나은 결과를 얻게 될 것입니다.

∧ 정돈되지 않은 배경과 깔끔한 배경에서 촬영했을 때의 결과물

# 3가지로 분류할 수 있는 촬영 대상

우리가 촬영할 수 있는 대상은 무수히 많습니다. 사람이나 동물, 내 일상을 함께하는 도구들이나 멋진 자연 풍경을 촬영할 수도 있을 겁니다. 이렇게 다양한 대상을 저는 딱 3가지로 분류합니다. 이 3가지 분류법만 알아도 어디서 무엇을 어떻게 찍을지 쉽게 떠올릴 수 있을 겁니다.

 **움직이는 것**

첫 번째 분류는 움직이는 모든 것입니다. 사람이 될 수도 있고, 파도가 치는 푸른 바다 혹은 주체할 수 없이 뛰어다니는 여러분의 애완동물이 될 수도 있겠네요. 이러하게 움직이는 것들은 스마트폰을 삼각대에 거치하고 촬영해도 움직임이 제대로 담긴 영상이 됩니다. 대표적으로 인물을 촬영한다면 걷거나 뒤돌아보는 모습, 밥을 먹거나 머리를 흩날리는 모습 등 모든 동작을 영상으로 담을 수 있습니다. 파도치는 바다처럼 반복되는 움직임만 있다면 각도나 거리 등의 변화를 주면서 다양하고 새로운 시각으로 영상을 촬영하면 좋습니다.

⌃ 움직이는 촬영 대상들

## 움직일 수 없는 것

다음 분류는 움직일 수 없는 것입니다. 대표적으로 우리 주변의 건물이 여기에 해당합니다.

⌃ 움직이지 않는 촬영 대상들

움직일 수 없는 대상을 촬영하라고 하면 영상임에도 마치 사진처럼 아무런 움직임 없이, 파일 종류만 영상인 경우가 있습니다. 영상이 사진과 다른 점, 바로 움직임이라고 했죠? 움직일 수 없는 대상을 촬영한다면 무빙 또는 움직이는 대상을 추가하여 움직임을 담아 보세요.

⌃ 무빙으로 움직임 담기    ⌃ 공간에 움직이는 대상 추가하기

**TIP&TECH** 무빙은 촬영 중에 촬영자가 다양한 방식으로 움직여 영상에 움직임을 담는 기법입니다. 다양한 무빙 방법에 대해서는 이후 064쪽을 참고하세요.

예를 들어 여행지의 건물을 예쁜 영상으로 담고 싶은데 무빙이 어렵다면? 걷거나 달리는 등 특정 행동을 하는 사람을 촬영 대상으로 추가해 보세요. 이 방법으로 공간도 강조하면서 움직임까지 담아 훨씬 영상다운 영상을 완성할 수 있습니다. 혼자 여행 중이라면 삼각대를 설치하고 본인이 움직이는 대상으로 영상에 등장하면 되겠죠?

## 멈춰 있지만 움직이게 할 수 있는 것

세 번째 분류는 스스로는 움직일 수 없지만 들어 올리거나 위치를 옮기는 등 외부 요인에 의해 움직이게 만들 수 있는 것입니다. 그럴듯하게 연출할 수 있는 것이라고 표현할 수 있겠네요. 대표적으로 제품이나 음식 관련 영상을 떠올리면 됩니다. 많은 분이 사물을 촬영할 때 대상은 가만히 두고 무빙만 추가하곤 하는데, 그 방법보다는 연출을 통해 움직임을 추가하면 대상이 되는 음식이나 제품을 더 확실하게 강조하면서 표현할 수 있습니다.

예를 들어, 화장품을 촬영한다면 뚜껑을 열고, 손에 덜어 얼굴에 바르는 장면을 만들어 내면 연출이 되는 거죠. 음식을 촬영할 때도 마찬가지입니다. 주문한 음식이 나오는 장면부터 고기를 자르거나 파스타를 포크에 말고 들어 올리는 장면을 연출하는 것, 이것이 바로 영상다운 움직임을 담는 핵심 촬영법입니다.

∧ 음식을 촬영하는 모습과 연출한 결과물

지금까지 3가지 촬영 대상 분류에 대해 소개했습니다. 이제 촬영 대상에 따라 어떻게 촬영해야 할지 조금은 감이 오나요? 이처럼 어떤 대상을 어떻게 담을지에 따라 촬영 방법이 조금씩 달라집니다. 여러분 주변에 있는 다양한 대상을 다양한 방법으로 촬영하면서 대상에 따라 움직임을 담는 요령을 연습해 보세요.

# 주요 대상의 위치를 사수하라!

사각형 화면 안에 대상을 어느 위치에 배치할지를 결정하는 구도는 무척이나 중요합니다. 세로로 긴 숏폼 영상이라면 구도가 더욱 중요해지죠. 잘 만든 세로 영상을 위한 구도, 여기서 끝내고 가겠습니다.

##  가장 눈길이 가는 곳을 공략하라

지금 바로 격자 기능이 활성화된 카메라 앱을 실행하고 비디오 모드로 전환해 보세요. 격자 선으로 구분된 화면의 영역은 모두 9개입니다. 카메라 화면에서 여러분의 시선을 사로잡는 영역은 몇 번인가요?

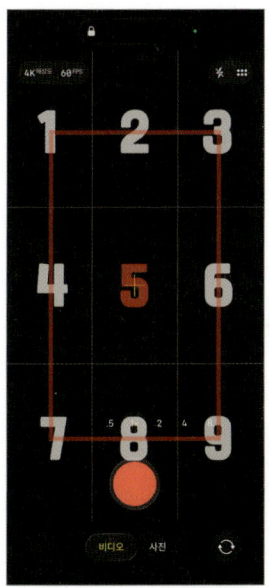

⌃ 격자 선으로 구분한 화면의 각 영역

여러분의 시선은 주로 5번 주위에 머무를 것입니다. 숏폼 영상을 촬영하는 핵심 구도의 첫 번째가 바로 5번을 중심으로 중요한 장면이나 대상을 배치하는 것입니다.

다소 극단적인 예시이긴 하지만, 아래의 3가지 장면 중 가장 잘 찍은 장면은 몇 번째 화면이라고 생각하시나요?

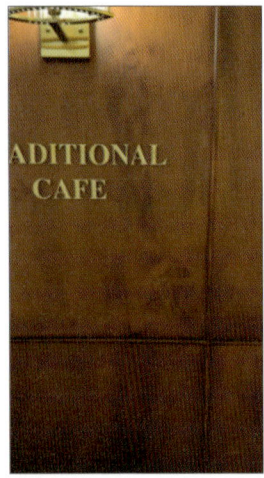  

분명 촬영한 장소나 대상이 같음에도 대부분 세 번째 장면을 고를 겁니다. 가장 큰 차이는 바로 주요 대상의 위치입니다. 이처럼, 핵심이 되는 대상을 격자로 구분한 5번 영역에 배치했을 때 훨씬 잘 찍은 영상이 될 수 있습니다.

세로 영상이 대세인 요즘, 가로 영상에 비해 가로의 폭이 훨씬 좁게 표현되므로 대상을 5번 영역에 배치하는 것이 더욱 중요해졌습니다. 숏폼 영상이라면 5번 영역을 중심으로 촬영한다는 점, 꼭 기억해 두세요.

≫ 5번 영역을 중심으로 촬영한 장면들

**MISSION** 가장 좋아하는 사람을 화면 중앙에 두고, 키가 엄청 크게 표현되도록 영상을 촬영해 보세요.

## 격자 선에 배치하라

구도의 첫 번째 팁이 시선을 사로잡는 중앙에 대상을 배치하는 것이었습니다. 그렇다고 항상 중앙에 대상이 고정되어 있으면 지루한 영상이 될 수 있습니다. 이럴 때 가로세로 2줄씩 표시된 격자 선을 활용해 새로운 구도를 시도해 보세요.

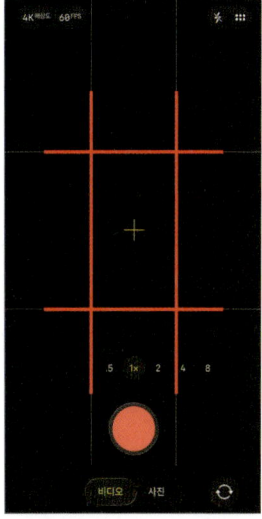

︽ 단조로움을 피할 때 활용할 수 있는 격자선

우선 하나의 대상을 촬영 중이라면 대상을 세로선에 배치해 보세요. 아래의 세 장면을 보면 모두 세로 격자 선에 인물이 자리 잡고 있습니다. 또 한 가지 공통점이 있습니다. 무엇일까요? 바로 시선이 향하는 쪽에 여백을 두었다는 점입니다. 영상을 촬영할 때 세로 격자 선에 인물을 위치시킨다면 인물의 시선이 여백을 향하도록 하는 것이 좋습니다. 이 규칙만 잘 지켜도 촬영한 사람이나 찍히는 사람 모두 만족스러운 결과를 얻을 수 있습니다.

︽ 세로 격자 선에 있는 대상들

만약 대상이 둘이라면 두 대상을 각각 세로 격자 선에 위치시키면 됩니다.

⌃ 각각의 세로 격자 선에 위치한 인물(대상)

사람과 사물 혹은 구조물을 촬영할 때도 마찬가지입니다. 다음의 예시처럼 사람의 시선에 꽃을 배치하거나, 들고 있는 사물을 나머지 세로 격자 선에 배치한다면 각각의 대상을 강조할 수 있습니다.

⌃ 사람과 사물을 세로선에 배치

또 다른 예시로 가로등을 촬영한다면 가로등 전체가 하나의 대상이라고 생각될 수 있습니다. 하지만 조금 다른 시선으로 바라보면 가로등의 조명 부분과 기둥을 각각의 대상으로 생각하여 구도를 잡을 수도 있습니다. 두 대상을 세로 격자 선에 각각 위치하도록 촬영하여 다음과 같은 결과를 얻을 수 있습니다.

⚠ 가로등 조명과 기둥의 세로선 배치

MISSION 주변 대상이 세로 격자 선에 위치하도록 촬영해 보세요.

 **수직을 활용하라**

여러분은 영상 콘텐츠를 소비할 때 어떻게 보시나요? 이미 수년 전부터 가로 영상인 유튜브조차 세로로 보는 사람이 많아지고 있습니다. 게다가 숏폼이라는 트렌드로 세로 영상이 대세가 되었죠. 따라서 '세로'로 봤을 때 더 돋보이도록 촬영해야 합니다. 수직으로 강조할 수 있는 공간, 세로로 웅장한 곳, 나무나 기둥을 활용할 수 있는 장소를 떠올려 보세요.

⚠ 수직을 활용한 장면들

앞서의 예시들은 순서대로 수직으로 길게 뻗은 나무가 많은 공원, 수직 기둥들이 돋보이는 고궁, 세로 방향으로 길게 인테리어하여 SNS에서 주목받았던 도서관입니다. 이렇게 세로 영상에서 확연하게 부각될 수 있는 장소를 찾아 영상 콘텐츠로 제작해 보세요.

##  공간감을 활용하라

구도의 첫 번째 핵심을 떠올려 보세요. 격자로 구분된 5번 영역을 활용하는 것이었죠? 이를 응용한 방법이 바로 공간감 활용입니다.

▲ 공간감을 활용한 장면들

위의 첫 번째와 두 번째 사진은 같은 모양이 반복되면서 깊이 있는 공간을 연출한 장면입니다. 세 번째 사진은 수직으로 뻗은 나무가 세로로 난 길을 강조해 주었는데 사실은 평행으로 뻗은 길이 착시에 의해 좁아지는 것처럼 표현되어 공간감을 만들어 주죠. 마지막 장면은 대나무 숲을 평소와 다른 시선으로 아래에서 위로 올려다본 장면입니다.

어린 시절 미술 시간에 소실점에 대해 배운 적이 있죠? 위 사진들이 바로 그 소실점을 활용해 공간감을 표현한 것이며, 소실점의 위치를 격자로 구분한 5번 영역에 오도록 촬영하여 안정적이면서 공간감이 느껴지는 영상을 얻을 수 있었습니다.

# 거리에 따라 결정되는 샷의 종류

대상을 어디서부터 어디까지 영상에 담느냐에 따라 샷의 이름은 무궁무진하게 달라집니다. 그러므로 샷의 종류를 외우기보다는 영상의 콘셉트에 따라 대상과 어느 정도 거리에서 촬영할 것인지를 고민해 보세요.

영상 촬영 중 대상을 어디까지 화면에 담았는지의 개념이 '샷'이며, 샷을 결정하는 것이 바로 촬영 대상과의 '거리'입니다. 인물의 허리까지만 담는다면 허리의 영어 표현인 웨이스트(waist)와 결합하여 '웨이스트 샷'이라고 하며, 얼굴에 밀착해서 촬영하면 '클로즈업 샷'이라고 합니다. 인물을 머리부터 발끝까지 전신을 담았다면 '풀 샷', 그보다 더 먼 거리에서 촬영하면 '롱 샷'이라고 표현합니다.

≪ 촬영 거리에 따른 샷

각 샷은 촬영 대상과의 거리에 따라 달라지며, 가까이서 촬영할수록 대상의 감정, 동작, 특정 부위를 강조하는 영상이 됩니다. 여러 샷 중에서 클로즈업 샷, 특히 인물 위주의 클로즈업 샷은 메이크업, 뷰티 광고에서 많이 볼 수 있으며, 영화에서 인물의 감정을 보여 줄 때도 자주 사용됩니다. 손가락의 움직임을 클로즈업하여 특정 정보를 강조하도록 연출하기도 합니다.

⌃ 특정 동작을 강조해 표현한 클로즈업 샷

반대로 대상과 멀어질수록 대상의 감정이나 동작보다는 대상이 속해 있는 공간이나 풍경에 집중한 영상이 촬영됩니다. 아래와 같이 풍경을 담은 샷은 아웃도어 광고 등에서 많이 볼 수 있습니다.

⌃ 풍경 및 다양한 정보가 담긴 풀 샷

**마법 한 스푼** | **클로즈업 샷을 찍을 땐 이렇게!**

인물을 촬영할 때 클로즈업 샷은 주의가 필요합니다. 카메라가 가까이 다가올수록 모델이 부담을 느낄 수 있으며, 조명이나 햇빛을 가려 얼굴에 그림자가 드리워질 수도 있고, 초점이 어긋나기도 합니다. 그러므로 클로즈업 샷을 찍더라도 어느 정도 거리를 유지하는 것이 좋으며, 극단적인 클로즈업 샷이 필요하다면 거리를 좁히는 것보다는 2배, 3배 줌 기능을 활용하는 것이 좋습니다.

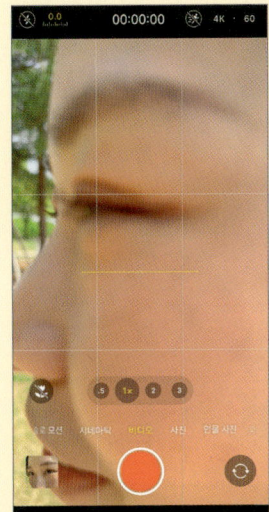 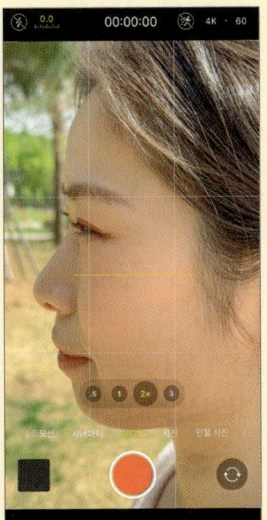

︽ 모델에게 부담을 줄 수 있는 극단적인 클로즈업 샷(좌)과 줌 기능으로 적당한 거리에서 촬영한 클로즈업 샷(우)

# 사물을 바라보는 위치에 따른 차이, 앵글

대상과의 거리에 따라 샷의 종류가 결정되듯이 대상을 바라보는 위치, 즉 각도에 따라 앵글이 결정됩니다. 바닥부터 하늘까지 180도 내, 어느 위치(각도)에서 촬영하느냐에 따라 서로 다른 앵글의 수많은 장면을 만들어 낼 수 있는 셈입니다. 하지만, 편의상 앵글의 종류를 다음과 같이 3가지로 분류해 볼 수 있습니다.

##  눈높이에서 바라보는 아이 레벨 앵글

아래의 예시처럼 인물이 걷거나, 앉아 있는 등 평소 바라보는 눈높이와 같은 위치에서 아이 레벨 앵글로 촬영하면 안정적이고 사실적인 느낌의 영상을 만들 수 있습니다. 이때 대상의 시선도 카메라를 바라본다면 영상을 보는 시청자와 화면 속 사람이 마치 서로 마주 보는 느낌을 전달할 수 있습니다.

⌃ 아이 레벨로 촬영하는 모습을 옆에서 보면 스마트폰이 일직선으로 보입니다.

⚞ 아이 레벨 앵글의 촬영 결과

얼핏 뻔해 보이는 아이 레벨 앵글이라도 요령을 알면 색다른 화면을 연출할 수 있습니다. 평소와 다른 눈높이의 대상과 함께 움직이는 방법입니다. 대상의 움직임에 따라 카메라의 위치를 함께 이동하면서 아이 레벨 앵글을 유지해 주는 것이 포인트입니다.

바닥에 앉은 피사체를 따라 같은 눈높이에서 촬영한 모습 ≫

예를 들어 푸른 공원의 모습을 영상으로 담고 싶을 때 평범하게 서서 촬영하는 것보다 공원에 있는 한 포기의 풀을 대상으로 눈높이를 맞춰 아이 레벨 앵글로 촬영해 보세요.

⚞ 평범하게 촬영한 공원과 풀 한 포기와 눈높이를 맞춰 촬영한 모습

어떤가요? 여기에 영화 '쥬라기공원'의 OST처럼 심장이 두근거리는 배경 음악만 넣으면 평범한 장소와 대상이 조금은 신비로운 영상으로 재탄생하게 됩니다.

 **마법 한 스푼 | 카메라 렌즈의 위치를 최대한 낮춰 보세요!**

풀이라는 대상은 거의 땅에 붙어 있습니다. 그러므로 카메라 렌즈가 풀과 최대한 같은 높이에 위치할 수 있도록 스마트폰을 거꾸로 들어 보세요.

≪ 일반적인 촬영 모습　　　　　≪ 스마트폰을 뒤집어 촬영하는 모습

위와 같이 바닥에 스마트폰을 붙이고 렌즈의 위치를 달리하여 직접 촬영해 보고 결과를 확인해 보세요. 사소해 보이지만 이 작은 변화로 전혀 다른 느낌의 영상이 만들어질 수 있습니다.

음식이나 제품도 대부분 위에서만 찍습니다. 하지만 여러분은 아이 레벨로 스마트폰을 뒤집어 촬영해 보세요. 영상을 잘 찍고 싶다면? 꾸준하게 세상을 새로운 눈으로 바라보는 연습을 해야 합니다.

≪ 스마트폰을 뒤집어 촬영한 음식 영상

## 위에서 내려다보는 하이 앵글

하이 앵글로 인물을 촬영하면 어떻게 표현될까요? 혹시 '얼짱 각도'라는 표현을 들어본 적이 있나요? 셀피를 촬영할 때 인물을 가장 예쁘게 표현해 주는 마법의 각도로 유행했던 말로, 바로 이 얼짱 각도가 45도의 하이 앵글입니다. 확실히 아래쪽에서 찍는 것보다는 위에서 찍는 방법이 우리의 이중 턱을 가려 주어 더 갸름하게 보입니다.

≪ 대상을 내려다보며 찍는 하이 앵글

≪ 위에서 내려다본 모습과 아래에서 올려다본 모습

전신 촬영이라면 어떨까요? 아무래도 머리 쪽이 강조되어 실제 키보다 작아 보이겠죠? 하지만 주변 풍경과 공간을 넓게 포함되도록 하이 앵글로 촬영한다면 키가 작게 표현되는 단점보다는 전체적인 풍경과 인물의 조화에 집중되어, 오히려 더 돋보이는 장면을 연출할 수 있습니다. 낮은 위치에 있는 음식이나 제품 촬영에서도 하이 앵글을 많이 활용합니다.

  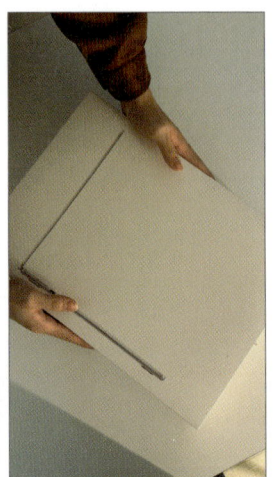

⌃ 하이 앵글 인물 촬영　　⌃ 음식 촬영　　⌃ 제품 촬영

하이 앵글로 촬영하려면 당연하게도 카메라가 위쪽에 있으면 됩니다. 그러므로 대상을 의도적으로 낮은 곳으로 옮기거나, 촬영자가 높은 장소에서 내려다보며 촬영하면 됩니다. 드론과 같은 고급 장비나 긴 스틱을 활용할 수도 있습니다.

> ### 🎩 마법 한 스푼 | 드론은 없지만, 드론 같은 느낌으로 촬영하기
>
> 드론과 같은 장비는 가격 부담도 있지만 원하는 장면을 담기 위해 그만큼 많은 연습이 필요합니다. 그러므로 쉽게 구할 수 있는 삼각대를 이용해 드론으로 촬영한 것과 같은 효과를 연출해 보세요.
>
>
>
> ⌃ 삼각대를 활용한 드론 샷
>
> 삼각대에 스마트폰을 거치한 후 최대한 높이 치켜들고 촬영하면 됩니다. 삼각대만으로도 스마트폰을 제법 높이 올릴 수 있으므로 일상적으로 찍는 영상보다 더 높은 각도의 하이 앵글 영상을 얻을 수 있습니다. 이때, 스마트폰 화면을 볼 수 없으므로 스마트워치를 활용하면 편리합니다.

## 아래에서 올려다보는 로우 앵글

로우 앵글은 제가 인물을 촬영할 때 가장 많이 활용하는 방법으로, 인물과 인물 위쪽으로 펼쳐진 공간을 함께 담고 싶을 때 활용하면 좋습니다. 인물만 로우 앵글로 촬영한다면 아래쪽에서 촬영하기 때문에 인물이 크고 웅장해 보이는 효과가 있습니다. 다만, 모델의 턱이 투 턱이 되지 않도록 힘을 잘 주고 있는지 체크해야 합니다.

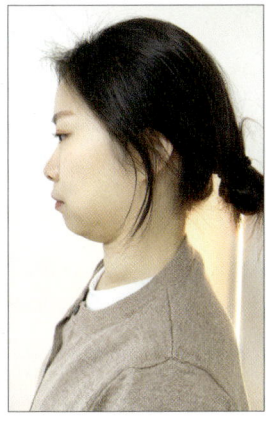

⌃ 로우 앵글로 촬영 중인 모습　　⌃ 모델의 투 턱 주의

공간을 촬영할 때도 마찬가지입니다. 실제로 높이 있거나 웅장하고 큰 공간인데 한 화면에 다 담기지 않아 아쉬울 때, 벚꽃이 만개한 봄날 벚꽃에 파묻힌 듯한 모습을 화면에 담고 싶을 때 로우 앵글을 적극 활용해 보세요. 자세를 낮춰서 주변과 모델을 함께 촬영하면 멀게만 느껴지던 주변 배경이 모델 주변에 있는 것처럼 화면 가득 담기게 됩니다.

⌃ 웅장한 도서관의 모습을
　로우 앵글로 담은 장면
⌃ 만개한 벚꽃을 로우 앵글로
　화면 가득 담은 장면
⌃ 멀리 있는 솜사탕 같은 구름을 배경으로
　연출한 로우 앵글 장면

## 마법 한 스푼 | 극단적으로 사용한 로우 앵글

로우 앵글을 극단적으로 연출하면 생각지도 못한 새로운 장면을 보게 될 수 있습니다. 가끔은 주변의 시선을 신경 쓰지 말고 바닥에서 하늘을 올려다보세요. 평범했던 도시의 건물들이 하나의 작품처럼 표현되는 경험을 하게 될지도 모릅니다.

《 극단적인 로우 앵글로 담은 도시의 풍경

지금까지 피사체를 대상으로 각도를 변경하면 나타나는 효과들을 알아보았습니다. 핵심은 평소의 시선과 시야에서 벗어나는 것입니다. 그것 하나만으로 새로운 영상이 탄생할 거라 확신합니다.

# 의외로 모르는
# 스마트폰 활용법 4가지

흔히들 화려한 화면 전환 효과와 멋들어진 움직임이 있어야만 멋진 영상이 될 거라 생각합니다. 하지만, 여러분의 스마트폰에 있는 기본 기능만 잘 활용해도 지금까지와는 다른 멋진 영상을 완성할 수 있습니다.

 **촬영 범위와 강조 대상을 선택할 수 있는 배율**

SNS를 즐겨하는 분이라면 숫자에 맞춰 순간적으로 영상이 멀어지면서 풍경이 넓게 표현되는 콘텐츠를 한 번쯤은 봤을 것입니다. 손으로 화면을 향해 미는 동작을 하면 영상도 동시에 멀어지는 영상 콘텐츠도 있죠. 이러한 영상은 모두 스마트폰 카메라의 기본 기능인 배율을 활용했습니다. 갤럭시나 아이폰 모두 동영상 촬영 버튼 바로 위에서 배율을 조정할 수 있습니다.

⌃ 0.5배율　　　⌃ 1배율　　　⌃ 2배율　　　⌃ 3배율

위 예시는 모델과 배경, 스마트폰과 모델의 거리 모두 동일하게 유지한 채 배율만 변경하면서 촬영한 장면입니다. 분명 같은 구도인데 배율에 따라 전혀 다른 장면이 연출되는 것을 볼 수 있죠!

입문자일수록 영상을 촬영할 때 기본값인 1배율 상태만 이용합니다. 앞의 예시에서 볼 수 있듯 0.5배율에서는 공간이 훨씬 더 넓고 높게 표현되고, 배율이 커질수록 점점 대상이 확대되면서 행동이나 대상 자체를 강조할 수 있음에도 말이죠.

  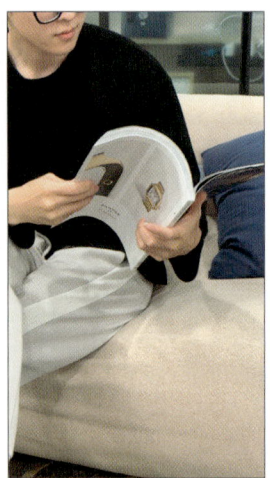

⌃ 배율을 다르게 촬영한 3가지 장면

이제부터는 특정 동작을 촬영할 때 어떤 정보를 더 강조하고 싶은지 고민하고 그에 따라 배율을 다르게 변경해 보세요. 위와 같이 책을 읽는 장면이라면 1배율로 촬영하여 공간을 더 강조할지, 2배율로 촬영하여 책을 읽는 사람 자체를 강조할지, 3배율로 촬영하여 읽고 있는 책에 주목할지를 결정할 수 있습니다.

⌃ 같은 자리에서 9배율로 촬영  ⌃ 0.5배율로 촬영

**MISSION** 같은 동작을 0.5배율, 1배율, 3배율로 촬영해 보세요. 한 걸음 더 나아가 촬영하는 도중에 배율을 변경해 보세요. 훨씬 역동적인 영상을 만들 수 있을 겁니다.

## 느림의 미학, 슬로 모션

사람들은 실제 눈으로 보기 어려운 장면에 관심을 가지고 좋아한다고 이야기했었죠? 슬로 모션은 실제 장면을 눈으로 보는 것보다 몇 배로 느리게 재생하는 촬영 방법입니다. 영화에서 슬로 모션 장면을 한 번쯤은 본 적이 있을 겁니다. 여러분도 보는 순간 딱! 떠오르는 그 장면이죠? 너무나 유명한 장면이므로 보는 순간 슬로 모션이 무엇인지 바로 감이 올 것입니다.

△ 슬로 모션이 쓰인 영화의 한 장면, 출처: 영화 '해리포터'와 '매트릭스'

대표적으로 영화의 하이라이트, 액션 장면, 총이 날아오는 장면, 중요한 캐릭터가 죽는 장면, 공포스러운 물체가 다가올 때 주인공이 뒤돌아보는 장면 등에서 사용하는 연출이기도 합니다. 이러한 슬로 모션 효과는 해당 장면에 집중하게 되어 기억에 더 잘 남게 되죠. 특히 실제로는 천천히 볼 수 없는 장면에 활용할수록 그 효과는 커지게 됩니다.

> **마법 한 스푼 | 슬로 모션이 어울리는 장면은?**
>
> 저의 경우 걷거나 뛰는 장면, 뒤돌아보는 장면, 눈이나 비가 오는 장면, 파도가 치는 장면, 하늘하늘한 옷을 흩날리는 장면, 꽃잎이나 비눗방울이 날리는 장면에서 슬로 모션을 사용합니다. 이런 장면에서 평소에 볼 수 없을 정도의 느린 속도의 영상을 사용하면 감성을 끌어올리면서 동시에 '예쁘다!'라는 인상을 강하게 남길 수 있습니다.
>
>
>
> △ 슬로 모션으로 촬영한 장면들

## 슬로 모션 촬영 및 조정 방법

스마트폰의 기본 기능에서 슬로 모션으로 촬영한 후 슬로 모션 구간을 변경할 수도 있습니다. 아이폰 사용자라면 모드 목록에서 [슬로 모션]을 선택한 후 촬영을 시작하면 됩니다. 갤럭시 사용자는 오른쪽 끝에 있는 [더보기]를 누른 후 [슬로우 모션]을 선택하면 됩니다.

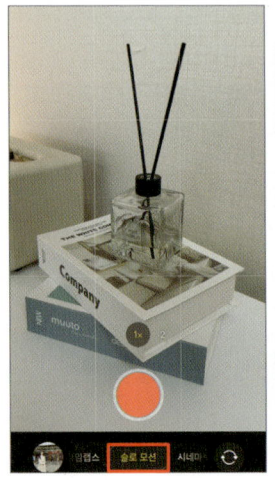 

⌃ 아이폰의 슬로 모션 모드    ⌃ 갤럭시의 슬로 모션 모드

**TIP & TECH** 갤럭시에 있는 [슈퍼 슬로우 모션]은 보통의 슬로 모션보다 더 느리게 재생되는 영상을 촬영할 수 있는 모드입니다. 하지만, 지나치게 느려 추천하지 않습니다.

슬로 모션으로 영상을 촬영했다면 슬로 모션이 적용되는 구간을 변경해 보세요. 아이폰 사용자라면 사진 앱에서 촬영한 영상을 선택한 후 ❶ [편집] 아이콘을 누릅니다. 화면 아래쪽으로 타임라인과 함께 세로선이 빼곡하게 표시된 그래프가 보이고 여기서 ❷ 조금은 덜 촘촘한 구간이 슬로 모션 구간입니다. ❸ 슬로 모션 구간에서 양쪽에 있는 조절 바를 좌우로 옮기면서 구간을 조절할 수 있습니다.

⌃ [편집] → 슬로 모션 구간 확인 → 조절 바 위치 조정

갤럭시는 더 다양하게 활용할 수 있습니다. 갤러리 앱에서 슬로 모션으로 촬영한 영상을 선택한 후 ❶ 아래쪽에 있는 연필 모양 아이콘을 누릅니다. ❷ 화면 아래쪽에서 점선처럼 보이는 슬로 모션 구간을 확인한 후 ❸ 양쪽에 있는 조절 바를 이용하여 슬로 모션 구간을 변경할 수 있습니다.

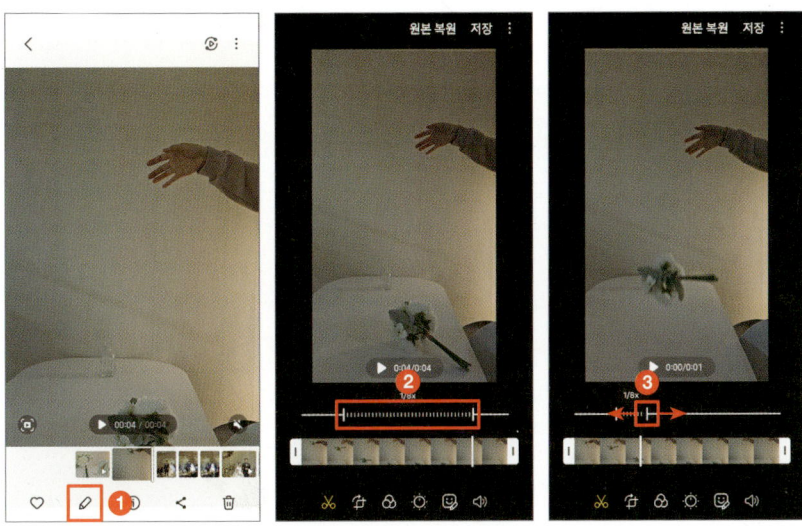

▲ [편집](연필) → 슬로 모션 구간 확인 → 조절 바 위치 조정

슬로 모션을 길게 촬영하면 좀 더 다양하게 조절할 수도 있습니다. 예를 들어 ❶ 촬영 시간이 10초~28초 사이라면 연필 모양 아이콘을 눌러 편집을 시작해 보면 ❷ 2개의 슬로 구간이 생성되어 있습니다. ❸ 각 구간을 선택하여 서로 다른 속도로 조절하거나, ❹ 휴지통 아이콘을 눌러 슬로 구간 하나를 삭제하여, 하나만 남길 수도 있습니다.

**TIP&TECH** 슬로 모션으로 가로등이나 전등을 너무 느리게 촬영하면 지나치게 자주 깜빡이는 것처럼 보일 수 있습니다. 아이폰의 경우 240fps로 촬영했다면 120fps로 바꿔서 촬영해 보고, 갤럭시라면 촬영 후 1/8x가 기본값이므로 1/4x로 수정해 보세요.

## 순식간에 지나가는 고속 촬영

아이폰에서는 타임랩스, 갤럭시에서는 하이퍼랩스라고 명명된 이 기능은 슬로 모션과 반대 개념으로 고속 촬영이라고 생각하면 쉽습니다. 5초 만에 낮에서 밤이 되는 장면, 지하철이나 도시 한복판에 차와 사람이 엄청나게 빨리 움직이는 장면, 하늘의 구름이 실제보다 몇 배는 빠르게 움직이는 장면, 별이 움직이는 장면이 바로 이 기능을 활용한 장면입니다.

고속 촬영 기능을 사용하는 방법은 슬로 모션과 유사합니다. 아이폰은 [타임랩스]를, 갤럭시는 [더보기]를 선택한 후 [하이퍼랩스]를 선택하면 됩니다.

︽ 아이폰의 [타임랩스]

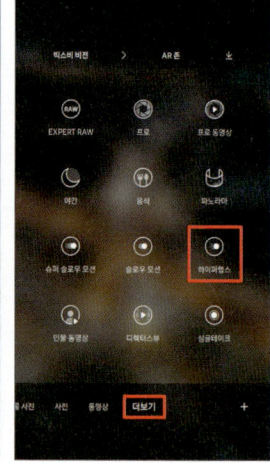
︽ 갤럭시 [더보기] → [하이퍼랩스]

고속 촬영 기능은 시간과 공간의 흐름이 빠르게 표현되기 때문에 압도되는 느낌을 전달할 수 있습니다. 이러한 고속 촬영 기능으로 시간의 흐름만 표현하고 싶다면 삼각대 필수! 공간의 흐름까지 함께 표현하고 싶다면 스마트폰을 들고 움직이면서 촬영하면 됩니다.

︽ 움직이면서 찍은 예시

고속 촬영을 하면서 공간의 흐름까지 함께 표현할 때 주의할 점이 하나 있습니다. 앞의 예시를 살펴보세요. 경복궁에서 움직이며 고속 촬영 기능을 사용한 영상입니다. 눈에 띄는 점 한 가지를 발견하셨나요? 바로 경복궁 지붕의 위치가 모두 동일하다는 점입니다. 이처럼 고속 촬영 중에 움직임을 더할 때는 대상의 한 군데를 정해 화면 속에서 이 부분이 움직이지 않도록 촬영하는 겁니다. 건물을 촬영한다면 대체로 지붕 꼭대기를 고정합니다. 만약 기준을 정하지 않고 무작정 움직인다면 공간의 흐름이 제대로 표현되지도 않을뿐더러 여기저기 흔들리는 정신없는 영상이 될 수 있습니다.

**TIP&TECH** 움직이는 중에 대상의 특정 위치를 어떻게 고정할 수 있을까요? 저만의 꿀팁을 알려드리자면…, 격자 선을 이용하는 것입니다. 위쪽 격자 선에 촬영 대상의 꼭대기를 맞춰 움직이지 않게 촬영하거나, 펜이나 스티커로 스마트폰 액정에 기준이 될 점을 표시한 후 대상에 맞춰 촬영합니다.

### 🎩 마법 한 스푼 | 별 궤적 촬영하기

갤럭시를 사용 중이라면 밤하늘 가득 별이 보이는 장소에서 하이퍼랩스 기능으로 별 궤적 영상을 촬영해 보세요. 준비물은 보조배터리, 삼각대, 갤럭시 스마트폰입니다. 5시간 정도 촬영을 해야 유의미한 결과물을 얻을 수 있으므로 풀충전된 보조배터리와 스마트폰을 연결하고, 스마트폰은 삼각대에 거치한 후 하이퍼랩스 모드를 실행합니다.

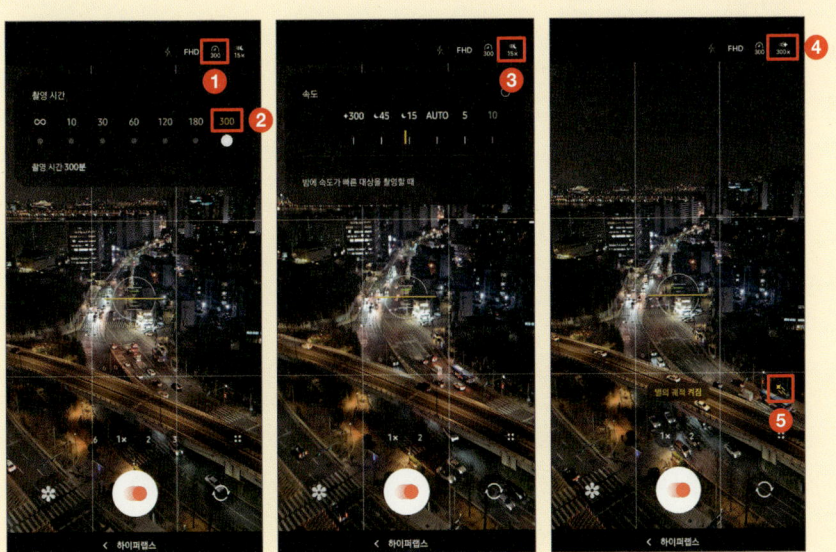

△ 하이퍼랩스 모드 → 속도 조절(300x) → 시간 조절(300분)

하이퍼랩스 모드에서 ❶ 상단에 있는 [촬영 시간] 아이콘을 눌러 ❷ [300분]을 선택하고, ❸ 바로 오른쪽에 있는 [속도] 아이콘을 눌러 ❹ [300x]로 설정합니다. 별은 시간당 15도 정도로 엄청 느리게 움직이므로 속도를 가장 빠르게 설정한 것입니다. 이렇게 하면 3시간 촬영 시 30초, 5시간 촬영 시 1분 정도의 영상을 얻을 수 있습니다. 그러므로 최소 120분 이상을 촬영하는 것이 좋습니다. 끝으로 ❺ 오른쪽 아래에 있는 [별 궤적] 아이콘을 활성화합니다. 비활성화 상태로 촬영하면 단순히 별이 이동하는 것처럼 촬영됩니다. 만약 비활성화 상태로 촬영했다면 이후 화면을 위로 스와이프한 다음 [별의 궤적]을 생성할 수 있습니다.

**인물 영상 촬영에 특화된 모드**

아이폰에서는 시네마틱, 갤럭시에서는 인물 동영상이라고 표시되는 이 기능은 마치 영화처럼 인물 혹은 피사체를 강조하는 촬영 기법입니다. 배경이 지저분하거나 사람이 너무 많은 장소에서 촬영할 때 '영상에 나만 나왔으면 정말 좋겠네~'라고 생각해 본 적 있으시죠? 이런 마음을 조금이나마 달랠 수 있는 기능입니다

︽ 일반 촬영(좌)과 시네마틱 촬영(우)의 결과

대표적인 활용 사례로 드라마나 영화에서 한 화면에 있는 두 명의 주인공이 대화하는 장면을 떠올릴 수 있습니다. 말하고 있는 주인공에게 번갈아 가면서 초점을 옮김으로써 말하는 대상을 명확하게 좀 더 강조해서 표현할 수 있죠. 일상에서 활용할 때도 두 명이 대화하는 영상이나, 건물 혹은 식물 등에서 인물로 초점이 옮겨지는 영상을 만들 때 사용해 볼 수 있습니다.

**아이폰 시네마틱 사용 방법 및 초점 이동 방법** 아이폰 사용자라면 기본 카메라 앱을 실행한 후 [비디오] 탭 왼쪽에 있는 ❶ [시네마틱]을 선택합니다. 시네마틱 모드가 실행되면 ❷ 오른쪽 위에 있는 ⊞ 아이콘을 누른 후 [조리개] 버튼을 눌러 배경이 흐려지는 정도를 선택할 수 있습니다. f는 초점(focus)을 의미하며, ❸ f값이 최대일 때는 초점이 가장 강력하다는 뜻으로 배경이 거의 흐려지지 않습니다. 반대로 ❹ f값이 최소일 때 최대로 흐려집니다. 친절하게도 f값에 흰색 점이 표시될 때 가장 자연스러운 흐림 효과를 얻을 수 있습니다.

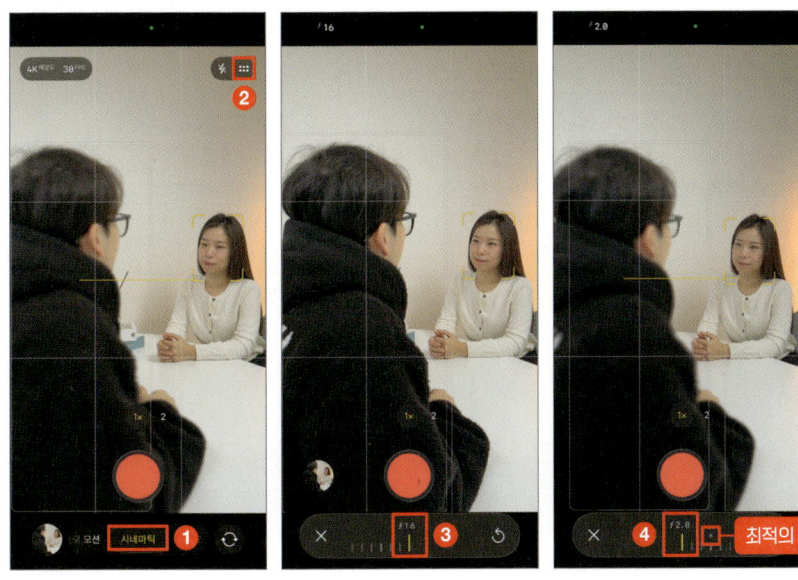

▲ 시네마틱 모드 　　　　▲ 심도 최대 　　　　▲ 심도 최소

f값을 설정 후 초점이 이동하는 영상을 촬영하고 싶다면 다음과 같이 촬영합니다. 먼저 초점을 맞추고 싶은 대상을 터치하고 촬영을 시작합니다. 촬영 도중 초점을 이동하고 싶은 대상을 터치하면 초점이 이동하게 됩니다. 물체와 사람 사이의 초점을 이동하기도 하고, 대상끼리 대화를 할 때 감정이 바뀌거나, 말하는 인물이 바뀌는 타이밍에 맞춰 초점을 이동할 수 있습니다.

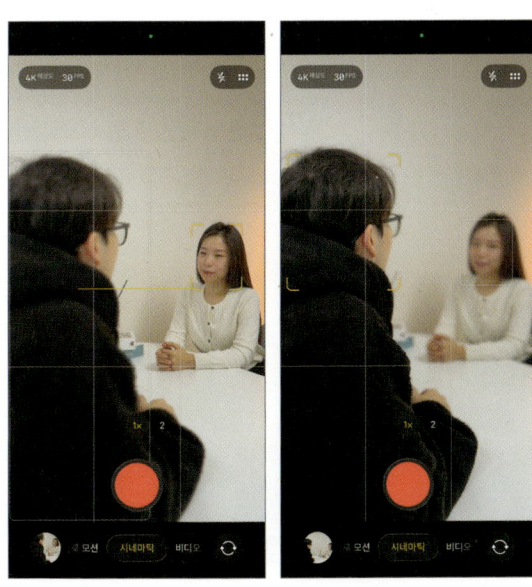

▲ 뒷사람 초점 　　　　▲ 앞사람 초점

**촬영 이후 초점 변경하기** 만약 촬영할 때 초점의 타이밍이나 위치를 잘못 지정했다면, 혹은 좀 더 정교하게 여러 번 초점을 이동하고 싶다면 촬영 이후 기본 편집 기능을 이용할 수 있습니다.

시네마틱으로 촬영한 영상을 선택하고 휴지통 왼쪽에 있는 ❶ [편집] 아이콘을 누릅니다. 편집 화면이 열리면 ❷ 왼쪽 위에 있는 f값을 눌러 심도를 조절할 수 있습니다.

∧ [편집] → f값 → 심도 조절

초점을 추가하고 싶다면 편집 화면에서 ❶ 타임라인에 있는 인디케이터를 원하는 위치로 옮긴 후 ❷ 화면에서 초점 맞출 대상을 터치합니다. ❸ 타임라인 아래를 보면 새로운 초점 탭이 추가된 것을 확인할 수 있습니다. 초점을 제거하고 싶다면 ❹ 타임라인 아래쪽에 있는 검은색 초점 탭을 누른 후 ❺ 휴지통 모양 [삭제] 아이콘을 누르면 됩니다.

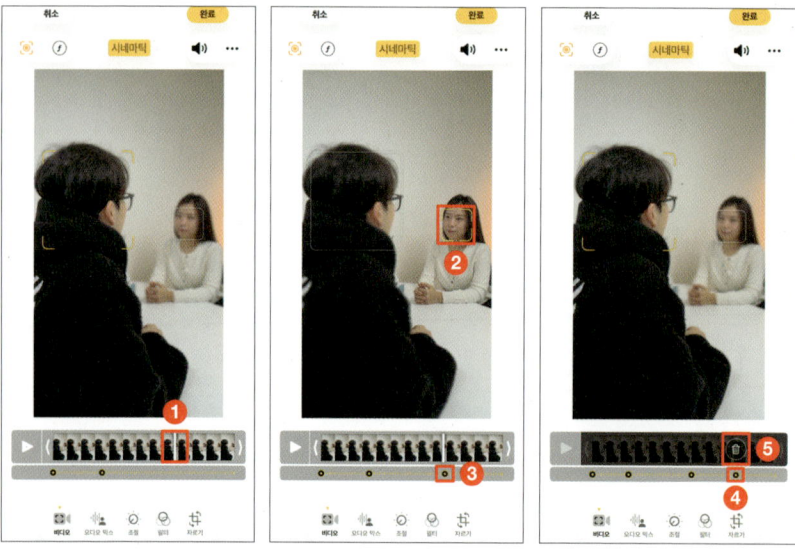

∧ 초점 탭 추가/삭제하기

이처럼 촬영 이후에도 초점을 추가/삭제하거나 심도를 조절할 수 있습니다.

**갤럭시 인물 동영상 사용 방법** 갤럭시에서 기본 카메라 앱을 실행합니다. 메뉴 중 오른쪽 끝에 있는 [더보기]를 누른 후 [인물 동영상]을 선택하면 됩니다. 인물 동영상 모드에서 왼쪽 아래에 표시된 둥근 모양 아이콘을 누르면 곧바로 [블러] 기능이 적용되고, 흐림 정도를 조절할 수 있습니다.

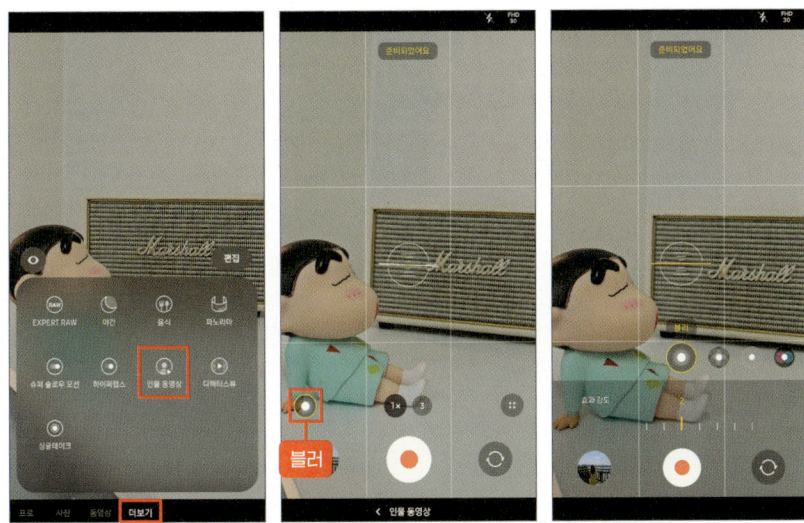

⌃ [더보기] → 인물 동영상 → [블러] 아이콘 → 흐린 정도 조절

**TIP & TECH** 아이폰과 달리 갤럭시에서는 촬영 이후 초점 이동이나 심도 조절을 할 수 없습니다.

예시에서 스피커의 브랜드명을 보면 블러 강도가 높을 때 흐려지고, 낮을 때 선명해지는 걸 볼 수 있습니다.

⌃ 블러 최소

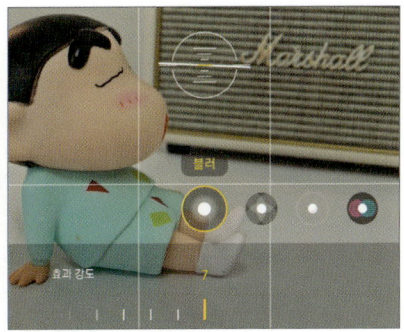

⌃ 블러 최대

**MISSION** 가족이나 친구 두 명과 함께 초점을 이동하면서 촬영해 보세요.

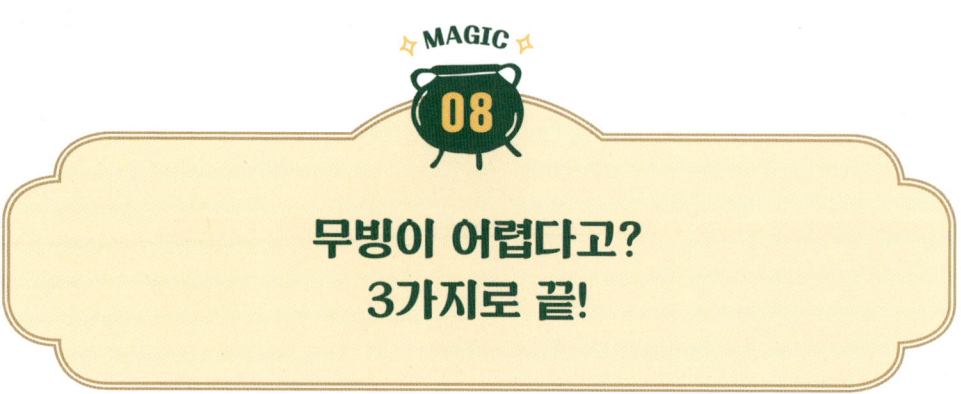

# 무빙이 어렵다고?
# 3가지로 끝!

가만히 선 채 촬영하면 안정적인 영상을 얻을 수 있지만, 그만큼 단조로운 영상이 됩니다. 요즘 숏폼에서 대세인 트랜지션을 만들고 싶다면 무빙의 기초를 활용하면 됩니다. 영상을 더욱 다채롭게 만들어 줄 무빙에 대해 알아보겠습니다.

영상 촬영의 무빙에 대해 이야기할 때면 틸트, 패닝 등 어려운 전문 용어들이 등장합니다. 이러한 용어를 좀 더 쉽게 설명하는 방법이 없을까 고민하다 XYZ 3가지 움직임으로 정리하게 되었습니다.

⌃ XYZ 움직임

XYZ는 촬영자가 움직이게 될 방향으로 X는 좌우 수평으로 움직이면서 촬영하는 기법입니다. Y는 상하로 움직이면서 촬영하는 기법이며, 마지막으로 Z는 앞뒤로 움직이면서 촬영하는 기법입니다. 어떤 움직임으로 영상을 촬영할 수 있는지 XYZ에 대해 각각 자세히 알아보겠습니다.

##  X축으로 움직이자

무빙에서 가장 중요한 것! 하나의 방향을 정하면 다른 축으로는 움직이지 않아야 한다는 것입니다. 이는 X축뿐만 아니라 Y, Z축도 마찬가지입니다.

예를 들어 X축(가로) 무빙을 선택했다면 Y축(세로), Z축(앞뒤)으로는 움직이지 않아야 하는 것입니다.

**TIP&TECH** 책에서는 각 무빙의 방향을 정확히 소개하기 위해 움직임을 크게 표현했지만, 실제 촬영 중이라면 안정적으로 조금씩만 움직여도 영상이 훨씬 다채로워집니다. 그러니 처음부터 무리하게 큰 움직임을 담으려고 하지 않는 것이 좋습니다.

### X축 - 원 움직임

각 무빙은 다시 원과 직선으로 구분할 수 있습니다. 가장 많은 사람이 활용하는 움직임이 X축 - 원 방향일 겁니다.

다음과 같이 촬영자의 위치를 고정한 상태에서 스마트폰의 카메라 방향만 작은 반원을 그리듯이 좌우로 돌리는 무빙입니다. 가장 기본적이면서 많이 사용하는 무빙으로 큰 움직임 없이 좌우의 정보를 전달하고 싶을 때 활용합니다.

≪ X축 - 작은 원

작은 원보다 더 역동적인 움직임을 표현하려면 팔을 뻗고 크게 움직이거나, 다리도 함께 움직입니다. 숏폼에서 '반원'이라고들 이야기하는 기법이죠. 이때, 원을 바깥으로도 그릴 수 있고 내쪽으로 당기면서 그릴 수도 있습니다. 내쪽으로 당기면서 촬영하는 원은 주로 제품이나 음식 영상에서 유용하게 활용할 수 있습니다. 이 움직임을 마지막에 빠르게 돌리면 트랜지션으로 사용할 수도 있습니다.

⌃ 바깥쪽으로 그리는 원

⌃ 내쪽으로 당기는 원

## X축 - 직선 움직임

X축 직선 방향 움직임은 가상의 수평선을 떠올리고, 위아래 움직임이 없도록 몸 전체를 활용해 수평선을 따라 움직이는 방법입니다. 가만히 서서 움직일 때는 다음과 같이 다리를 살짝 굽혀 위아래로 움직이지 않도록 균형을 유지합니다. 누군가를 따라 걷는다면 다리를 굽힌 상태로 걷는 닌자 자세로 촬영합니다.

≪ X축 - 직선

## Y축으로 움직이자

이번에는 Y축입니다. Y축 무빙에서도 X축이나 Y축으로 움직이지 않도록 자세를 유지하며 촬영하는 것이 기본입니다. 이러한 Y축 역시 원과 직선 움직임으로 구분할 수 있습니다.

### Y축 - 원 움직임

제자리에서 활용할 수 있는 작은 원으로, 위 공간부터 정면까지 이어지거나, 반대로 바닥부터 정면으로 이동할 수 있습니다.

≪ Y축 - 작은 원

작은 원 무빙에 이어 팔을 뻗어 더 큰 원을 그리면서 촬영해 보세요. 여행 영상에서 여행지를 보여 주다가 사람으로 이동할 때, 혹은 바닥부터 보여 주다가 앞을 보여 줄 때 활용하기 좋은 기법입니다.

∧ Y축 - 큰 원

## Y축 - 직선 움직임

세로로 동아줄이 있다고 생각하고 줄을 따라 위아래로 움직이면서 촬영하면 Y축 – 직선 움직임이 됩니다. 이때, 팔만 움직인다면 앞뒤로 흔들릴 수 있으니, 꼭 다리도 함께 자세를 낮추면서 촬영하는 것이 좋습니다. 이러한 무빙은 세로로 곧게 뻗은 인테리어나 장소를 소개할 때, 머리부터 발끝까지 보여 줄 때 활용하기 좋습니다.

∧ Y축 - 직선

## Z축으로 움직이자

마지막 움직임은 앞뒤로 움직이는 Z축 무빙입니다. Z축 역시 원과 직선 움직임이 있으며, 직선 방향부터 설명해 보겠습니다.

### Z축 - 직선 움직임

제자리에서 촬영할 때는 팔만 앞뒤로 움직이면서 촬영하면 됩니다. 조금 더 큰 움직임이 필요하다면 다리를 굽혀 앞뒤로 움직이며 촬영합니다. 무빙에서 X축-작은 원 다음으로 많이 활용되는 움직임으로, 음식을 보여 주는 콘텐츠에서 자주 볼 수 있습니다. 강조하고 싶은 대상이 있을 때는 앞으로 움직이면서 대상과 가까워지는 장면을 연출하고, 멀어지거나 대상을 멀리서 보여 주고 싶다면 점점 뒤로 빠지면서 촬영합니다. 앞선 XY축 무빙에 비해 앞뒤 어느쪽으로 움직이는지에 따라 느낌이 많이 달라지는 기법입니다.

︽ Z축 - 직선

### Z축 - 원 움직임

슬로 모션과 함께 제가 가장 애용하는 움직임, 바로 Z축-원입니다. 스마트폰을 45도 정도 돌리면서 촬영하는 방법입니다. 제자리에서 촬영해도 되고, 앞뒤로 움직이며 동시에 회전하면 더욱 시선을 사로잡는 영상을 촬영할 수 있습니다.

⌃ Z축 - 원

여기까지 XYZ축 그리고 각 축에서 원과 직선 방향의 무빙을 알아보았습니다. 촬영하기 전, XYZ축이 기억나지 않는다면 아래와 같이 손가락을 펴서 방향을 떠올려 보세요. 그리고 지금 촬영하려는 대상에는 어떤 움직임이 가장 적합할지 판단해 보세요.

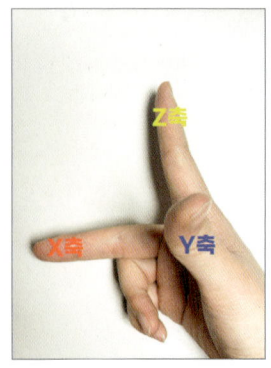

⌃ 손가락으로 표현한 XYZ축

지금까지 소개한 무빙은 정면으로 서서 촬영하는 방법이었습니다. 여기서 나아가 위에서 밑을 내려다보는 항공샷, 아래에서 위를 올려보는 잠수샷에서도 각각 XYZ축 움직임을 적용한다면 더욱 다양한 무빙의 영상을 촬영할 수 있게 됩니다. 무빙에 익숙해지도록 촬영 현장과 장면에 따라 어떤 움직임이 어울릴지 꾸준히 연습하면서 무빙에 대한 숙련도를 높이는 것이 중요합니다.

**MISSION** 5종류의 움직임으로 대상을 촬영해 보세요.

# 무엇을 촬영해야 할지 고민이라면

영상을 시작할 때 가장 어려워하는 부분이 '무엇을 촬영하는가?'입니다. 무엇이든 마찬가지겠지만 영상 제작도 연습의 반복입니다. 이번에 알려 주는 '하나의 동작으로 10개의 영상 만드는 법'을 무수히 연습해 보세요.

 ### 촬영하기 전 반드시 정해야 할 것

카메라 앱을 실행하고 대상을 향해 촬영 버튼을 누르기 전 반드시 해야 할 한 가지가 있다면 바로 촬영의 '목적'을 떠올리는 것입니다. 목적이나 계획 없이 그저 '예쁜 영상을 담아야지!'라는 마음으로 촬영을 시작한다면 무엇을 어떻게 찍어야 할지 갈피를 잡을 수 없을 겁니다.

만약 카페에서 영상을 촬영한다면 카페라는 공간을 소개하는 영상을 만들 건지, 그 카페만의 특별한 디저트를 소개할 건지, 아니면 카페를 배경으로 함께 한 친구를 감성적으로 담을 건지를 고민할 수 있을 것입니다. 이제부터라도 카메라 앱을 실행하기 전에 무엇을 보여 주고 싶은지, 어떤 것을 소개하고 정하는 습관을 들여 보세요. 촬영 장소로 떠나기 전에 미리 계획해도 좋고, 장소에 도착해서 상황에 맞게 목표를 정해도 좋습니다. 실제로 촬영 장소에 도착해서 분위기나 상황에 따라 처음 세운 계획이나 목표가 달라지는 경우도 많기 때문입니다.

 ### 하나의 동작으로 10개의 영상 만드는 법

지금까지 배운 다양한 촬영 노하우를 떠올리며 이번에 알려 주는 방법을 연습해 보세요. 연습은 결코 배신하지 않습니다. 우선 모델을 한 명 섭외하세요. 가족, 친구 누구라도 괜찮습니다. 그런 다음 하나의 동작을 정해서 반복하도록 부탁한 다음 다른 구도 10가지를 찾는 겁니다.

동작을 정했다면 대상을 기준으로 앞, 옆, 뒤, 위에서 한 장면씩 촬영해 보세요. 벌써 4가지 구도의 영상이 만들어졌죠? 대부분 전신이 나오도록 촬영했을 겁니다. 이번에는 앞, 옆, 뒤, 위의 구도별 얼굴, 손, 발, 상반신을 중심으로 각 장면을 촬영해 보세요. 이렇게 하면 벌써 16개의 서로 다른 영상이 완성되었네요! 이 많은 영상에서 잘 나온 장면만 선택한 후 음악을 더하면 또 하나의 새로운 감성 뮤직비디오가 만들어집니다.

예를 들어 걷는 장면을 공원에서 촬영해 볼게요. 바닥 장면부터 촬영해 볼까요? 걷는 모습의 한 가지 동작을 앞, 뒤, 옆에서 각각 촬영하는 겁니다. 이 중 원하는 연출에 따라 하나의 동작을 선택할 수 있겠죠?

⌃ 걷는 모습을 발 중심으로 촬영한 3가지 장면

여기에 바닥의 상태가 눈길인지, 풀밭인지, 아스팔트인지 등에 따라서도 영상에 담기는 장면과 정보가 전혀 달라집니다.

⌃ 눈길에서 촬영한 걷는 장면

상체로 올라와 손으로 할 수 있는 동작을 찾아봅니다. 추운 겨울을 표현하고자 주머니에 손을 넣을지, 꼼지락거리는 손가락으로 좋아하는 사람을 만나러 가는 설렘을 표현할지, 예쁜 풍경을 강조하기 위해 손으로 스치며 지나갈지 다양한 상황을 연출해 볼 수 있습니다.

⌃ 손을 중심으로 촬영한 3가지 장면

다음으로 얼굴 장면은 얼굴의 방향이나 표정에 따라 전혀 다른 느낌을 연출할 수 있습니다. 뒷모습만 보여 주어 신비로운 느낌을 연출할 수 있고, 앞에서 함께 걸으면서 촬영하면 영상 속 모델과 함께 걷는 느낌을 연출할 수 있죠. 옆에서 촬영하면 모델이 주위를 둘러보는 듯한 느낌을 낼 수도 있습니다.

▲ 다양한 방향에서 촬영한 모델의 얼굴 장면

지금까지의 각 장면은 모델과 같은 거리에서 촬영한 결과입니다. 이번에는 각 동작을 다른 거리에서 촬영해 보면 어떨까요? 가까이에서 손동작을 강조해 보거나, 점점 멀어지면서 전체 배경과 분위기를 담아 보는 거죠.

▲ 같은 동작을 다양한 거리에서 촬영한 장면

어떠세요? 처음에는 '걷는 모습 하나로 어떻게 10개의 장면을 촬영하지?'라고 걱정했다면 이제는 '에이~영상 촬영 쉽네?'라는 생각으로 자신감이 부쩍 생겼을 겁니다. 영상은 같은 장소라 하더라도 시간, 계절, 날씨, 모델, 모델의 기분이나 패션, 촬영하는 사람에 따라 전혀 다른 결과를 얻을 수도 있습니다. 오히려 같은 결과를 얻는 것이 더 어려울 정도로 변수가 많고, 찰나의 순간으로 완전히 다른 결과가 나타나는 게 영상입니다.

지금부터 영상은 연습의 연속입니다. 지난 1년 동안 저는 1만 개의 영상을 촬영했습니다. 만들어 보고 싶은 영상을 몇십 번씩 돌려보고 따라 해 보면서 객관적으로 괜찮다고 판단될 때까지 계속 반복해서 촬영했습니다. 그날의 저 스스로가 할 수 있는 최대 실력으로 촬영하려고 노력했습니다. 촬영한 결과물이 마음에 들지 않을 때면 왜 별로인지 하나씩 뜯어서 분석했습니다. 그 결과 때로는 저의 촬영 실력이 부족하기도 했지만, 장소, 계절, 모델의 의상, 표정과 동작, 서로의 호흡에 따라 전혀 다른 영상이 된다는 걸 깨닫게 되었습니다. <u>정답은 연습입니다.</u> 처음부터 각 잡고 찍기보다 내 주변과 일상부터 영상으로 기록해 보는 것도 영상을 연습하는 좋은 방법이라고 생각합니다.

**MISSION** 공원에서 걷는 장면을 촬영한다는 계획을 세운 뒤 촬영 장면을 생각나는 대로 노트에 적어 보세요. 노트를 들고 그대로 촬영해 보세요.

PART

II

영상에
마법 한 스푼,
캡컷 편집

# CHAPTER 01

# 영상에 마법을 더해 줄 캡컷 기본기

영상 마법을 위한 두 번째 과정, 편집 과정으로 넘어오신 여러분을 진심으로 환영합니다. 촬영이 요리의 재료를 준비하는 과정이라면 편집은 요리를 시작하는 과정입니다. 같은 재료라도 조리법에 따라 요리와 맛이 달라지듯 영상 마법도 음악과 컷 편집, 자막 사용에 따라 다른 결과물이 완성됩니다. 지금부터 제대로 된 영상 마법을 위한 기본 기능 학습을 시작합니다.

**Magic 01** 영상 편집 앱, 어떤 것을 선택할까?
**Magic 02** 편집 전 꼭 장착해야 할 캡컷 기초
**Magic 03** 자주 보고, 반드시 기억해야 할 클립 편집 기능들

# 영상 편집 앱, 어떤 것을 선택할까?

영상 편집 앱을 사용하면 터치 몇 번으로 영상을 편집할 수 있고, 다양한 효과를 넣을 수도 있습니다. 이제 우리는 어떤 앱을 선택해야 할지, 유료로 써야 할지 선택의 갈림길에 서 있습니다. 영상 편집 앱 선택의 기준과 유료 구매에 대해 알아봅니다.

 **영상 편집 앱, 왜 캡컷일까?**

스마트폰 하나로 촬영부터 편집까지 끝낼 수 있는 요즘, 수많은 편집 앱이 출시되어 있습니다. 저 역시 키네마스터로 시작해 지금의 캡컷에 정착하기까지 여러 앱을 사용했습니다. 이런 저에게 "왜 하필 캡컷을 사용하나요?"라고 묻는 분들이 많습니다. 제 기준 캡컷을 주로 사용하게 된 이유는 다음과 같습니다.

첫째, 편집 화면이 깔끔하고 보기 편했습니다. 특히 2가지의 영상을 겹치는 합성 기능을 활용할 때면 불편하고 복잡해져서 섬세한 편집이 어려운 앱들이 많습니다. 하지만 캡컷은 이런 부분들이 직관적이고 편리했으며, 불편하다고 생각되는 부분을 지속적으로 개선하는 점이 마음에 들었습니다.

둘째, 롱제이의 콘셉트인 '영상에 마법 한 스푼'에 어울리는 재미있고 신기한 편집 기능이 많습니다. 캡컷은 핸드폰으로 구현해 낼 수 있는 거의 모든 편집 기능이 포함된 앱이라고 생각합니다.

셋째, 누구나 쉽게 배울 수 있습니다. 영상 편집 콘텐츠라면 누구나 쉽게 배울 수 있을 것 같은 느낌을 전달해야 한다고 생각합니다. 그래야만 더 많은 사람이 제 콘텐츠를 보고 공감할 거로 생각했습니다. 완성한 결과물은 재미있으나 과정이 어려워 보인다면 '나는 못해'라는 생각으로 포기하는 분들이 많을 거고, 그만큼 관심을 가지기 어려울 테니까요. 직접 편집했을 때 같은 기능을 쓰더라도 단계가 가장 적고, 간편하게 사용할 수 있는 것이 캡컷이었습니다.

⌃ '동영상 편집'으로 검색하여 찾은 캡컷

그렇다면 캡컷은 완벽한 앱일까요? 캡컷만 설치하면 영상 편집은 다 해결되는 걸까요? 아쉽지만 그렇지 않습니다. 모든 앱에는 장단점이 있습니다. 캡컷의 경우 초상권을 해결해 줄 모자이크 관련 기능이 다소 약한 편입니다. 언젠가 추가될 수 있지만, 현재까지 지정한 얼굴을 자동으로 따라다니는 자동 블러 기능이 출시되지 않았습니다. 그러므로 여행이나 맛집, 길거리 등 사람들이 자주 등장하는 장소에서 영상을 촬영한다면 초상권 문제를 해결하기 위해 추가 작업이 필요할 수 있습니다. 이런 이유로 가장 편하게 쓰는 앱 1개, 주요 앱에서 지원하지 않는 기능 등 보조 역할로 사용할 앱 1~2개 정도는 자유자재로 조작할 수 있으면 베스트입니다.

⌃ 다소 아쉬움이 남는 캡컷의 모자이크 기능

**캡컷? 유료? 꼭 써야 할까?**

캡컷의 장점을 장황하게 설명했으나 주로 사용하는 다른 앱이 있는 분이라면 캡컷으로 옮겨야 할지 고민에 빠질 것입니다. 제 경험에 비추어 보면 한가지 앱을 익숙하게 사용할 수 있다면 다른 앱도 큰 어려움 없이 사용할 수 있었습니다. 또한, 대부분의 편집 앱은 직관적이고 아이콘이나 이름만 봐도 어떤 기능인지 대략 파악할 수 있으므로 캡컷이 아닌 여러분이 주로 사용하는 앱을 이용해도 좋습니다. 다만, 앞에서 간단하게 이야기한 것처럼 주로 사용하는 앱은 다르더라도, 이 책에서 소개하는 마스크나 크로마 키 등 일부 기능이 여러분이 사용하는 앱에 없을 때를 대비해서 보조 앱으로 캡컷에 도전해 보는 것을 추천합니다.

무엇보다 캡컷은 점차적으로 무료 기능을 유료(Pro)로 전환하고 있습니다. 특히, 해상도 1080p로 내보내는 기능까지도 유료 기능으로 전환하였습니다(720p로 내보내기는 무료). 그러므로 캡컷을 제대로 사용하려면 유료로 사용하는 것이 좋습니다. 하지만, 이제 막 영상 편집을 시작하는 분들이라면 당연히 고민이 될 수 있다고 생각합니다.

처음부터 캡컷을 유료로 사용하기 망설여진다면 일단 캡컷에 어떤 기능들이 있는지 충분히 경험해 보세요. 이 책을 통해 영상 편집 기술을 충분히 익힌 다음, 자신에게 가장 잘 맞는 영상 편집 앱을 선택하면 됩니다. 대부분의 영상 편집 앱이 유사한 방식으로 구성되어 있기 때문에 캡컷의 다양한 편집 기능을 연습했다면 다른 앱도 금방 적응할 수 있을 것입니다.

여러 무료 영상 편집 앱을 사용해 봤지만, 제가 여전히 캡컷을 고수하는 이유는 분명합니다. 현재 출시된 영상 편집 앱 중 캡컷만큼 다양한 기능(배경 제거, 마스크, 크로마키 등)을 안정적으로 제공하는 앱은 드물기 때문입니다. 꾸준하게 무료 영상 편집 앱들이 출시되고 있지만, 아직까지는 기능이나 완성도, 편의성 면에서 조금씩은 아쉬운 부분이 있습니다. 따라서 저는 캡컷을 뛰어넘는 영상 편집 앱이 출시되기 전까지 캡컷을 우선으로 사용할 예정입니다. 그러니 여러분도 앱 자체에 구애받지 말고, 특정 앱 하나를 제대로 익히고, 이후에 어떤 앱을 사용하더라도 자유자재로 사용할 수 있는 편집 스킬을 장착하기 바랍니다.

# 편집 전 꼭 장착해야 할 캡컷 기초

편집 앱의 기본적인 조작 방법과 영상을 자르고 붙이는 컷 편집 기능에 대해 알아봅니다. 여기서 소개하는 내용들은 거의 모든 영상 편집 앱에 적용할 수 있는 개념입니다. 기초부터 탄탄하게 다져서 영상 마법사의 길에 가까워지시기를 바랍니다.

 **앱 실행 전 반드시 준비할 2가지**

영상 편집을 요리에 비유했을 때 영상은 재료이고, 편집은 요리 과정이라고 했죠? 요리를 시작하기 전에 진행할 2가지가 있다면 하나는 재료 선택이고, 두 번째는 재료 손질일 것입니다. 영상 편집도 마찬가지입니다. 좋은 재료 영상을 고르고, 그 재료를 바로 사용할 수 있도록 손질하는 과정이 필요합니다.

### 좋은 영상 준비하기

영상 편집 전 가장 먼저 좋은 재료가 될 영상을 촬영해야 합니다. 어떻게 보면 가장 중요하고 까다로운 과정이죠. 저 역시 영상 촬영 단계에서 한 번에 통과된 적이 거의 없었습니다. 처음에는 10번 혹은 그 이상, 지금은 3~5번 정도 시도합니다. 처음에 만족스럽더라도 한두 번 더 촬영하곤 합니다. 더 나은 결과를 얻을 수 있기 때문이죠. 여러분도 영상 마법사의 길에 접어들면 같은 장면을 5번, 혹은 그 이상 찍게 될 겁니다. 그런 다음 촬영한 영상을 모두 불러와서 편집하는 게 아니라 자신만의 기준을 마련하여 좋은 영상을 선택할 줄 알아야 합니다.

참고로 저의 선택 기준은 원하는 목적과 느낌을 잘 담았는지입니다. 걷는 장면을 찍고 싶었는데 주춤주춤한다면 잘못된 영상이겠죠? 촬영 대상의 표정이나 행동이 어색하지 않은지도 판단합니다. 배경도 체크하고요. 촬영 중에는 보이지 않던 것이 촬영해서 영상을 보면 그때야 보이는 것도 있습니다. 눈길을 사로잡는 의상의 인물이 등장한다든지, 진한 색감의 주의 푯말이 나오는 등 영상을 방해하는 요소를 점검합니다.

다음과 같이 붉은색 옷을 입은 행인이 지나가면 시선을 빼앗길 수 있어 재촬영합니다.

⌃ 시선 강탈 행인이 지나가는 장면

반대로 예상치 못한 무언가의 등장으로 영상이 더 특별해지는 경우가 있습니다. 아래처럼 운이 좋게 모델의 시선을 따라 새가 움직여 주면 이런 영상은 꼭! 선택합니다.

⌃ 시선을 따라 깜짝 출연한 새

영상 촬영이 끝나고 마음에 드는 영상을 골랐다면 스마트폰의 사진 보관함에서 즐겨찾기(하트 표시) 기능으로 표시해 둡니다. 이렇게 좋은 재료만 별도로 선택해 놓는다면 이후 편집을 시작하고, 편집용 영상을 불러올 때 시간을 훨씬 단축할 수 있습니다. 맛있는 요리의 시작은 좋은 재료 준비하기라는 걸 잊지 마세요.

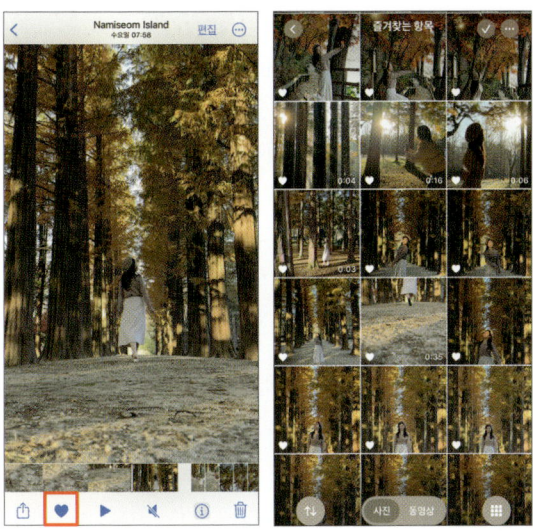

≪ 좋은 영상에 표시하고, 일괄 확인하기

## 영상의 수직과 수평 맞추기

좋은 재료를 골랐다면 이제 간단한 재료 손질을 시작합니다. 영상의 수직 수평 맞추기가 대표적인 재료 손질에 해당합니다. 영상의 모든 부분이 완벽했으나 수직 수평이 맞지 않아 속상한 적 있으시죠? 스마트폰의 기본 편집 기능으로 해결할 수 있습니다.

**아이폰에서 수직 수평 맞추기** 아이폰 사용자라면 편집할 영상을 선택한 후 ❶ 아래쪽에 있는 [편집] 아이콘을 누릅니다. ❷ 편집 화면이 열리면 아래쪽에서 [자르기]를 누릅니다. ❸ 자르기 화면이 열리면 [수평 맞추기]부터 선택하여 사진을 원하는 만큼 회전합니다. ❹ 그런 다음 핵심 꿀팁인 [세로]와 [가로] 기능을 사용해 추가로 편집합니다.

≪ 아이폰의 기본 편집 기능으로 수직 수평 맞추기

- **세로:** [세로]를 누르면 영상을 수직으로 늘리거나 줄일 수 있습니다. 기둥이나 창문, 건물 등의 수직선이 앞으로 쏠렸다면 [세로]를 −값으로 조절하여 일직선으로 조정할 수 있습니다. 인물 영상에서 +값으로 조정하면 영상이 뒤로 누워 다리가 길어지는 효과를 얻을 수도 있습니다.

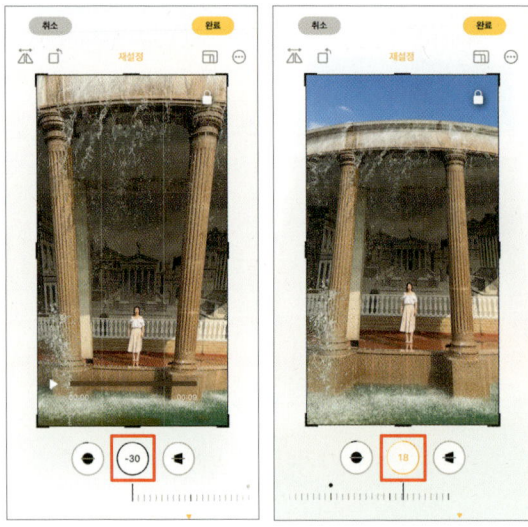

︽ 세로값을 낮췄을 때    ︽ 세로값을 높였을 때

- **가로:** [가로]를 누른 후 +값으로 조정하면 영상의 오른쪽이 일어나고, −값으로 조정하면 왼쪽이 일어납니다. 예를 들어 아래와 같이 왼쪽이 올라가 있는 영상이라면 [가로]를 +값으로 조정하여 수평을 맞출 수 있습니다. 어때요? 아주 드라마틱하게 맞춰졌죠?

︽ 가로 세우기 전    ︽ 가로 세운 후

**갤럭시에서 수직 수평 맞추기** 갤럭시에서는 ❶ 연필 모양 아이콘을 누른 후 ❷ [기울기 조절] 아이콘을 선택해 기울기와 수직 수평을 맞출 수 있으며, 조정 방법은 아이폰과 동일합니다.

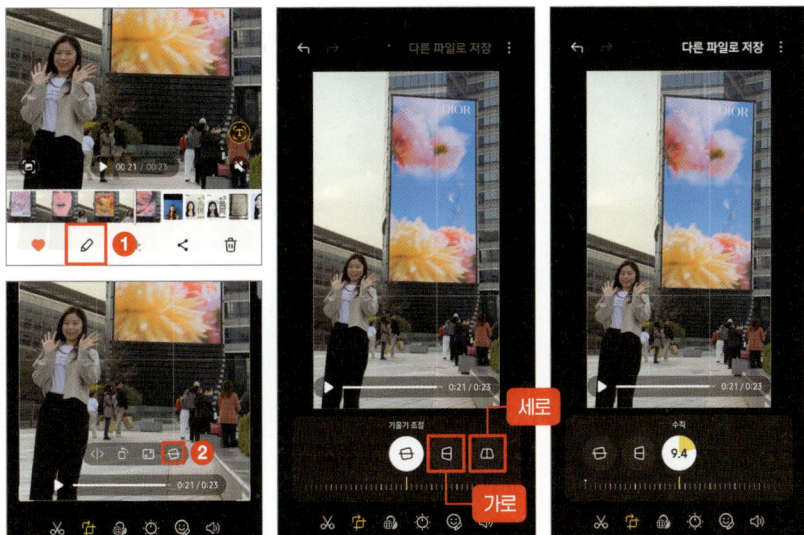

⌃ 갤럭시 수직 수평 맞추는 법

이렇듯 가로와 세로를 조정하여 비뚤어진 여러분의 영상을 극적으로 반듯하게 조정할 수 있습니다. 반대로 의도적으로 왜곡되도록 조정할 수도 있겠죠? 여러분의 영상 콘셉트에 맞춰 수직 수평을 자유롭게 조정해 보세요.

**MISSION** 비뚤어진 영상을 반듯하게 편집해 보세요.

##  캡컷의 기본 인터페이스 및 기능 살펴보기

캡컷을 사용하려면 우선 설치부터 진행해야겠죠? 사용 중인 스마트폰의 앱스토어에서 '캡컷'으로 검색한 후 설치하거나 아래의 QR 코드를 스캔하여 설치 및 회원 가입부터 진행해 주세요.

- **갤럭시:** https://bit.ly/3Obzp1D
- **아이폰:** https://bit.ly/40R0SwS

## 영상 제작 프로젝트 시작하기

새로운 영상 제작 프로젝트를 시작하려면 캡컷 아래에 있는 4개의 탭 중 ❶ [편집] 탭을 누릅니다. ❷ 새롭게 시작하는 영상은 [새 동영상]을 클릭합니다. 오른쪽 [사진 편집]에서는 커버를 제작하거나 다양한 사진을 편집할 수 있습니다. 바로 아래에는 이전에 제작한 프로젝트 목록이 표시됩니다.

TIP&TECH 기억하세요. 영상 제작의 시작은 [편집] 탭이라는 점!

[편집] 탭을 누르면 열리면 프로젝트 화면 »

사진 및 영상 선택 화면이 열리면 ❶ 새로운 프로젝트에 사용할 영상과 사진을 모두 선택합니다. 선택한 순서대로 번호가 매겨집니다. ❷ 선택이 끝나면 오른쪽 아래에 있는 [추가]를 누릅니다. ❸ 드디어 편집 화면입니다. 이어서 편집 화면을 낱낱이 살펴보겠습니다.

▲ 불러올 영상 선택 → [추가] → 편집 화면

TIP&TECH 사진 및 영상 선택 화면에서 선택한 순서에 따라 편집 화면에 배치됩니다. 그러므로 처음부터 편집 순서에 맞게 선택하면 편집 작업이 훨씬 더 편하고 빨라집니다. 순서가 정해지지 않았다고 걱정할 필요는 없습니다. 이후 편집 화면에서 변경하면 됩니다.

## 캡컷 편집 화면 알고 가기

앞으로 여러분이 가장 많이 보고, 사용하게 될 화면이 바로 오른쪽의 편집 화면입니다. 그만큼 편집 화면의 기능은 제대로 꿰고 있어야겠죠?

캡컷의 편집 화면 »

① **미리 보기 화면:** 편집 중인 영상을 미리 확인할 수 있는 화면으로, 선택 중인 클립 영상의 위치를 변경하거나 확대/축소할 수 있습니다.

② **전체 화면:** 전체 화면으로 편집 영상을 확인할 수 있습니다.

③ **재생/정지:** 편집 중인 영상을 재생해 볼 수 있습니다.

④ **실행 취소/다시 실행:** 편집 과정을 되돌리거나 다시 실행할 수 있습니다.

⑤ **현재 위치:** 흔히 인디케이터라고 부릅니다. 미리 보기 화면에 표시되는 장면의 위치이자 컷 편집, 효과 추가 등의 편집이 실행될 기준 위치가 되기도 합니다.

⑥ **타임라인 영역:** 아래에서 설명하는 클립, 타임코드, 타임라인이 있는 전체 영역을 타임라인 영역이라고 명명하겠습니다. 여기서 현재 위치를 변경하거나 타임라인을 확대/축소할 수 있습니다.

⑦ **클립:** 앞서 선택한 사진이나 영상이 클립으로 배치됩니다. 클립과 클립의 경계에 있는 흰색 아이콘이 눌러 화면 전환 효과를 추가할 수 있으며, 클립별로 선택하여 편집할 수 있습니다.

⑧ **타임코드:** '현재 위치/전체 재생 시간' 형식으로 표시됩니다. 위 화면처럼 '00:01/00:05'라고 표시되었다면 전체 영상의 길이는 5초이며, 흰색 막대(인디케이터)가 1초 위치에 있다는 의미입니다.

⑨ **타임라인:** 각 클립이 배치된 위치와 전체 재생 시간을 확인할 수 있습니다. 타임라인을 확대하면 초(s)보다 더 디테일한 프레임(f) 단위로 편집할 수 있습니다.

⑩ **불러오기:** 현재 프로젝트에 새로운 사진이나 영상을 클립으로 추가할 수 있습니다.

⑪ **음소거:** 한 번 누르면 현재 프로젝트에 포함된 원본 영상의 소리를 모두 음소거하며, 다시 눌러 음소거를 취소할 수 있습니다.

⑫ **도구 바:** 영상 편집에 사용할 모든 기능이 아이콘 형태로 정리되어 있습니다.

⑬ **내보내기 설정:** 완성한 영상을 동영상 파일로 내보내기 전 최종 해상도와 프레임 등을 설정합니다.

⑭ **내보내기:** 편집한 영상을 동영상 파일로 저장합니다.

⑮ **요소:** 효과, 합성한 영상, 스티커, 자막 등 영상 이외의 요소들이 표시됩니다.

 **워터마크와 이별하기**

오른쪽 장면은 영상의 이응도 모르던 시절 키네마스터라는 앱을 이용해 만들었던 영상의 한 장면입니다. 영상 오른쪽에 부끄러울 정도로 큰 워터마크가 표시되어 있죠. 이런 워터마크는 '내가 바로 영상 초보자요.'라고 티를 팍팍 내는 것과 같습니다.

캡컷은 다른 앱과 달리 영상의 마지막 장면에 전체 화면으로 워터마크가 표시되었으나, 최근 업데이트로 화면 왼쪽 위에도 상시 표시되도록 변경되었습니다. 그러므로 본격적인 편집을 하기 전에 워터마크를 어떻게 처리할지를 고민해야 합니다.

⚠ 워터마크가 포함된 영상

**엔딩에 있는 워터마크 제거하기** 다행히도 ❶ 마지막 장면에 있는 워터마크는 선택한 후 ❷ 도구 바에서 [삭제]를 누르면 간단하게 제거할 수 있습니다. 하지만, 매번 삭제하기 번거롭겠죠? 걱정하지 마세요. 캡컷의 엔딩 워터마크와는 무료로도 평생 이별할 수 있습니다.

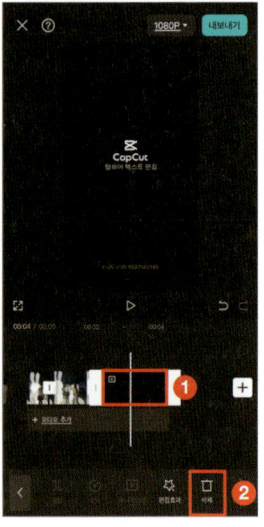

캡컷에서 엔딩으로 추가되는 워터마크 »

방법은 간단합니다. 캡컷을 실행하고 로그인했죠? 캡컷 첫 화면의 도구 바에는 [편집]부터 [나]까지 4가지 탭이 있습니다. 여기서 ① [나]를 누른 후 ② 오른쪽 위에 있는 육각형 모양의 [설정] 아이콘을 누르세요. ③ 설정 화면이 열리면 [기본 엔딩 추가]를 누르고 ④ [삭제]를 선택하면 [기본 엔딩 추가] 옵션이 비활성 상태(회색)로 바뀝니다.

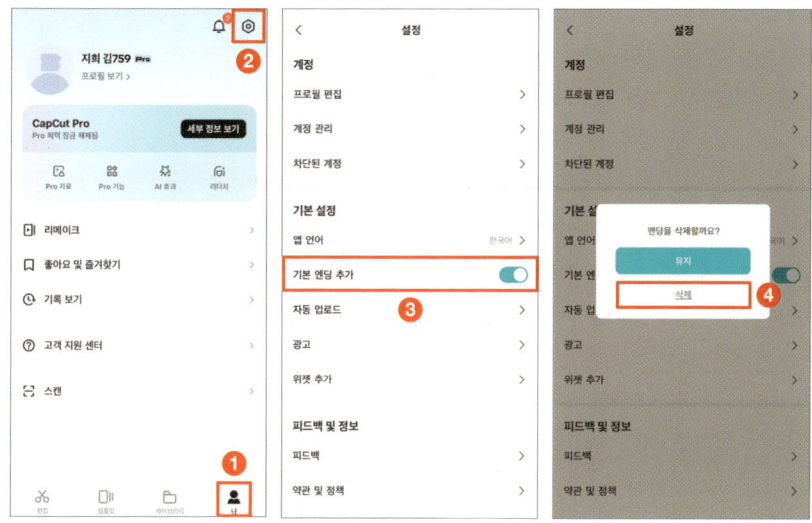

△ 캡컷 워터마크 기능 삭제하기

**화면에 있는 워터마크** 2024년 말 미리 보기 화면 왼쪽 위에도 기본 워터마크가 추가되었습니다. ① 미리 보기 화면에서 워터마크를 누르면 ② 워터마크가 표시되는 위치를 변경할 수 있고, ③ 7회 무료로 숨길 수도 있죠. 하지만 그 후에는 Pro 사용자만 화면 워터마크를 숨길 수 있습니다.

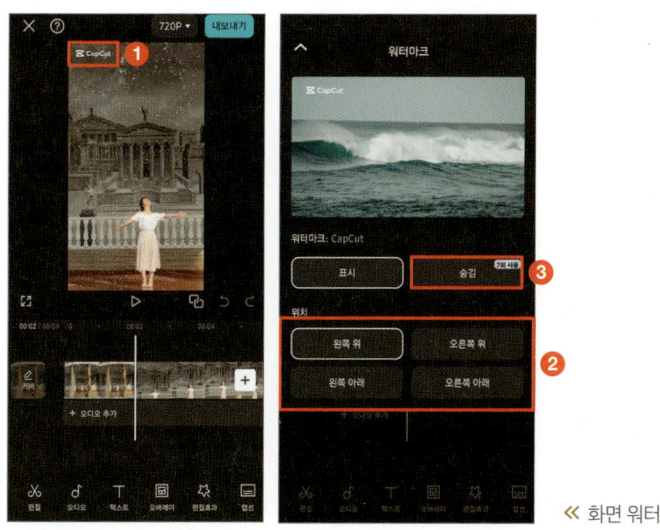

≪ 화면 워터마크 숨기기

화면 워터마크를 제거하고 싶다면 Pro 기능을 사용을 권장하나, 완성한 영상에서 워터마크가 있는 부분을 잘라서 사용하는 방법이 있기는 합니다.

083쪽에서 설명한 영상의 수직 수평을 맞추기 위한 편집 화면에서 [자르기] 기능을 이용하면 됩니다. 숏폼 영상이라면 9:16 비율로 설정하고 자르기 기능으로 캡컷의 워터마크가 나오지 않을 정도로 영상을 자르면 완성입니다. 이젠 워터마크 무섭지 않죠?

아이폰과 갤럭시에서 영상 자르기 »

##  영상 불러와서 클립으로 추가하기

처음 프로젝트를 시작하면서 실수로 누락한 영상이 있을 때, 혹은 영상을 편집하는 중에 새로운 영상이 필요한 상황이 발생하면 언제든 영상을 추가로 불러올 수 있습니다. 방법은 간단합니다. ❶ 타임라인 영역에서 [+] 아이콘을 누릅니다. ❷ 사진/동영상 목록에서 추가할 사진 혹은 동영상을 모두 선택한 후 ❸ [추가] 버튼을 누르면 ❹ 타임라인 영역에서 새로운 클립이 추가됩니다.

  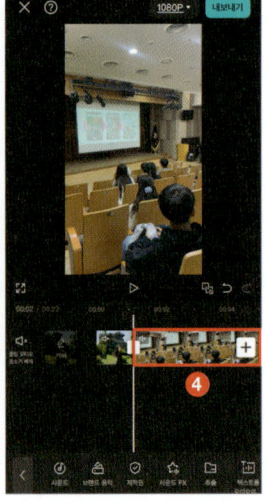

≪ [+] 아이콘 → 추가할 영상 및 사진 선택 → 추가된 클립 확인

**클립이 추가될 위치 선정** 새로운 클립 추가 방법을 알고 나면 한 가지 궁금증이 생길 겁니다. 새로운 클립은 어느 위치에 추가될까요? 여기서 중요한 것이 인디케이터(흰색 세로선)입니다. 추가한 클립은 인디케이터가 있는 클립을 기준으로 앞 또는 뒤에 추가되며, 인디케이터가 현재 클립의 앞쪽에 있을수록 앞에, 뒤쪽에 있을수록 뒤에 추가됩니다. 즉, 새로운 클립은 인디케이터가 있는 위치를 기준으로 현재 클립의 앞뒤 중 좀 더 가까운 곳에 추가됩니다.

## 영상 편집을 위한 클립 및 화면 기본 조작 방법

캡컷의 영상 편집 화면을 자유롭게 이용하려면 몇 가지 기본 조작 방법을 알아야 합니다. 어렵지 않아요. 손가락 두 개면 다 됩니다. 대부분의 영상 편집 앱에서 비슷하게 작동하므로 다른 앱을 사용한 경험이 있다면 가볍게 보고 넘어가도 좋습니다.

**편집 위치 변경하기** 먼저 현재 위치, 즉 인디케이터라고 하는 흰색 선에 위치할 장면 선택 방법입니다. 타임라인 영역에 한 손가락을 올리고 미리 보기 화면에 원하는 장면이 나올 때까지 좌우로 움직이기만 하면 됩니다. 쉽죠?

⌃ 한 손가락을 이용해 영상의 현재 위치를 변경할 수 있습니다.

**클립 순서 변경하기** 처음 영상을 불러올 때 선택한 순서를 바꿀 수 있습니다. 먼저, 옮기고 싶은 클립을 손가락으로 꾹 누르세요. 각 클립이 정사각형 모양으로 바뀌면 좌우로 움직여 위치를 변경할 수 있습니다.

⌃ 클립을 길게 눌러 순서를 변경할 수 있습니다.

**타임라인 확대/축소** 영상을 좀 더 섬세하게 편집하고 싶은데 클립이 작아서 불편하다면? 모든 영상 클립을 한눈에 보고 싶다면? 타임라인 영역에 두 손가락을 올린 후 펼치거나 오므리면 됩니다. 타임라인을 확대하면 클립이 프레임 단위(f)로 길게 표시되어 좀 더 정교하게 편집할 수 있습니다.

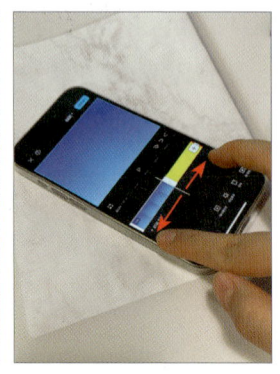

⌃ 타임라인 축소(좌) 및 확대(우)

**영상의 위치 이동** 화면에 표시되는 영상의 위치를 변경하려면 우선 타임라인에서 변경할 클립을 선택해야 합니다. 그런 다음 미리 보기 화면에서 손가락으로 영상을 선택한 후 움직여 보세요. 영상을 화면에서 원하는 위치로 옮길 수 있습니다.

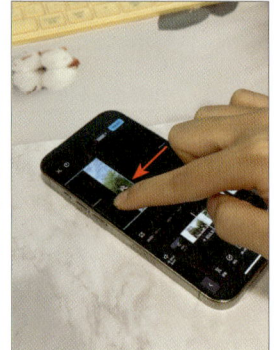

⌃ 클립 편집 상태에서 위치 옮기기

> **TIP&TECH** 타임라인 영역에서 특정 클립을 눌러 선택하면 해당 클립 양쪽으로 조절 바가 표시되며 '현재 이 클립을 편집 중이다.'라는 의미입니다. 클립 편집 상태에서 양쪽의 조절 바를 좌우로 움직이면 클립의 길이를 조정할 수 있습니다. 클립 길이 조정 방법은 096쪽에서 자세히 설명합니다.

**영상 확대/축소하기** 만들고자 하는 영상의 크기보다 불러온 영상의 크기가 작거나 클 때 확대하거나 축소해서 사용할 수 있습니다. 타임라인 영역에서 클립을 선택한 후 미리 보기 화면에 두 손가락을 올리고 펼치거나 오므리면 해당 클립의 영상이 확대/축소됩니다.

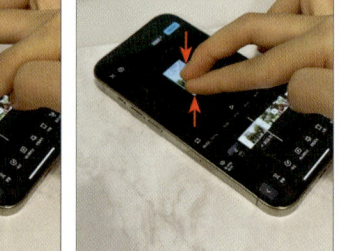

⌃ 클립 편집 상태에서 확대/축소하기

**영상 회전하기** 영상을 회전한 상태로 사용할 수도 있습니다. 클립 편집 상태(클립 선택 상태)에서 미리 보기 화면에 두 손가락을 올리고 원하는 방향으로 비틀어 보세요.

∧ 클립 편집 상태에서 영상 회전하기

 ## 완성할 영상의 비율 변경하기

우선 여러분이 만들 영상의 용도를 떠올려 보세요. 가로 영상은 주로 유튜브의 롱폼(긴 영상)에 적합하며 세로 영상은 틱톡, 인스타 릴스, 유튜브 쇼츠와 같은 숏폼에 적합합니다. 영상 촬영 단계에서 용도에 맞게 가로 혹은 세로 방향으로 촬영하는 것이 가장 좋지만, 때때로 세로 영상을 가로로, 가로 영상을 세로로 변경해야 할 수도 있습니다.

캡컷에서 새로운 프로젝트를 시작하면 처음 선택한 영상에 따라 완성할 영상의 가로세로 비율이 결정됩니다. 만약 처음 선택한 영상과 다른 비율의 영상을 만들고 싶다면 영상 편집 화면에서 변경할 수 있습니다.

∧ 가로로 촬영한 영상

« 세로로 촬영한 영상

**TIP&TECH** 캡컷에서 프로젝트를 시작한 후 편집을 시작하기 전에 화면의 비율부터 조정하는 습관을 가지는 것이 좋습니다. 편집을 끝낸 후 마지막에 비율을 조정하게 되면 화면에 담길 장면이나 자막 등 많은 작업을 전면 수정해야 하는 불상사가 생길 수 있습니다. 반드시 기억하세요. 편집 전 비율 조정!

**화면 비율 변경하기** 프로젝트를 시작할 때 자동으로 설정된 가로세로 비율을 변경하려면 편집 화면 아래쪽에 있는 ❶ 도구 바에 손가락을 올린 후 좌우로 움직여서 정사각형 모양의 [가로 세로 비율]을 찾아 선택합니다. ❷ 다양한 비율 목록이 표시되면 원하는 비율을 선택하면 됩니다. 대부분 [9:16](숏폼) 혹은 [16:9](유튜브 롱폼 등)를 사용합니다.

아래는 세로로 촬영한 영상을 [16:9]로 변경했더니 ❸ 미리 보기 화면이 가로로 바뀌고 양쪽으로 검은색 빈 영역이 나타난 상태입니다. 이런 빈 영역을 채우려면 클립 영상을 확대하면 되겠죠? ❹ 클립을 선택해서 클립 편집 상태로 전환한 후 ❺ 미리 보기 화면에서 두 손가락을 벌려 화면 가득 채워 보세요. ❻ [적용] 아이콘을 누르면 완료입니다.

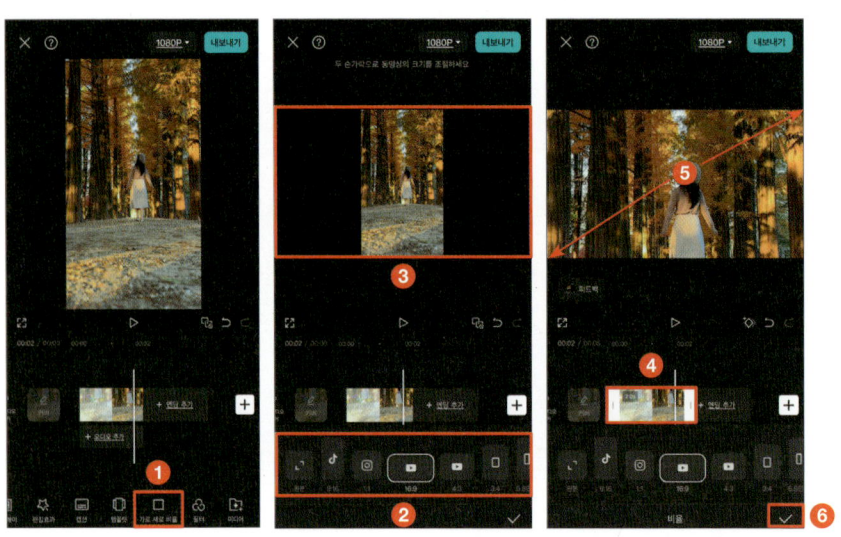

≪ 세로 영상을 가로로 변경했을 때 변화

반대로 가로 영상을 불러온 후 비율을 [9:16]으로 변경하면 화면의 위아래로 빈 영역이 표시되며, 위와 같은 방법으로 클립 영상을 확대하여 화면을 채우면 됩니다.

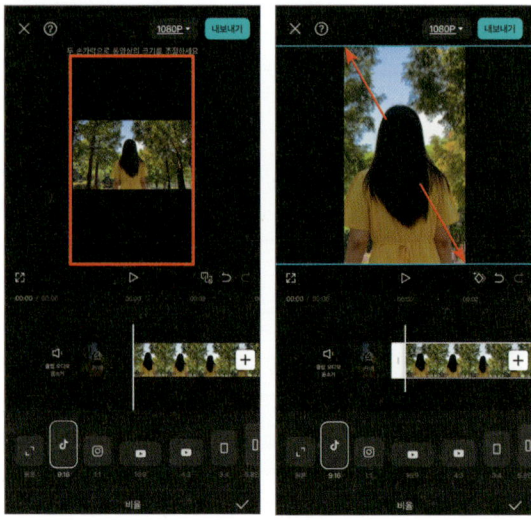

**TIP & TECH** 도구 바에 [가로 세로 비율]이 보이지 않고 아래와 같은 클립 편집 기능 아이콘들이 보인다면 현재 임의의 클립을 선택 중인 클립 편집 상태라는 의미입니다. 이럴 때는 타임라인 영역에서 클립이 없는 빈 영역을 한 번 터치하여 클립 선택을 해제할 수 있습니다.

 클립 편집 상태에서 표시되는 도구 바 아이콘

### 마법 한 스푼 | 영상 확대와 해상도

비율을 바꾼 후 빈 곳을 채우기 위해 클립의 영상을 확대했더니 영상이 너무 깨져 보인다면? 이는 앞에서 가볍게 언급한 해상도 문제입니다. 해상도를 영상의 화질 정도로 간단하게 이야기했지만, 좀 더 자세히 이야기하면 영상의 가로와 세로에 포함되는 픽셀의 수를 의미합니다. 흔히 해상도를 구분할 때는 짧은 방향의 픽셀 수로 이야기하죠.

아래 예시를 보면 해상도에 따른 대략적인 크기 차이를 파악할 수 있습니다. 참고로 캡컷에서 해상도의 기본 설정값은 1080p로 FHD에 해당합니다.

만약 여러분이 촬영한 원본 영상이 HD 품질(1280x720)일 때 1080p의 세로 영상으로 변경한다면 위의 파란색 점선처럼 바뀔 것입니다. 그림에서 보듯이 HD 영상일 때 남은 부분이 적기 때문에 더 확대한다면 픽셀이 부족하여 영상이 깨져 보이겠죠? 반면 FHD인 1080p 영상이라면 확대 정도에 따라 살짝 깨질 수 있을 것이나, 4K에 해당하는 2160p 영상이라면 전혀 문제없을 것입니다.

여전히 헷갈린다고요? 그렇다면 하나만 기억하세요. 유튜브나 숏폼 영상을 제작할 거라면 영상 촬영 시 최소 1080p로 설정하고 촬영할 것! 명심하세요.

##  편집의 시작, 컷 편집

지금까지 영상 편집을 위한 준비 과정이었다면 지금부터 본격적인 영상 편집이 시작된다고 봐도 무방합니다. 영상 편집의 기본이자 시작, 바로 컷 편집에 대해 소개합니다.

컷 편집은 쓸데없는 장면, 잘못 촬영된 장면 등 필요 없는 장면을 제거하여 꼭 필요한 부분만 남기는 과정입니다. 컷 편집만 잘해도 충분히 터지는 영상, 끝까지 보고 싶은 영상을 만들 수 있죠.

롱제이 채널에 있는 아래의 영상들은 조회수가 높은 대표적인 콘텐츠로, 별다른 편집 기술 없이 컷 편집과 자막만으로 완성한 영상입니다.

⌃ 기본적인 컷 편집으로 완성한 영상들

지금부터 롱제이가 주로 사용하는 컷 편집 방법 2가지를 소개하겠습니다.

**클립 길이 조정하기(클립 자르기)** 첫 번째 방법은 클립을 선택한 후 양쪽에 표시되는 조절 바를 좌우로 움직여서 클립의 앞 또는 뒤의 장면을 자르는 방법입니다. 이때 흰색 인디케이터를 조절할 기준 장면에 위치시키고 조절 바를 인디케이터 쪽으로 옮기면 좀 더 정확하게 필요 없는 장면을 제거할 수 있습니다. 만약 실수로 더 많은 장면을 제거했다면 조절 바를 반대로 옮겨서 복구할 수 있으니 안심하고 사용해도 좋습니다. 이 방법은 필요 없는 장면이 클립의 앞이나 뒤에 있을 때만 사용할 수 있습니다.

⌃ 클립을 선택한 후 양쪽의 조절 바를 옮기면 양쪽 끝의 불필요한 장면을 잘라내어 클립의 재생 시간(길이)을 줄일 수 있습니다.

**TIP&TECH** 어떤 클립을 편집하고 싶다면 가장 먼저 '클립 선택하기'부터 시작합니다. 클립을 선택하면 양쪽에 조절 바가 표시되는 클립 편집 상태가 되며, 해당 클립의 왼쪽 위에는 선택 중인 클립의 전체 길이가 초 단위(s)로 표시됩니다. 클립 편집의 시작은 클립 선택하기, 익숙해지도록 연습해 보세요.

**분할 기능 이용하기** 다음 방법은 분할 기능을 이용하여 클립을 여러 개로 자른 후 필요 없는 구간을 삭제하는 방법입니다. 먼저 ❶ 편집할 클립을 선택하고, ❷ 인디케이터가 분할할 위치에 오도록 조정합니다. ❸ 도구 바에서 [분할]을 누르면 ❹ 인디케이터를 기준으로 클립이 나눠집니다.

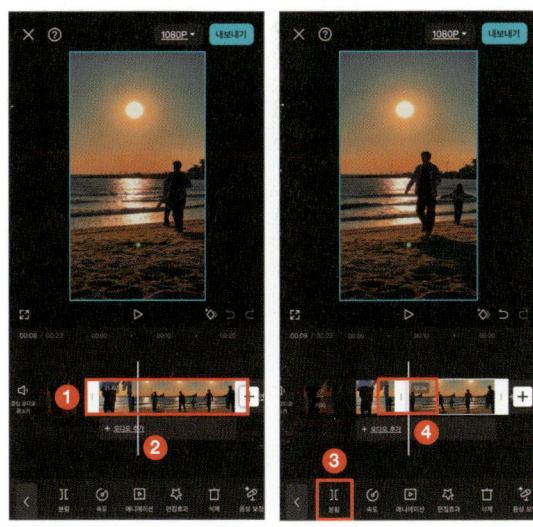

⌃ 클립 선택 → 분할 위치 지정 → [분할]

❶ 계속해서 한 번 더 분할하기 위해 자를 위치로 인디케이터를 옮긴 후 ❷ [분할]을 선택합니다. ❸ 2번 분할했으므로 하나의 클립이 총 3개로 나눠집니다. 이제 필요 없는 구간에 해당하는 클립을 각각 선택한 후 ❹ 도구 바에서 [삭제]를 누르면 필요한 구간만 남게 됩니다.

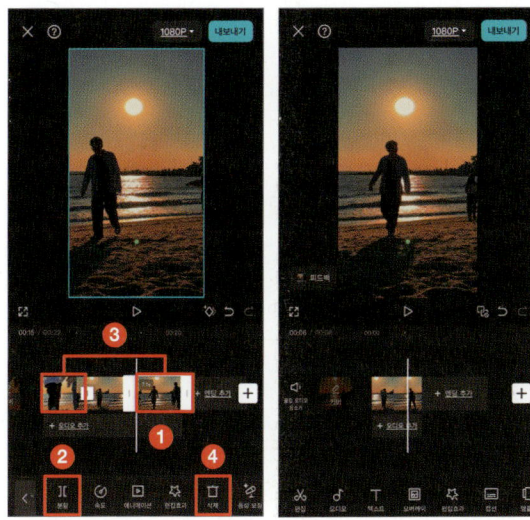

⌃ 삭제할 클립 선택 → [삭제]

**마법 한 스푼 | 클립의 길이는 어느 정도가 적당할까?**

맛집 계정을 운영하는 분들은 클립 하나당 길이를 0.6s~1.2s 정도로 사용합니다. 엄청 빠르게 전환되죠. 저는 평균 1.2s 정도로 컷 편집을 합니다. 덜 지루하면서 원하는 동작을 담기에 적당한 시간이고, 요즘 유행하는 음악에 딱 맞는 영상이 되기도 합니다. 컷 편집 시 가장 중요한 것! 바로 버리는 연습입니다. 모든 장면이 소중하다고 컷 편집을 주저한다면 쓸데없이 지루한 콘텐츠가 되기 십상입니다. 움직이지 않거나 핵심 동작이 아닌 구간은 과감하게 컷 편집으로 버려 주세요. 영상을 객관적으로 보고, 하나의 클립이 1.2초가 넘지 않도록 연습해 보세요.

**MISSION** 새로운 프로젝트를 시작한 후 영상 3개를 불러온 다음 각 클립의 길이를 1.2초가 되도록 조절해 보세요.

##  잘 만든 영상, 제대로 내보내기

영상 편집이 모두 끝나면 어떻게 해야 할까요? 현재 상태는 캡컷의 프로젝트 상태로 다른 사람과 공유하거나, 어딘가에 업로드할 수 없습니다. 즉, 편집한 영상을 자유롭게 활용하기 위해 영상 파일로 저장하는 과정을 거쳐야 합니다. 미리 보기 화면 오른쪽 위에는 해상도와 같은 설정을 변경할 수 있는 [내보내기 설정] 버튼과 영상 파일로 저장하는 [내보내기] 버튼이 나란히 배치되어 있습니다.

[내보내기 설정] 버튼을 누르면 다음과 같은 내보내기 설정 화면이 열리며, 다양한 옵션들이 표시됩니다. SNS 숏폼 업로드를 위해 가장 추천하는 설정은 ❶ [해상도: 1080p] ❷ [프레임 속도: 30fps] ❸ [코드 속도: 추천] ❹ [스마트 HDR: 비활성화]입니다. 참고로 아래 결과 화면은 순서대로 [원본], [AI 울트라 HD: 활성화], [광학 흐름: 활성화], 그리고 두 가지 모두 활성화 상태입니다. 결과를 보면 움직임이 많은 구간에서 영상 화질이 뭉개지거나 부자연스럽게 처리되는 것을 확인할 수 있습니다. 따라서 Pro를 사용하더라도 이 두 가지 기능은 사용하지 않는 걸 추천합니다.

《 내보내기 설정 화면

내보내기 설정 중 가장 중요한 건 역시 [해상도]와 [프레임 속도] 옵션입니다. 영상에서 내보내기의 기본은 여러분이 촬영한 영상의 해상도와 프레임을 그대로 내보내기 하는 것, 즉 화질과 부드러움을 원래의 상태로 보존해서 내보내는 것입니다. SNS 업로드가 아닌 다른 용도로 높은 화질로 내보내야 한다면 해상도와 프레임 설정을 원본과 똑같이 설정해서 내보내면 됩니다. 단, 원본 영상보다 해상도(화질)를 낮추는 건 가능하지만 높이는 건 불가능하므로, 처음 촬영할 때부터 적절한 해상도로 촬영해야 한다는 점, 기억하세요.

또한, 무작정 높은 해상도나 프레임이라고 좋은 것은 아닙니다. 자칫 사용 중인 SNS 플랫폼에서 고해상도나 높은 프레임의 영상을 제대로 소화하지 못해 오히려 화질이 떨어지거나 뚝뚝 끊기는 영상이 될 수 있습니다. 그러므로 SNS용 영상을 제작 중이라면 [해상도: 1080p, 프레임 속도: 30fps]로 설정해야 영상의 끊김, 화질 저하 문제를 겪지 않는 최적의 영상을 저장할 수 있습니다.

> **마법 한 스푼 | 움짤로 저장하기**
>
> 완성한 편집 결과를 움짤이라고 하는 GIF 파일로 저장하고 싶다면 내보내기 설정 화면의 [GIF] 탭을 눌러 보세요. 무료 사용자라면 240P 설정으로 GIF 파일을 생성할 수 있습니다. 240P 설정은 화질이 다소 떨어집니다. 만약 높은 화질의 GIF 파일로 저장하고 싶다면 블로 앱에서 ❶ [추출하기]를 누른 후 ❷ [GIF] 탭에서 설정을 변경한 후 ❸ [추출하기] 버튼을 누르면 됩니다.
>
>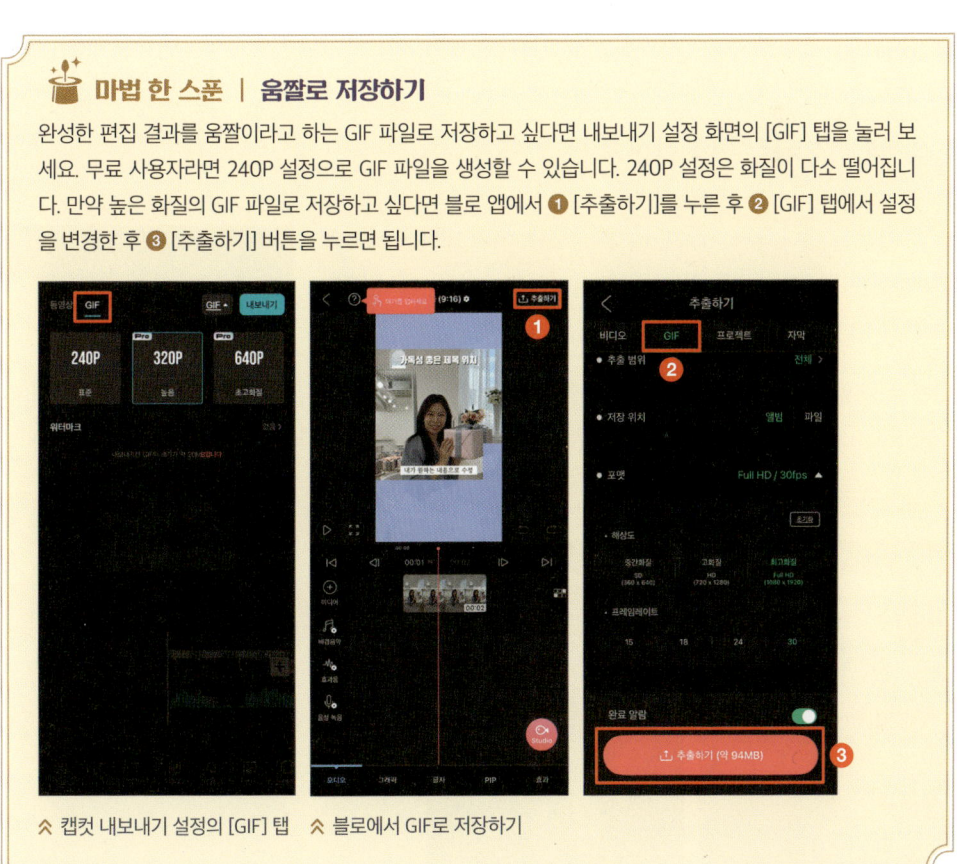
>
> ▲ 캡컷 내보내기 설정의 [GIF] 탭    ▲ 블로에서 GIF로 저장하기

# 자주 보고, 반드시 기억해야 할 클립 편집 기능들

지금부터 소개할 기능은 모두 클립 편집 상태에서 도구 바에 표시되는 기능들입니다. 클립 편집 상태는 어떻게 실행한다고 했죠? 맞습니다. 타임라인 영역에서 편집할 클립 하나를 선택하면 됩니다.

**TIP&TECH** 클립 편집 상태를 실행하는 또 다른 방법으로 클립을 선택하지 않은 상태에서 도구 바에 있는 [편집] 탭을 누르면 현재 인디케이터가 있는 위치의 클립이 선택되면서 클립 편집 상태가 됩니다.

##  영상을 뒤집거나 회전할 땐 변형 2

클립 편집 상태의 도구 바를 왼쪽으로 밀다 보면 [변형 2] 기능을 찾을 수 있으며, [변형 2]를 누르면 [미러링], [회전], [고급] 탭이 표시됩니다. 각 기능에 대해 자세히 알아보겠습니다.

⋏ 클립 편집 상태의 도구 바

**미러링** 거울을 보면 자신의 모습이 좌우로 바뀌어 보이죠. 미러링은 마치 거울을 보듯 영상의 좌우를 바꿔 주는 기능입니다. 얼굴이 향하는 방향을 반대로 변경하는 등의 좌우 반전이 필요할 때 무척 유용합니다.

《 미러링으로 좌우 반전한 영상

**회전** 앞서 클립 편집 상태에서 미리 보기 화면을 이용해 클립 영상을 손가락으로 회전했던 것 기억하시죠? 변형 2 도구 바에서 [회전] 탭을 누를 때마다 정확히 90도 단위로 클립의 영상이 회전됩니다.

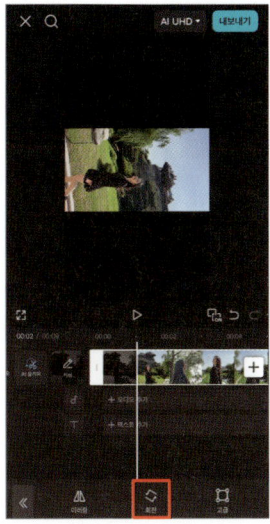

△ 90도 회전한 영상

**고급** 클립 편집 상태에서 미리 보기 화면에 손가락을 올린 후 위치를 옮기거나 확대/축소/회전 등의 작업을 할 수 있었습니다. 이렇게 손가락을 이용하면 편리하지만, 정확한 수치로 조정하기는 어렵겠죠? 간혹 미리 보기 화면 작업이 버벅이거나 작동되지 않는 때도 있거든요. 이럴 때 [변형 2]에 있는 [고급] 기능을 이용해 보세요.

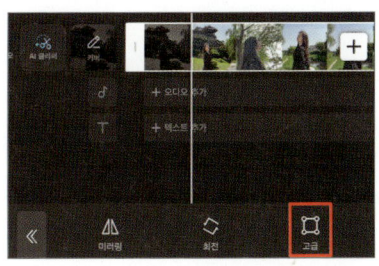

≪ 클립 편집 상태의 도구 바에서 [변형 2] 선택 후 [고급] 선택

도구 바에서 [고급]을 누르면 [위치], [확대], [회전]의 3가지 탭이 표시되며, 기본으로 열리는 [위치] 탭에서는 X, Y축의 값을 지정하여 클립 영상의 위치를 변경할 수 있습니다. [확대] 탭에서는 100%를 기준으로 낮추면 영상이 축소되고, 높이면 확대됩니다. 1%부터 1000%까지 조정할 수 있습니다. 마지막으로 [회전] 탭에서는 0도를 기준으로 낮추면 왼쪽으로, 높이면 오른쪽으로 영상을 회전시킬 수 있습니다.

▲ 위치 이동

▲ 확대

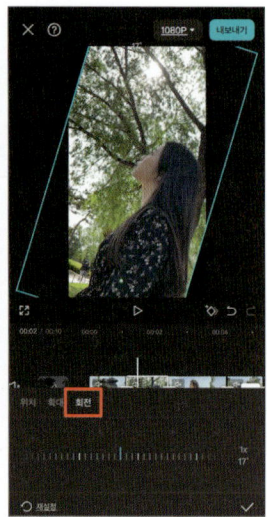
▲ 회전

##  영상의 비율을 조절할 때는 자르기

[자르기]는 영상을 정확한 각도로 회전시킬 수 있을 뿐만 아니라 지정한 비율에 맞게 영상의 일부를 자를 때 사용합니다. 이러한 비율 조정은 한 화면에 여러 개의 영상을 사용할 때 정확한 비율로 잘라서 쓰기에 딱 좋은 기능입니다.

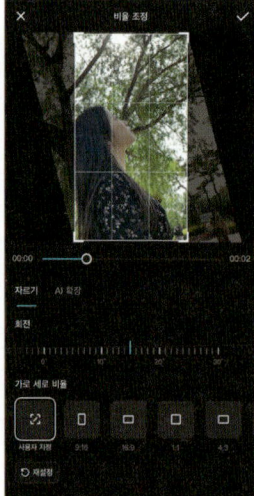
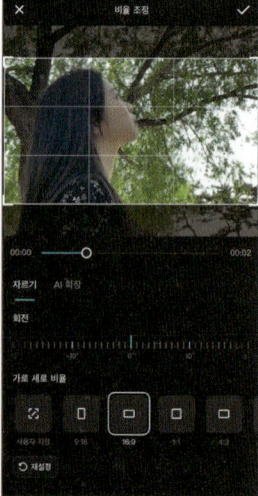

▲ 도구 바에서 [자르기] 실행 후 회전하거나 원하는 비율로 자르기

**TIP&TECH** 정확한 값으로 영상을 회전시킬 때 [변형 2]에 있는 [고급]의 회전과 [자르기]에 있는 회전 기능을 이용할 수 있죠. 두 기능의 차이는 빈 공간의 유무입니다. [고급]에 있는 회전을 이용하면 회전 정도에 따라 검은색 빈 공간이 생깁니다. 하지만, [자르기]에 있는 회전은 회전과 동시에 빈 공간이 남지 않도록 영상을 잘라 줍니다. 꼭! 구분해서 기억하기를 바랍니다.

## 컷 편집 끝낸 영상을 다른 영상으로 변경할 땐 교체

박자에 맞게, 혹은 원하는 전체 길이에 맞게 컷 편집을 포함하여 영상 편집을 완벽하게 끝냈는데, 특정 클립의 장면이 마음에 들지 않는다면? 바꿔야겠죠! 이때 새로운 클립을 추가하고, 길이에 맞춰 자르고, 자막을 추가하는 등의 작업을 다시 해야만 하는 걸까요? 걱정하지 마세요. 간단한 방법이 있습니다.

❶ 교체할 클립을 선택한 후 ❷ 도구 바에서 [교체]를 누릅니다. 이어서 교체할 영상을 찾아 선택하세요. 이때 선택 중인 클립보다 길이가 짧은 영상은 선택할 수 없습니다. ❸ 선택한 영상 화면이 열리면 타임라인 영역에서 좌우로 움직여 사용할 구간을 선택하고 ❹ [확인]을 누릅니다. ❺ 선택한 클립이 새로운 클립으로 교체되고, 편집 단계에서 적용했던 모든 효과가 그대로 유지됩니다. 참 쉽죠?

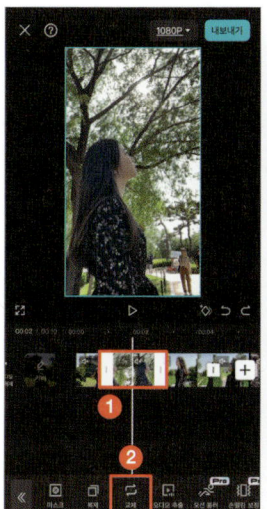  

☆ 클립 선택 → [교체] → 교체할 영상 선택 → 구간 지정 → 교체 완료

**TIP&TECH** 교체 시 현재 클립보다 길이가 짧은 영상은 선택할 수 없지만 길이에 상관없이 사진으로는 교체할 수 있습니다. 사진 콘텐츠는 클립의 길이에 따라 재생 시간을 무한으로 늘리거나 줄일 수 있기 때문입니다.

## 교체와 함께 사용하면 더 효과적인 복제

[복제] 기능은 같은 클립을 하나 더 추가할 때 사용합니다. 이 기능을 [교체] 기능과 함께 사용하면 조금 더 유용합니다. 예를 들어 확대, 위치, 크기를 변경하거나 뒤에서 배울 조정, 키프레임, 속도와 같이 일일이 적용하기 번거로운 기능을 다른 영상에도 그대로 적용하고 싶다면? 우선 하나의 클립에 해당 기능들을 모두 적용하세요. 그런 다음 ❶ 적용이 완료된 클립을 선택한 후 ❷ [복제]를 실행합니다. 이어서 ❸ 복제된 클립을 선택한 후 ❹ [교체]를 실행하여 영상을 변경하면 끝! 이제 같은 작업을 두 번씩 반복할 필요 없겠죠?

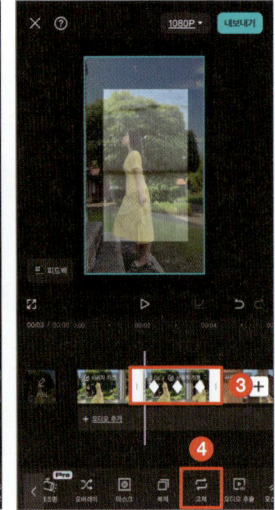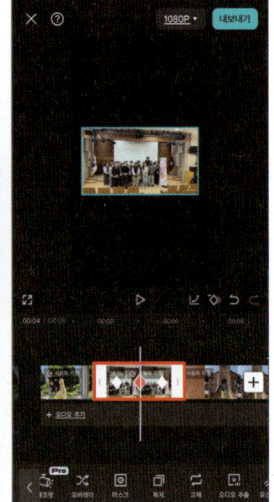

⌃ 효과 적용 후 [복제] → 복제된 클립 선택 후 [교체]

 ## 재생 중에 특정 부분에서 일시 정지하는 프리즈

롱제이의 영상 콘텐츠에 자주 등장하는 이 기능, 바로 [프리즈]입니다. 영상의 특정 장면에서 원하는 만큼 정지했다가 다시 재생되는 형태입니다. 정확하게는 특정 장면을 사진 클립으로 변경하여 추가하는 기능으로, 오래 보여 주고 싶은 장면에 적용하면 효과적입니다. 또한, 전체 장면이 아닌 특정 부분만 얼리는 듯한(?) 신기한 영상도 만들 수 있습니다. 대표적으로 오른쪽 화면은 농구공이 멈춘 상태로 사람만 움직이는 영상입니다.

⌃ 프리즈 활용 예시

특정 장면을 일시 정지하려면 클립 편집 상태에서 ❶ 인디케이터를 일시 정지할 장면에 위치시킵니다. ❷ 그런 다음 도구 바에서 [프리즈]를 누릅니다. ❸ 인디케이터를 기준으로 앞쪽의 영상 클립, 인디케이터가 있던 장면의 사진 클립, 뒤쪽에 있던 영상 클립, 이렇게 3개의 클립으로 나눠집니다. ❹ 두 번째 클립인 사진 클립을 선택한 후 일시 정지할 시간만큼 클립의 길이를 조정하면 완성입니다. 여러분도 얼리고 싶은 장면을 찾아보세요!

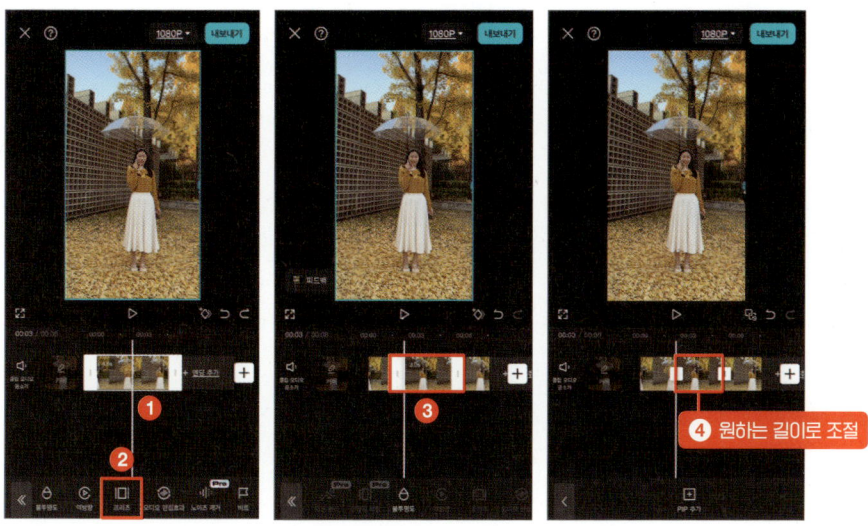

⌃ 원하는 장면 선택 후 [프리즈] → 두 번째 사진 클립의 길이 조정

##  볼륨을 효율적으로 조절하는 방법

프로젝트에 포함된 클립이 많을 때 볼륨 조절을 한 방에 해결하면 너무 좋겠죠? 먼저 배치된 모든 클립에 포함된 오디오를 일괄 음소거할 수 있습니다. 방법은 간단해요. 타임라인 영역에서 클립의 가장 왼쪽에 있는 [클립 오디오 음소거] 아이콘을 누르면 '모든 클립의 오리지널 사운드가 음소거됨'이라고 표시됩니다. 다시 누르면 음소거 해제도 가능합니다.

⌃ 음소거 전후의 아이콘 모양 변화

전체 클립을 음소거한 후 특정 클립만 음소거를 해제하거나 볼륨을 조절하고 싶다면? ❶ 클립을 선택한 후 ❷ 도구 바에 있는 [**볼륨**]을 누르세요. ❸ 볼륨 패널이 열리면 0(음소거 상태)부터 1000까지 볼륨을 조절하고 ❹ 체크 모양의 [**적용**] 아이콘을 눌러 완료합니다.

> **TIP&TECH** 모든 클립의 볼륨을 동일하게 조정하고 싶다면 볼륨 패널에서 [음량 조정]을 누릅니다. 단, Pro 기능이므로 유료 구독자만 사용할 수 있습니다. 하나의 프로젝트에 영상 클립이 너무 많아 일일이 조절하기 어려울 때 유용합니다.

≫ 클립별 음량 조절

 **열심히 촬영했는데 흔들림이 심하다면 손떨림 보정** `Pro`

촬영한 영상이 괜찮아 보여서 프로젝트에 추가했으나 다시 확인해 보니 흔들림이 심해 아쉽다면 [**손떨림 보정**] 기능을 이용해 보세요. Pro 기능이라 유료 구독자만 사용할 수 있으나 꼭 필요하다고 생각되면 도전해 보세요. 저의 경우 상업 영상을 제작할 때 가끔 사용하곤 합니다. [**손떨림 보정**] 기능을 실행하면 보정할 정도를 선택할 수 있는데, [**최소한 자르기**]를 추천합니다.

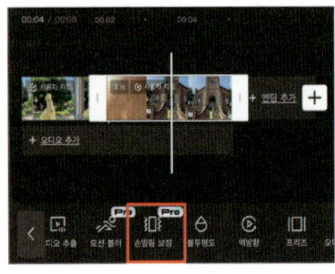 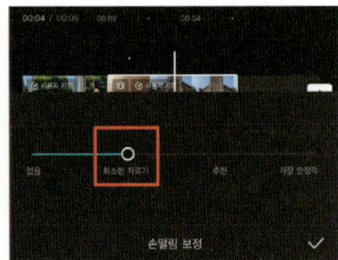

≫ [손떨림 보정] 실행 후 보정 정도 선택

> **TIP&TECH** 간혹 손떨림 보정을 적용했을 때 오히려 더 떨린다고 느껴질 때도 있습니다. 따라서 가장 좋은 손떨림 해결 방법은 촬영 단계에서 최대한 흔들리지 않게 안정적인 자세로 촬영하는 것입니다.

# CHAPTER 02

# 용량만 차지하던 망한 영상, 심폐 소생

캡컷의 기본 마법을 배운 여러분, 진심으로 환영합니다. 배운 것이 있으면 써먹어 봐야겠죠? 여러분의 스마트폰 앨범을 확인해 보세요. 저장 용량만 차지하고 있는 사진, 영상들이 가득하지 않나요? 캡컷의 마법 같은 기본 기능들을 이용해 방치된 영상을 멋지게 탈바꿈하는 방법, 지금 바로 시작합니다.

**Magic 01** 버튼 하나로 감각적인 영상이 완성되는 콜라주
**Magic 02** 온 세상이 거꾸로 돌아가는 역방향의 세계
**Magic 03** 자연스러운 영상의 연결, 장면 전환
**Magic 04** 속도 조절 하나로 새로운 느낌 연출하기
**Magic 05** 고급 마법의 핵심, 키프레임

# 버튼 하나로 감각적인 영상이 완성되는 콜라주

콜라주 영상은 한 화면에 여러 개의 영상을 동시에 보여 주는 방식입니다. 이후에 소개하는 오버레이 기능을 활용할 수도 있지만, 크기나 위치 조정이 만만치 않습니다. 여기서는 캡컷의 콜라주 기능으로 감성적인 콜라주 영상을 만들어 보겠습니다.

 **콜라주에는 어떤 영상이 어울릴까?**

콜라주 영상을 만들려면 우선 콜라주에 사용할 몇 개의 영상을 골라야겠죠? 콜라주 영상의 매력은 서로 다른 영상들이 동시에 재생된다는 점입니다. 그러므로 콜라주 영상을 선택할 때 같은 장소에서 비슷한 구도로 찍은 영상만 사용한다면 아래 예시처럼 콜라주의 매력을 제대로 느끼기 어려울 수 있습니다.

⌃ 비슷한 장소와 구도의 영상들로 완성하여 매력적이지 않은 콜라주

따라서, 서로 다른 색이 담긴 영상, 같은 장소라도 다른 자세와 구도로 촬영한 영상을 이용하여 콜라주 프로젝트를 시작해 보세요. 영상을 '인생 4컷' 스티커 사진처럼 표현할 수도 있습니다.

❖ 매력 만점 콜라주 영상

 **콜라주 영상 프로젝트 시작하기**

캡컷의 ❶ [편집] 탭에서 ❷ [새 동영상]을 누릅니다. ❸ 앨범에서 최소 2개 이상, 9개 이하로 사용할 영상을 선택하면 나타나는 ❹ [콜라주] 버튼을 눌러 보세요.

**TIP&TECH** 앨범에서 최소 2개 이상, 9개 이하로 선택해야 [콜라주] 버튼이 나타나며, 3~4개가 가장 예쁘고 안정적입니다.

CHAPTER 02 용량만 차지하던 망한 영상, 심폐 소생 콜라주 영상 편집 전 다음과 같이 두 가지를 결정해야 합니다.

❶ 먼저 레이아웃을 선택한 후 ❷ V 모양 [확인]을 누릅니다. ❸ 다음으로 [가로 세로 비율] 탭을 눌러 원하는 비율을 선택하고, 이어서 ❹ [더 편집하기]를 누릅니다.

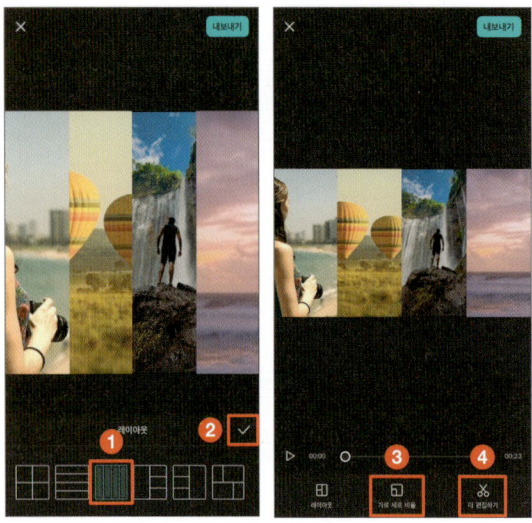

TIP&TECH  [형식] 탭의 배치 모양은 실제 선택한 영상의 개수에 따라 다르게 표시됩니다. 보통 첫 번째 배치는 4개 혹은 9개의 영상으로 콜라주를 만들 때, 두 번째와 세 번째 배치는 3~4개의 영상으로 콜라주를 만들 때 효과적이었습니다.

드디어 편집 화면입니다. ❶ 이전 버전 사용자라면 클립 왼쪽 위에 있는 물방울 모양 아이콘을, 최신 버전 사용자라면 메인 클립 아래쪽에 있는 PIP 클립을 눌러 보세요. 선택했던 영상의 클립이 세로로 나열됩니다. 다음으로 ❷ 타임라인 영역에서 두 손가락을 모아 타임라인을 축소해 보세요. 영상에 따라 클립의 길이가 제각각입니다.

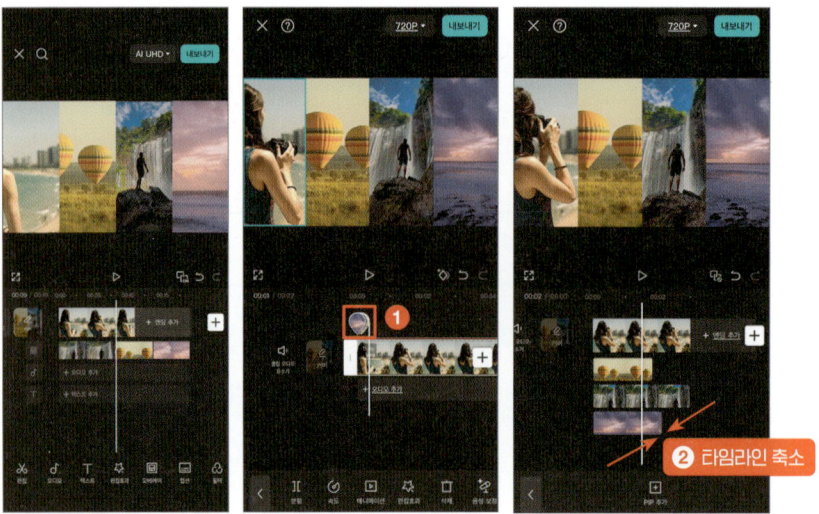

⌃ 최신 버전    ⌃ 이전 버전

110  PART II 영상에 마법 한 스푼, 캡컷 편집

마지막 과정은 영상의 재생 시간 맞추기입니다. 가장 짧은 클립을 기준으로 각 클립의 길이를 조정하면 됩니다. ❶ 각 클립을 선택한 후 ❷ 오른쪽 끝에 있는 흰색 조절 바를 기준이 되는 클립만큼 왼쪽으로 옮겨서 각 클립의 길이를 맞춰 주세요. ❸ 미리 보기 화면에서 결과를 재생해 보면 콜라주 영상이 뚝딱 완성되어 있습니다.

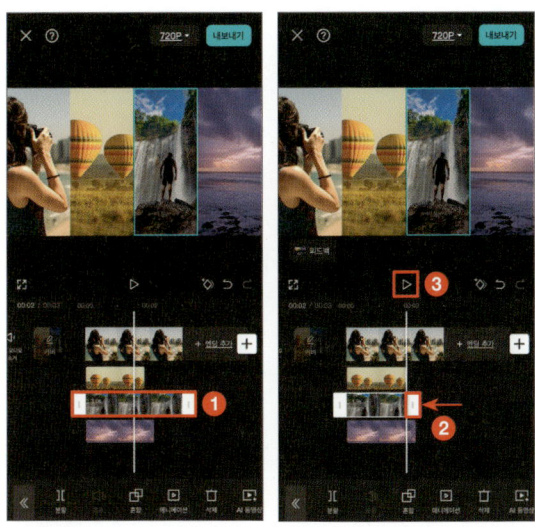

**TIP&TECH** 기준 위치로 인디케이터를 옮긴 후 흰색 조절 바를 드래그하면 좀 더 정확하게 길이를 조절할 수 있습니다.

**마법 한 스푼** | **영상이 순차적으로 나타나는 콜라주 만들기**

콜라주 프로젝트에서 각 영상이 일정한 간격을 두고 하나씩 차례대로 나타나게 할 수도 있습니다. 방법은 간단합니다. 타임라인 영역에서 각 클립의 시작 위치를 다르게 조정해 주면 되겠죠?

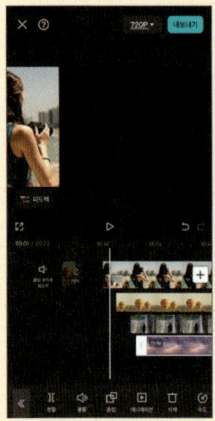  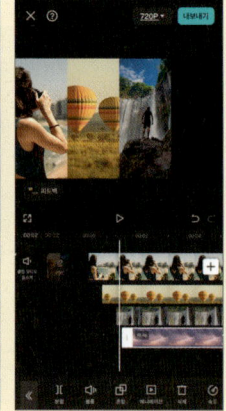 

위와 같이 클립의 시작 위치(왼쪽 끝)를 서로 다르게 조정한 후 영상을 재생해 보세요. 일정한 간격을 두고, 각 클립의 영상이 화면에 표시됩니다.

각 클립의 시작 위치를 변경하는 방법을 크게 2가지입니다. 하나는 클립을 선택한 후 왼쪽에 있는 흰색 조절 바를 시작 위치로 드래그해서 조정하는 방법으로 영상의 앞쪽 일부가 잘린다는 문제가 있습니다. 영상을 자르지 않고 시작 위치를 바꾸고 싶나요? 그렇다면 클립을 길게 꾹 눌러 보세요. 클립이 어둡게 변하면 오른쪽 또는 왼쪽으로 옮길 수 있습니다. 클립의 일부가 잘리지 않고, 해당 클립 자체의 위치를 변경하는 방법입니다. 이때 꿀팁, 클립의 일부를 자르거나 위치를 조정할 때 원하는 위치에 인디케이터를 먼저 배치해 두면 좀 더 정확하게 조절할 수 있습니다.

**MISSION** 4개의 세로 영상을 촬영 한 뒤 가로 16:9 비율의 콜라주 영상을 만들어 보세요.

# 온 세상이 거꾸로 돌아가는 역방향의 세계

'토르'라는 영화를 본 적 있나요? 손만 뻗으면 어디에 있었는지 모를 망치가 멀리서 날아와 손바닥에 안착합니다. 실제로는 불가능한 장면들이 역방향 기능을 적용하면 가능해집니다. 눈이 땅에서 하늘로 올라가거나 바닥에 쏟아부은 커피가 다시 컵으로 들어가는 장면을 상상해 보세요. 역재생 기능이면 뚝딱!

주위를 관찰해 보세요. 어떤 장면을 역재생하면 더욱 신기한 장면이 될까요? 도심이라면 여러 사람 사이에서 뒤로 걷는 장면을 촬영해 보세요. 이 장면에 역방향 기능을 적용하면 나만 빼고 모든 사람이 거꾸로 걷는 장면을 만들 수 있습니다. 기회가 된다면 물속으로 뛰어드는 장면도 촬영해 보세요. 그런 다음 역방향 기능을 적용하면 마치 물속에서 튀어나오는 듯한 영상이 됩니다.

⌃ 역재생 기능으로 완성한 영상들

**역재생 영상 만들기** 새로운 프로젝트에 거꾸로 돌리고 싶은 영상을 클립으로 추가합니다. 클립을 선택해서 편집 상태가 되면 도구 바에서 **[역방향]**을 찾아 선택합니다. 거꾸로 돌아가는 세상, 순식간에 완성!

단순히 한 번의 역재생으로 끝낼 수도 있지만 한 걸음 더 나아가, 역방향 활용 꿀팁도 있습니다. 우선 바닥에 엉덩방아 찧는 영상을 준비해 새로운 프로젝트를 시작해 보세요. ❶ 편집 화면에서 엉덩방아 클립을 선택한 후 ❷ **[복제]**를 선택합니다. ❸ 2개의 클립이 나란히 배치되면 복제된 뒤쪽 클립을 선택하고 ❹ **[역방향]**을 선택합니다. ❺ 미리 보기 화면에서 영상을 재생해 보세요. 넘어지다가 곧바로 빠르게 다시 일어나는 영상이 완성됩니다.

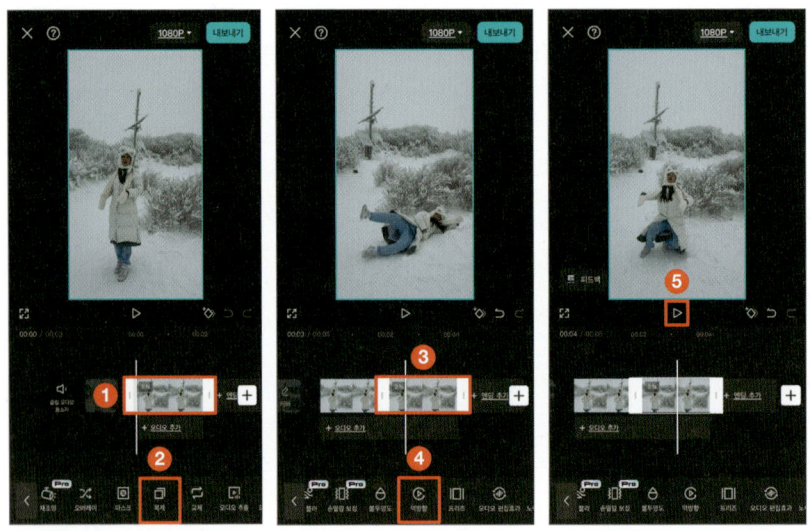

⚞ 복제 후 복제된 클립에 역방향 적용

**MISSION** 거꾸로 재생하면 재미있을 것 같은 장면을 촬영하여 역방향 기능을 적용해 보고, 활용 꿀팁 버전도 도전해 보세요.

## MAGIC 03
# 자연스러운 영상의 연결, 장면 전환

프로젝트에 서로 다른 영상 클립을 배치했을 때 영상과 영상이 자연스럽게 연결되도록 장면 전환 효과를 적용합니다. 대표적으로, 이어질 다음 영상이 조금씩 겹치면서 전환되거나 이전 영상이 서서히 검은색으로 변하다가 점점 새로운 영상이 나타나는 효과가 있습니다. 캡컷에 있는 다양한 장면 전환 효과를 활용해 보세요.

⌃ 다음 영상이 겹치거나, 점점 어둡게 변화는 장면 전환 효과

 **장면 전환 효과 적용하기**

장면 전환은 영상과 영상을 자연스럽게 연결해 주는 효과입니다. 그러므로 최소 2개 이상의 클립이 배치되어 있어야 합니다.

장면 전환 효과는 클립이 선택되지 않은 상태에서 적용할 수 있습니다. 그러므로 임의의 클립이 선택 중이라면 빈 공간을 눌러서 선택을 해제한 후 다음과 같이 장면 전환 효과를 추가합니다.

❶ 클립과 클립 사이에 흰색 사각형으로 표시된 [전환] 아이콘이 누르면 ❷ 다양한 장면 전환 효과 목록이 나타납니다.

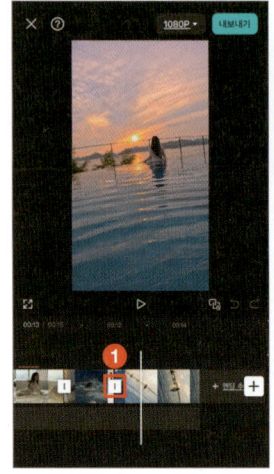

클립과 클립 사이의 [전환] 아이콘과 장면 전환 효과 목록 »

장면 전환 효과 목록에서 ❶ 원하는 효과를 선택해서 결과를 미리 확인해 보고, ❷ 효과 적용 시간을 설정한 후 ❸ 체크 모양 [적용] 아이콘을 누르면 효과가 적용됩니다.

효과를 선택하면 적용 결과를 미리 확인할 수 있습니다. »

단, 장면 전환 효과를 적용할 앞 또는 뒤 클립의 길이가 너무 짧은 상태에서 [전환] 아이콘을 누르면 전환 효과를 적용할 수 없다는 문구가 나타납니다. 또한, 효과 목록 화면에서 전환 시간이 더 길게 조절되지 않을 때도 클립의 길이가 짧기 때문입니다.

클립이 짧아 전환 효과를 적용할 수 없을 때 »

## 장면 전환 효과적으로 적용하기

그렇다면 장면 전환 효과는 언제 적용해야 할까요? 모든 클립과 클립 사이에 적용하면 될까요? 빈번한 장면 전환 효과는 오히려 시청에 몰입감을 떨어뜨릴 수 있습니다. 그러므로 다음과 같이 특정 변화 순간에 적용하는 것을 추천합니다.

첫째는 외모 변화입니다. 다이어트와 같이 외모의 변화가 극적으로 변화는 before/after 영상에서 활용할 수 있습니다.

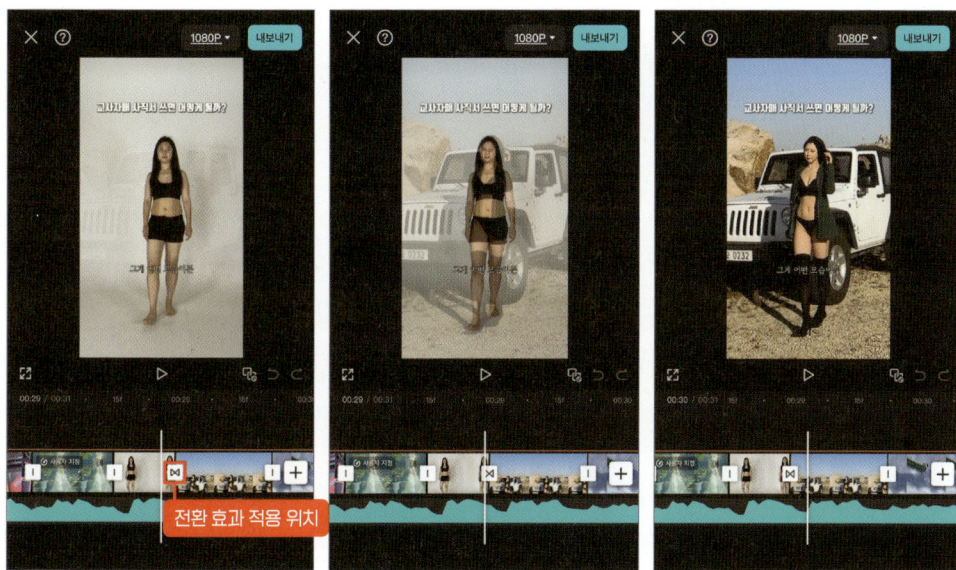

▲ 다이어트 전후 영상에 적용한 장면 전환 효과

둘째, 스토리 변화입니다. 왕따에서 인플루언서가 되거나, 빚더미 인생에서 성공한 인생이 되는 등 드라마틱한 변화 순간 사용하면 이야기에 더 집중되고 스토리 자체의 변화도 강조할 수 있습니다.

셋째, 손바닥으로 카메라를 가리거나, 스마트폰을 반대로 뒤집는 등 촬영 중에 만든 트랜지션 상황입니다. 대표적으로 순간 이동 영상이 트랜지션을 활용한 영상이죠. 이때에도 트랜지션을 더 자연스럽게 하기 위해 장면 전환 효과를 넣어 줄 수 있습니다.

예를 들어 아래의 예시는 왼쪽 벽으로 들어갔다 팔뚝으로 나오는 장면인데 연결 지점이 어색해 장면 전환 효과를 적용했습니다.

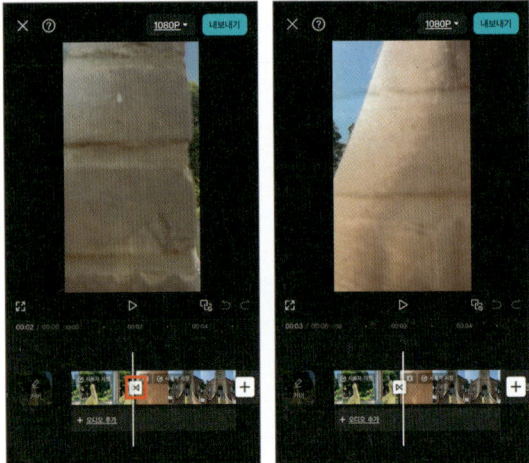

∧ 트랜지션 예시 1

다음 예시는 기둥과 기둥을 연결하는 트랜지션인데 같은 색의 기둥이었음에도 장소와 시간대에 따라 전혀 다른 결과가 나왔습니다. 자연스럽게 연결하기 위해 장면 전환 효과를 활용했습니다.

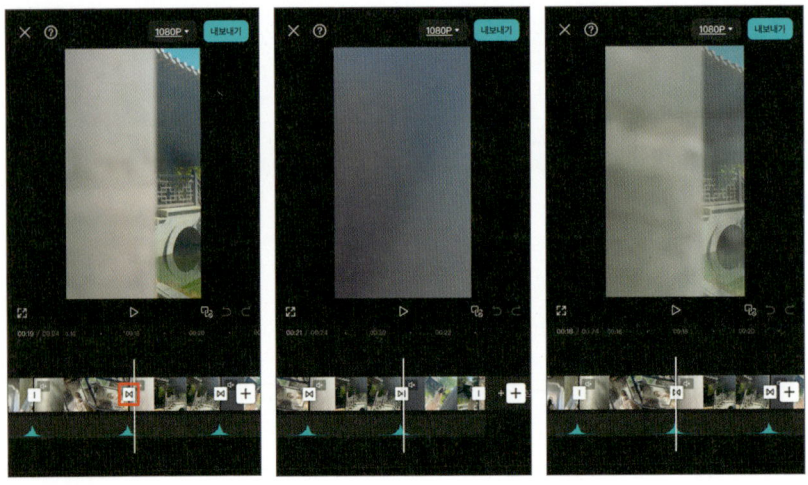

∧ 트랜지션 예시 2

**TIP&TECH** 촬영 중 만든 트랜지션을 연결하기 위해 화면이 완전히 가려진 지점에서 클립을 분할한 후 장면 전환 효과를 적용하면 됩니다.

**마법 한 스푼 | 어떤 장면 전환 효과를 사용해야 할까?** :Pro

수많은 장면 전환 효과 목록 중에 롱제이 영상에 주로 사용했던 효과들을 소개합니다. 장면 전환 효과 목록이 열리면 위쪽에 탭이 구분되어 있죠? 대표적으로 [오버레이] 탭에는 다음과 같이 평소에 자주 쓰기 좋은 효과들이 많습니다.

- **혼합**: 이전 장면과 다음 장면이 자연스럽게 오버랩되는 효과로 외모 변화, 스토리 변화, 트랜지션에 가장 많이 사용했던 효과입니다.
- **B 페이드**: 검은 화면으로 바뀌는 듯하다가 다음 장면이 나타나는 효과로 어두운 이야기나 트랜지션 장면에 자주 사용합니다.
- **W 플래시**: B 페이드와는 반대로 흰 화면으로 바뀌는 듯하다가 다음 장면이 나타납니다.

다음으로 [카메라] 탭에 있는 효과들입니다. [오버레이] 탭에 자연스럽게 다음 장면으로 바뀌는 효과가 많았다면 [카메라] 탭에는 무빙이 적용된 듯한 효과가 많습니다.

- **세우기**: 줌인처럼 화면이 확대되면서 다음 장면이 나타납니다.
- **빼기**: 줌아웃처럼 카메라가 빠지면서 다음 장면이 나타납니다.

이 외에도 종이가 펼쳐지는 듯한 느낌의 효과인 [마스크] 탭의 [종이공] 효과를 추천합니다. 참고로 제가 영상 편집 비포에프터로 가장 많이 사용한 효과는 [라이트]의 [몽환적인 버블]과 [불꽃놀이 라이트]입니다. 추천은 추천일 뿐, 캡컷에는 '이런 효과도 있을까?'하는 대부분의 장면 전환 효과들이 포함되어 있으니, 시간 날 때 한 번씩 눌러서 확인해 보기 바랍니다.

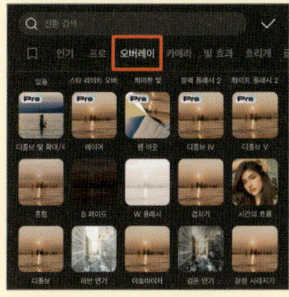
⌃ [오버레이] 탭의 효과들

⌃ [카메라] 탭의 효과들

⌃ [마스크] 탭의 효과들

# 속도 조절 하나로
# 새로운 느낌 연출하기

3분 내내 빠른 음악을 들을 때보다 느린 템포를 유지하다가 갑자기 빨라지는 멜로디를 들을 때 더 집중되는 느낌이 들기도 합니다. 영상도 마찬가지입니다. 같은 속도보다는 빨라지거나, 느려지도록 적절하게 속도를 조절하면 더 매력적인 영상이 되기도 합니다.

캡컷에서 영상의 속도를 조절하려면 ❶ 클립 편집 상태에서 ❷ 도구 바에 있는 [속도]를 선택하면 됩니다. ❸ 속도 도구 바에서 [일반], [곡선] 탭을 확인할 수 있습니다.

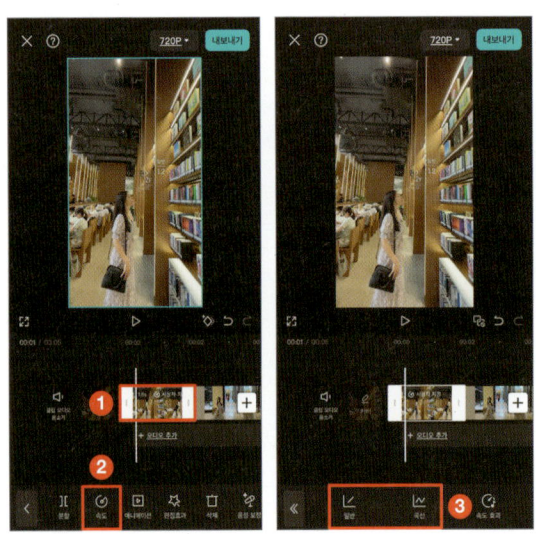

⊼ 속도를 조절할 수 있는 [일반], [곡선] 기능

## 전체 속도를 동일하게 조정하는 일반

속도 도구 바에서 [일반] 탭을 누르면 기본값인 1x로 설정되어 있습니다. 여기서 파란색 조절점을 오른쪽으로 옮기면 선택 중인 클립의 재생 속도가 빨라지며, 왼쪽으로 옮기면 느려집니다. 이때 조절 바 왼쪽 위의 [기간] 속성을 보면 원본 영상의 길이가 속도 조절에 따라 어떻게 변하는지 친절하게 표시해 줍니다. 원하는 속도로 조절한 후에는 오른쪽 위에 있는 체크 모양의 [적용] 아이콘 누르기, 잊지 마세요!

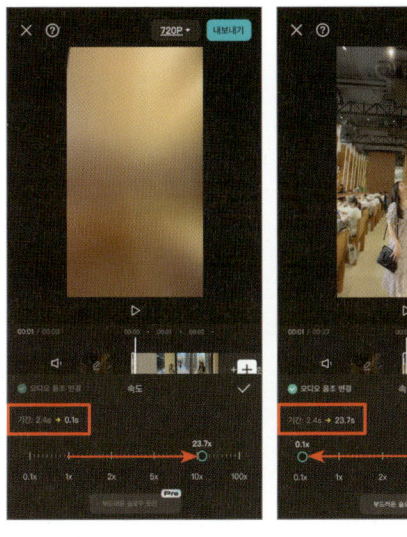

**TIP&TECH** 저의 경우 영상에서 대화 속도가 느릴 때 최대 1.2x 정도로 빠르게 조절해서 사용하고 있습니다.

⌃ 클립의 재생 속도를 빠르게, 혹은 느리게 조정하기

**오디오 음조 변경** 속도를 5x 이상으로 빠르게 조절하면 [오디오 음조 변경]가 자동으로 활성화되며, 그 이하는 사용자에 따라 활성화하거나 비활성화할 수 있습니다. [오디오 음조 변경] 옵션이 활성화 상태면 재생 속도에 따라 음성이 변조된 것처럼 표현되고, 비활성 상태에서는 평소 목소리 그대로 빨라지거나 느려집니다.

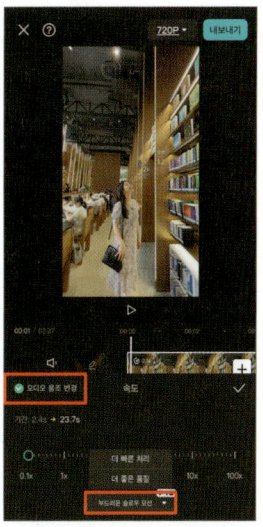

[일반] 탭의 [오디오 음조 변경]과 [부드러운 슬로우] 옵션 »

**부드러운 슬로우 모션** 속도를 1x보다 느리게 설정하면 아래쪽에 있는 [부드러운 슬로우 모션] 버튼이 활성화됩니다. [부드러운 슬로우 모션] 옵션을 별도로 설정하지 않으면 단순히 재생 속도가 느려지지만, 버튼을 누른 후 [더 좋은 품질]을 선택하면 영상이 부드럽게 느려집니다.

간혹 [더 좋은 품질]을 선택하여 속도를 느리게 조절하다 보면 아래에서 오른쪽 장면의 다리 부분처럼 일부 뭉개지는 현상이 나타났습니다. 속도를 지나치게 느리게 조절하거나, 낮은 프레임으로 촬영한 영상의 속도를 느리게 조절하면 이런 현상이 두드러지는데, 이때는 재생 속도를 조금 높이면 해결할 수 있습니다.

△ 원본 영상(좌)과 뭉개짐 현상이 나타난 영상(우)

**TIP & TECH** 속도를 어떻게 조절해야 할 지 모르겠다면 다음과 같이 생각해 보세요.
예를 들어 60fps로 찍은 영상을 0.5배 느리게 하면 어떻게 될까요? 30fps로 줄겠죠. 0.5배 이하로 속도를 줄이면 프레임이 24~30fps 이하로 줄기 때문에 초당 보여 줄 사진이 부족해 끊김 현상이 나타날 수 있습니다. 그래서 보통 슬로우 모션은 최소 120fps로 촬영합니다. 추후 영상 속도를 느리게 할 수도 있다면 30fps보다는 60fps로 찍어야 활용도가 높아집니다.

##  점점 느려지거나 빨라지게 조정하는 곡선

[일반] 탭이 속도를 조절하는 기본 기능이라면 [곡선] 탭은 좀 더 입체적이고, 몰입감 있는 영상을 만들 때 사용하는 고급 속도 조절 기능입니다. 속도 도구 바에서 [곡선] 탭을 누르면 다양한 형태의 곡선 목록이 나타납니다. 여기서 제공되는 곡선을 선택하거나, ❶ [사용자 지정]을 선택한 후 한 번 더 누르면 곡선 편집 화면에서 원하는 형태로 곡선을 만들 수 있습니다. ❷ 곡선 편집 화면에는 둥근 조절점이 있으며, 이 조절점을 비트라고 표현합니다.

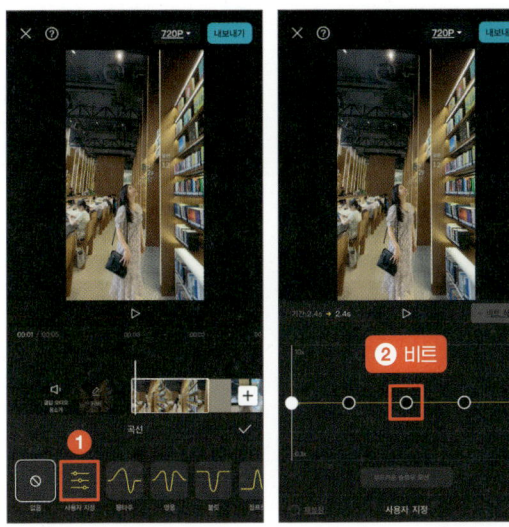

⌃ 선택할 수 있는 곡선 목록 　　⌃ 사용자 지정 곡선 편집 화면

**TIP & TECH** 기본으로 제공되는 곡선 목록을 선택한 후 한 번 더 누르면 기본 곡선을 편집할 수도 있습니다. 자세한 편집 요령은 이어서 소개하는 비트 조정 방법을 참고하세요.

기본으로 5개의 비트를 이용해 속도를 조절해도 되지만, 원하는 지점을 정확히 찾아서 속도를 조절해야 더 맛깔나는 영상을 만들 수 있겠죠? 이럴 때는 ❶ 원하는 지점으로 인디케이터를 옮긴 후 ❷ [비트 추가] 또는 [비트 삭제]를 눌러 비트를 추가하거나 삭제한 다음 속도를 조절할 수 있습니다.

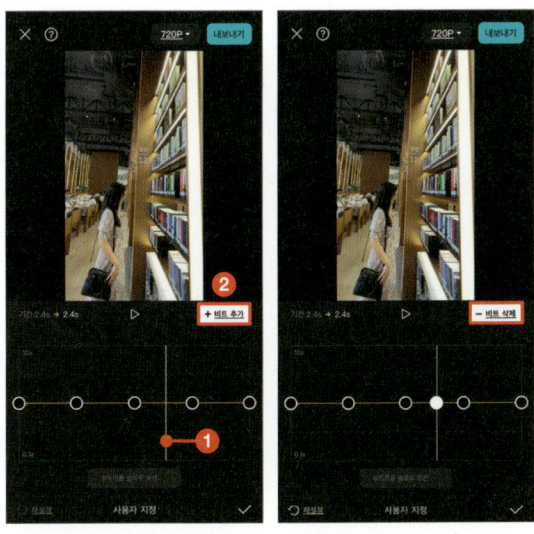

⌃ 원하는 위치로 인디케이터를 옮긴 후 [비트 추가]

**TIP & TECH** 인디케이터 위치에 비트가 없으면 [비트 추가] 버튼이, 비트가 있으면 [비트 삭제] 버튼이 활성화됩니다.

**비트 조정 방법** 각 비트는 선택한 후 상하좌우로 옮길 수 있으며, 비트를 위로 올리면 속도가 빨라지고, 아래로 내리면 느려집니다. 또한, 좌우로 옮겨서 이전 비트 혹은 다음 비트와 연결되는 곡선을 완만하게 조절할수록 속도 변화가 천천히 진행되고, 곡선이 급격할수록 속도 변화도 빠르게 진행됩니다.

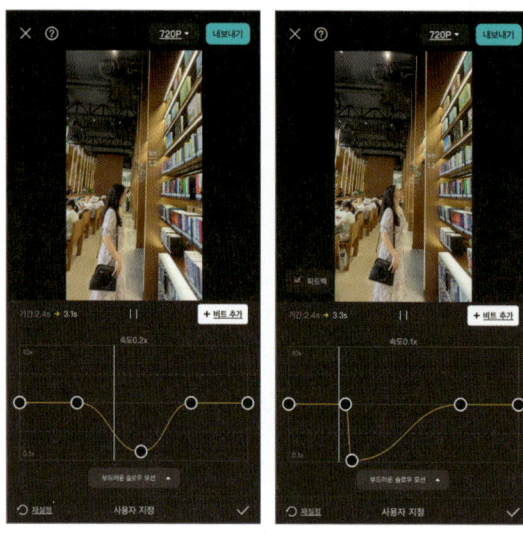

⌃ 완만한 속도 변화 곡선　　⌃ 급격한 속도 변화 곡선

예를 들어 위의 첫 번째 장면처럼 조절하면 1x 속도로 재생되다가 2번 비트에서 3번 비트 구간까지 속도가 천천히 느려진 후 다시 4번 비트 위치까지 속도가 천천히 빨라져서 처음의 1x 속도로 재생됩니다.

반면, 두 번째 장면처럼 비트를 조절했다면 2번 비트에서 3번 비트 구간에서 급격하게 속도가 느려진 후 4번 비트 위치까지 천천히 속도가 증가하여 다시 1x으로 재생됩니다.

**TIP&TECH** 곡선 속도 조절 방식에서도 일반 속도 조절과 마찬가지로 1x보다 느리게 조절하면 [부드러운 슬로우 모션] 버튼이 활성화되어 더 좋은 품질로 변경할 수 있습니다.

> **마법 한 스푼 | 속도 조절 이럴 때 이렇게!**
>
> 상황에 따라 더욱 찰진 영상을 만들기 위한 곡선 설정 요령 몇 가지를 소개합니다.
>
> 첫째, 숏폼 영상은 3초 이내에 사람들의 시선을 끌어야 하는데, 반드시 필요한 장면임에도 느리게 촬영됐거나, 속도감이 없어 지루해 보인다면 해당 구간의 속도만 조금씩 빠르게 조절합니다.

둘째, 영상이 전체적으로 너무 길다면 중간 부분의 속도를 높여 전체 재생 시간을 줄여 보세요.

셋째, 촬영 중에 장면 전환을 연출했을 때 장면 전환에 해당하는 구간의 속도를 빠르게 조절하면 훨씬 더 자연스러운 장면 전환이 완성됩니다.

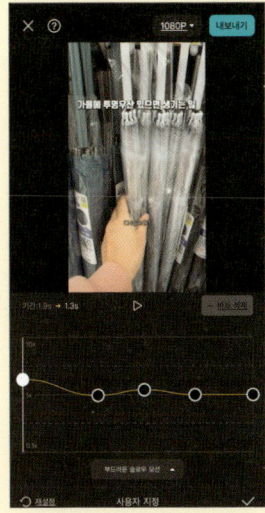 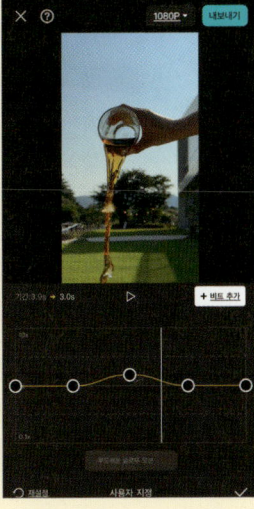 

⌃ 지루한 영상일 때  ⌃ 전체적으로 긴 영상  ⌃ 장면 전환 영상

앞의 사례와 반대로 속도를 느리게 조절하는 경우는 시선을 더 잡고 싶은 장면, 분위기 있는 장면, 강조하고 싶은 장면 정도가 있습니다. 1x으로 재생되다가 갑자기 느려지도록 연출하여 시선을 사로잡는 거죠. 영상의 마무리 장면에서 속도를 느리게 조절하여 끝나는 느낌을 연출하기도 합니다.

⌃ 강조하고 싶은 구간이 있을 때  ⌃ 영상의 마무리 장면

앞선 사례처럼 단순한 형태의 곡선 이외에도 다음과 같이 파격적으로 비트를 조절해 볼 수도 있습니다. 자유롭게 비트를 조절해 보면서 속도 조절의 귀재가 되어, 여러분만의 쫀득한 영상을 완성해 보세요.

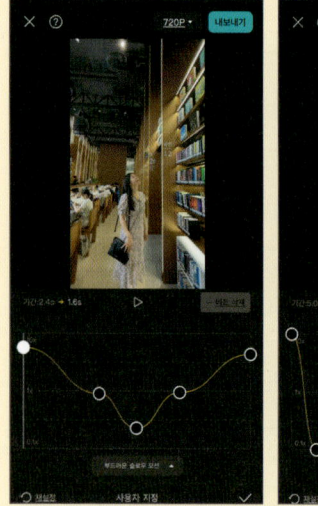 

⌃ 다채로운 형태의 비트 조절 예시

# 고급 마법의 핵심, 키프레임

마법 같은 영상을 위한 가장 중요한 기능을 하나 고르라면 바로 키프레임입니다. 키프레임을 잘 다루면 사진과 같은 이미지를 영상으로 만들거나, 평범한 영상을 눈길이 가는 영상으로 탈바꿈할 수도 있습니다. 키프레임 단독으로 사용할 수도 있지만, 다른 고급 기능들과 함께 사용하면 더욱 다채로운 영상을 완성하게 될 것입니다.

 **변화의 시작 키프레임**

거의 모든 영상 편집 앱에는 키프레임 기능이 포함되어 있습니다. 다이아몬드 모양으로 표시되는 키프레임은 '변화의 열쇠'라고 표현할 수 있으며, '여기부터 여기까지 변화를 주고 싶어'라는 의미로 최소 2곳 이상에 추가해서 사용합니다.

**키프레임 추가 및 삭제** 클립 편집 상태에서 클립의 오른쪽 위를 보면 2개의 다이아몬드가 겹쳐진 모양의 [키프레임 추가] 아이콘이 표시되며, 이 아이콘을 누르면 인디케이터 위치에 다이아몬드 모양의 키프레임이 추가됩니다. 만약 키프레임이 추가된 위치에 인디케이터가 있다면 [키프레임 추가] 아이콘이 [키프레임 삭제] 아이콘으로 변경되며, 추가된 키프레임을 삭제할 수 있습니다.

⌃ 키프레임 추가/삭제 아이콘

**키프레임 작동 원리** 키프레임을 추가하는 것만으로는 어떤 변화도 일어나지 않습니다. 키프레임 위치에서 어떠한 변화를 주면 그때부터 키프레임의 기능이 시작됩니다. 예를 들어 ❶ 첫 번째 키프레임을 추가하고, ❷ 이어서 조금 뒤쪽에 두 번째 키프레임을 추가합니다. ❸ 그런 다음 두 번째 키프레임 위치에서 미리 보기 화면의 클립 영상을 왼쪽으로 옮깁니다.

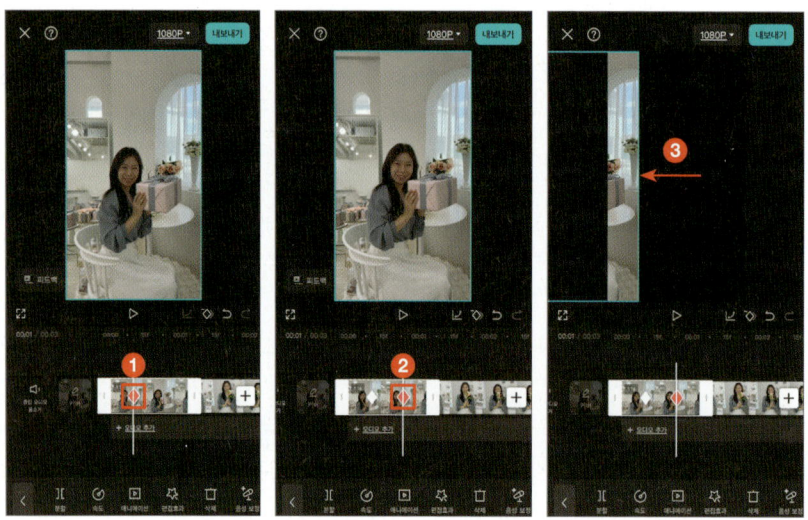

∧ 2개의 키프레임을 추가한 후 변화를 주면 두 키프레임 사이에서 변화가 진행됩니다.

위 영상을 재생해 보세요. 첫 번째 키프레임부터 영상이 왼쪽으로 움직이기 시작하여 두 번째 키프레임 위치에서 위치 이동이 완료됩니다. 다시 말해, 2개의 키프레임에서 영상의 설정(위치, 크기 등)이 다르면 첫 번째 키프레임부터 두 번째 키프레임 사이에서 설정에 따른 변화가 발생합니다. 이게 바로 키프레임 기능의 핵심입니다.

**TIP&TECH** 하나의 키프레임을 추가한 후 다른 위치에서 설정의 변화가 발생하면 자동으로 키프레임이 추가됩니다. 하지만, 책에서는 실수를 방지하기 위해 키프레임을 먼저 추가한 후 변화를 적용하는 방식 위주로 설명하겠습니다.

**사진을 움직이게 만드는 키프레임**

앞에서 설명했듯이 키프레임을 추가한 후 서로 다른 설정을 적용하면 그 사이에서 변화가 발생합니다. 이런 특징을 활용하면 멈춰 있는 사진에 움직임을 추가할 수 있습니다. 새로운 프로젝트를 시작한 후 제품이나 음식, 인테리어 등의 사진을 클립으로 추가하여 다음과 같은 영상을 완성해 보세요.

**좌우로 이동하기** 2개의 키프레임을 추가한 후 ❶ 첫 번째 키프레임에서 사진을 그림과 같이 왼쪽으로 배치합니다. 그런 다음 ❷ 두 번째 키프레임 위치에서 오른쪽으로 옮깁니다. 영상을 재생해 보면 사진이 왼쪽에서 오른쪽으로 이동합니다.

⌃ 왼쪽에서 오른쪽으로 이동하는 키프레임 설정

**확대/축소하기** 2개의 키프레임을 추가한 후 두 번째 키프레임 위치에서 사진을 확대합니다. 영상을 재생해 보면 사진이 점점 확대됩니다. 반대로 첫 번째 키프레임 위치에서 사진을 확대했다면 점점 축소되는 영상이 되겠죠?

⌃ 점점 확대되는 키프레임 설정

**위아래로 이동하기** 2개의 키프레임을 추가한 후 ❶ 첫 번째 키프레임에서 ❷ 사진을 120% 정도로 확대하고 위쪽으로 배치합니다. 그런 다음 ❸ 두 번째 키프레임 위치에서 ❹ 사진을 아래로 옮깁니다. 사진이 위에서 아래로 내려오는 영상이 완성됩니다. 이 설정을 이용하면 사람이 하늘에서 떨어지거나 물건이 뚝 떨어지는 장면을 연출할 수 있습니다.

 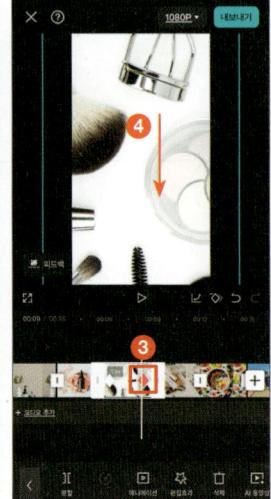

⌃ 위에서 내려오는 키프레임 설정

**회전하기** 위에서 내려다보면서 찍은 항공 샷이 있다면 다음과 같이 회전하는 영상을 꼭 한 번 만들어 보세요. 2개의 키프레임을 추가한 후 두 번째 키프레임에서 확대 후 한쪽 방향으로 회전시키면 됩니다. 힘들게 손목을 돌리면서 촬영하기 힘들었다면 이제 키프레임으로 돌려 버리세요.

⌃ 회전하는 키프레임 설정

이런 변화는 1회로 끝나는 걸까요? 그렇지 않습니다. 키프레임을 계속 추가하면서 설정을 변경하면 좌우로 왔다 갔다, 확대축소가 반복되거나, 360도 이상 계속 회전시킬 수도 있습니다. 또한, 이런 움직임은 한 가지 변화만 사용하는 것이 아니라 다양하게 조합해서 사용할 수도 있습니다. 예를 들어 첫 번째 키프레임에서 사진을 왼쪽에 배치하고, 두 번째 키프레임에서 확대한 후 오른쪽에 배치하면 점점 확대되면서 오른쪽으로 이동하는 영상이 완성됩니다. 이처럼 키프레임을 이용한 변화는 무궁무진합니다. 키프레임의 달인이 되도록 다양한 변화를 연습해 보세요.

## 흑백 세상이 알록달록 세상으로

키프레임으로 모든 변화를 표현할 수 있을까? 영상이 어둡다가 환하게 밝아질 수 있을까? 네, 가능합니다. 흑백 영상에서 컬러 영상으로, 혹은 어두운 흑백 영상에서 밝은 컬러 영상으로 바뀌는 연출도 할 수 있습니다. 흑백 영상이 점점 원래의 컬러 영상으로 바뀌는 실습을 위해 새로운 프로젝트를 시작한 후 하나의 영상을 선택해 클립으로 추가해 주세요.

컬러 영상을 첫 장면부터 흑백으로 표현할 것이므로 ❶ 클립의 맨 앞에 첫 번째 키프레임을 추가하고, 온전히 컬러 영상이 될 위치에 두 번째 키프레임을 추가합니다. ❷ 흑백에서 시작하도록 맨 앞에 있는 첫 번째 키프레임 위치로 이동한 후 ❸ 도구 바에서 [조정]을 선택합니다. ❹ 조정 도구 패널에서 [밝기: 0], ❺ [채도: 0]으로 설정하여 어두운 흑백 영상으로 변경한 후 ❻ [적용]을 눌러 완성합니다.

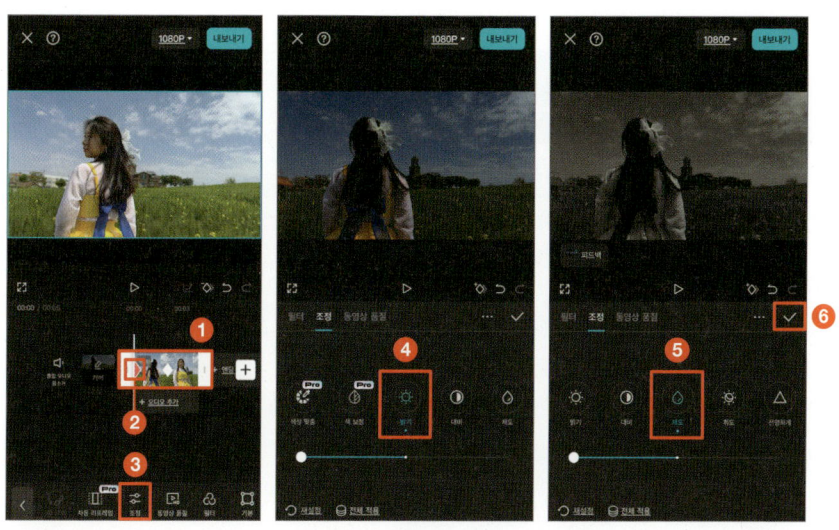

△ 2개의 키프레임 추가 후 첫 번째 키프레임에서 설정 변경

**TIP & TECH** 첫 번째 키프레임을 추가한 후 곧바로 설정을 변경해 버리면 두 번째 키프레임에서 다시 컬러 영상이 되도록 설정을 변경하는 번거로움이 발생합니다. 그러므로 가급적 변화 위치에 키프레임부터 모두 추가한 후 설정을 변경하는 것이 좋습니다.

완성한 영상을 재생해 보세요. 어둡고 색이 없는 흑백 세상이 점점 밝아지더니 두 번째 키프레임 위치에서 원본 상태의 알록달록 세상으로 바뀌는 영상이 완성되었습니다. 이런 변화는 영상의 오프닝에 활용하면 좋습니다. 단, 변화 구간(키프레임 사이의 간격)이 짧아야 더 집중되는 영상이 완성됩니다.

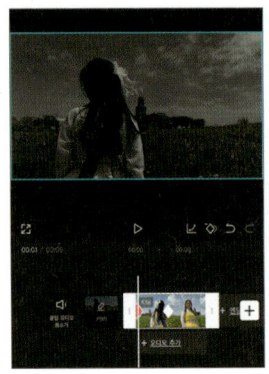  

︽ 흑백에서 컬러로 바뀌는 키프레임 설정으로 완성한 영상

> ###  마법 한 스푼 | 키프레임 활용, 한 걸음 더 나아가기
>
> **키프레임 간격에 따른 차이** 변화가 급격하게 진행되게 하고 싶다면 두 키프레임의 간격을 좁게, 은은하게 천천히 변하도록 설정하려면 키프레임 간격을 넓게 추가하면 됩니다.
>
>
>
> ︽ 급격하게 변화는 설정(좌)과 천천히 변하는 설정(우)
>
> **키프레임 구간에서 속도 변화** 키프레임을 이용한 변화를 사용하다 보면 '계속 같은 속도로 변화가 진행되어 조금 심심한데?'라는 생각이 들 때가 있을 것입니다. 이럴 때, 키프레임 구간의 변화 속도를 조절해 보세요.
>
> ❶ 키프레임 사이에 인디케이터를 위치시키면 오른쪽 위에 활성화되는 ❷ [그래프] 아이콘을 눌러 보세요.
> ❸ 다양한 종류의 그래프 목록이 표시되며, 선택한 그래프에 따라 변화 속도가 변경됩니다. 예를 들어 [큐빅 인] 그래프는 천천히 변하다가 마지막에 빨라지고, [큐빅 아웃] 그래프는 급격하게 변하다가 뒤에서 천천히 변화가 진행됩니다. 이처럼 키프레임에 그래프를 적용하면 좀 더 역동적인 변화를 연출할 수 있습니다.
>
>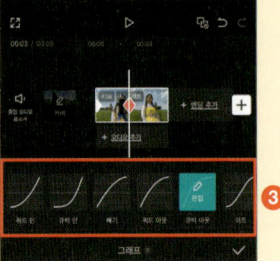
>
> ︽ 키프레임 구간에서 활성화되는 그래프 기능
>
> **키프레임 활용 시 주의할 점** 키프레임 추가 후 설정(색감, 위치, 마스크 등)을 변경하면 영상 전체에 적용되는 것이 아니라 해당 구간에서 변화가 적용되는 것입니다. 그러므로 키프레임 추가는 색감이나 밝기 등의 기본 조정을 모두 끝낸 후에 진행해야 두번 작업하는 일이 없어집니다.

# CHAPTER 03

# 시선을 잡아 주는 숏폼 자막

자막을 꼭 넣어야 할까요? 많은 분이 자막의 중요성을 간과한 채 재미있고 잘 만들어야만 콘텐츠가 터진다고 생각합니다. 하지만, 촬영이나 고급 편집이 조금 부족하더라도 자막을 잘 사용하면 사람들의 시선을 붙잡는 터지는 콘텐츠가 될 수 있습니다. 숏폼을 위한 자막, 지금 소개합니다.

**Magic 01** 자막 작업 시작 전, 이것만은 반드시
**Magic 02** 숏폼에서 눈길을 끄는 자막 꿀팁 모음
**Magic 03** 텍스트를 예쁘게, 보기 좋게 꾸미는 방법
**Magic 04** 내 손을 따라다니는 텍스트 만들기

# 자막 작업 시작 전, 이것만은 반드시

영상을 만들다 보면 하나의 프로젝트에서 수십 개의 자막과 클립을 편집하게 되는 날이 옵니다. 만약, 여기서 소개하는 내용을 제대로 숙지하지 않는다면 자막이 꼬여 고생길로 접어들 수 있습니다. 그러니 첫 단추를 잘 끼울 수 있게 기초를 제대로 다져 봅시다.

 **기본 설정의 텍스트 추가**

지난 챕터는 프로젝트의 영상 클립을 편집하는 단계로, 클립을 선택한 상태로 도구 바에서 원하는 기능을 선택했습니다. 하지만, 자막 작업은 영상 클립과 별개로 진행되므로, 클립을 선택하지 않은 상태로 도구 바에서 [텍스트]를 선택한 후 작업합니다.

**텍스트 상자 추가하기** 임의의 프로젝트를 시작한 후 ❶ 도구 바에서 [텍스트]를 눌러 보세요. ❷ 다양한 텍스트 관련 기능 중 [텍스트 추가]를 선택하면 ❸ 미리 보기 화면 중앙에 '텍스트 입력'이라고 표시된 텍스트 상자와 키보드가 나타납니다.

  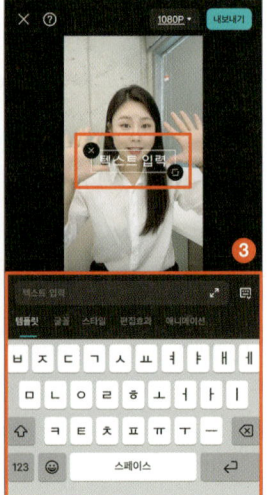

≪ [텍스트] → [텍스트 추가] → 내용 입력

**TIP & TECH** 텍스트 상자를 추가하고 내용을 입력하지 않은 채 닫아버리면 텍스트 상자 추가가 취소됩니다. 반드시 내용을 추가한 후 텍스트 스타일 조정으로 넘어가세요.

**텍스트 클립 배치하기** ❶ 원하는 내용을 입력한 후 ❷ 키보드 모양의 아이콘을 누르면 키보드가 사라집니다. ❸ 키보드가 있던 위치에 글꼴 등 텍스트 서식을 변경할 수 있는 다양한 옵션이 있으므로 필요에 따라 선택해서 적용할 수 있습니다. ❹ 텍스트 추가를 완료하기 위해 [적용] 아이콘을 누릅니다. ❺ 타임라인 영역에 빨간색 텍스트 클립이 추가됩니다.

⌃ 적용 후 텍스트 클립 길이 및 위치 조정

텍스트 클립은 인디케이터가 있던 위치부터 3초 길이로 배치됩니다. 그러므로 흰색 조절 바를 좌우로 옮겨서 길이를 조절하거나, 길게 누른 후 좌우로 옮겨서 위치를 조절한 후 사용합니다.

텍스트 추가 후 영상을 재생해 보면 텍스트 클립과 겹치는 영상 클립 구간에서 입력한 텍스트가 표시되는 것을 확인할 수 있습니다. 그러므로 영상 클립 길이에 맞게 텍스트 클립을 배치하면 영상이 재생되는 내내 텍스트가 표시되며, 특정 구간에 배치하면 자막처럼 해당 구간에만 나타났다 사라집니다.

## 텍스트 위치 및 크기 조정

텍스트를 추가했다면 ❶ 텍스트 클립을 선택한 후 ❷ 미리 보기 화면에서 활성화된 텍스트 상자를 누른 채 원하는 위치로 옮길 수 있고, 두 손가락으로 확대, 축소, 회전할 수도 있습니다. 두 손가락으로 확대/축소 및 회전하기 번거롭다면 텍스트 상자 오른쪽 아래에 표시된 **[회전]** 아이콘을 누른 채 움직여 보세요. 한 손가락으로 확대/축소/회전할 수 있습니다.

∧ 활성화된 텍스트 상자

**TIP & TECH** 텍스트 추가 후 좀전까지 보이던 텍스트 클립이 보이지 않나요? 텍스트 클립은 텍스트 편집 상태에서만 표시됩니다. 즉, 도구 바에서 [텍스트]를 선택하면 텍스트 클립이 다시 표시됩니다.

위와 같이 텍스트 상자가 활성화되면 4개의 아이콘이 표시되며, 각 기능은 다음과 같습니다.
- **삭제**: X 모양의 아이콘으로 해당 텍스트 상자를 삭제합니다. 타임라인 영역에 있는 텍스트 클립도 함께 삭제됩니다.
- **수정**: 연필 모양 아이콘으로 누르면 내용 및 텍스트 스타일을 변경할 수 있습니다.
- **복제**: 2개의 사각형이 겹친 모양으로, 현재 텍스트 상자와 같은 위치, 크기, 스타일의 텍스트 상자를 하나 더 추가합니다. 타임라인 영역에도 같은 위치에 텍스트 클립이 추가됩니다.
- **회전**: 텍스트 상자의 크기(텍스트 크기)를 조절하거나 회전시킬 수 있습니다.

## 텍스트 클립 위치 고정하기

캡컷의 기본 설정은 영상 클립의 위치 변화에 따라 텍스트나 스티커, 효과 등의 요소도 함께 움직입니다. 만약, 영상 클립의 위치 변화가 있더라도 텍스트 클립 등이 항상 그 위치에 있도록 고정하고 싶다면 연결 설정을 해제해야 합니다.

특정 클립이 선택되지 않은 상태에서 오른쪽 위에 있는 겹친 사각형 모양을 눌러 보세요. '연결 해제되었습니다…'와 같은 문구가 표시되며, 이후로는 영상 클립 위치가 변하더라도 텍스트 클립 위치는 그 자리에 고정되어 있습니다. 해당 아이콘을 다시 누르면 다시 연결 설정으로 변경됩니다.

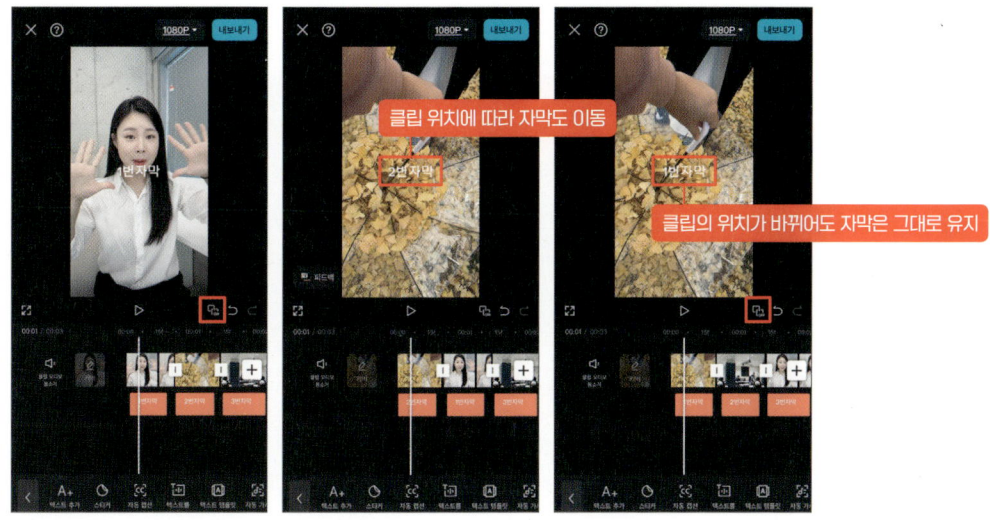

△ 연결 상태, 영상 클립을 따라다니는 텍스트 클립    △ 연결 해제 상태

이러한 연결 설정은 텍스트나 효과 클립들의 시작 위치 위에 있는 영상 클립의 영향을 받습니다. 그러므로 여러 효과나 텍스트가 시작되는 위치에 있는 영상 클립을 삭제하거나 위치를 변경할 때는 반드시 [연결 해제]로 설정한 후 작업을 진행해야 여러분의 편집 시간을 단축할 수 있습니다.

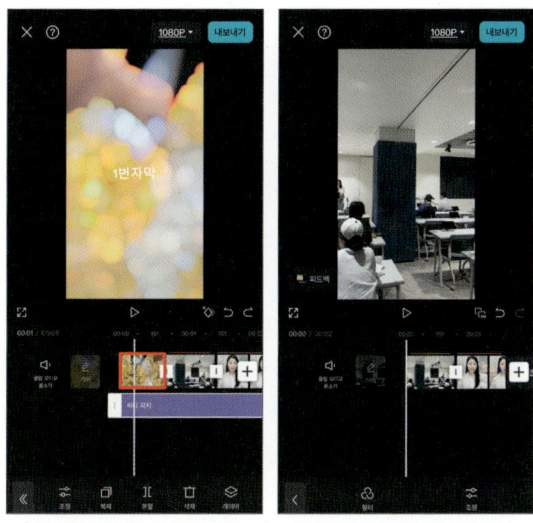

△ 연결 상태에서 첫 번째 영상 클립을 삭제하자 함께 삭제된 효과 클립

# 숏폼에서 눈길을 끄는 자막 꿀팁 모음

인스타그램의 릴스나 유튜브의 쇼츠를 보면 자막의 위치 때문에 가독성이 떨어져 답답한 적이 분명히 있을 거예요. 여러분은 그런 실수를 하지 않도록 가독성은 기본, 자막 작업 시간을 단축해 줄 꿀팁을 알려드립니다.

##  가독성을 위한 데드라인 공식

아래 두 장면을 살펴보세요. 어떤 생각이 드시나요? 자막이 너무 잘 보인다고 생각한 분은 없겠죠?

⌃ 자막 일부가 잘린 화면   ⌃ 일부 자막이 플랫폼의 인터페이스와 겹친 화면

위에서 왼쪽 장면은 제목 텍스트가 너무 커서 잘렸고, 오른쪽 장면은 자막이 플랫폼의 아이콘 등에 가려 제대로 보이지 않습니다. 이런 경우 대부분의 시청자는 불편함을 느껴 더 자세히 보는 것이 아니라 영상을 넘겨버리곤 합니다. 여기서 소개하는 공식만 잘 지키면 이런 불상사를 예방할 수 있습니다.

**데드라인 박스** 오른쪽 장면은 여러분에게 제공하는 [**자막 가이드라인**.png] 파일을 [**오버레이**] 기능으로 추가한 화면입니다. QR 코드를 스캔하여 이미지 파일을 다운로드하고, 오버레이로 불러온 후 가이드라인 안쪽에 자막을 배치해 보세요. 오버레이 사용 방법은 이후 224쪽에서 자세히 설명합니다.

△ 데드라인 박스를 오버레이했을 때 화면

**1/4, 3/4 공식** 영상을 만들 때마다 위의 가이드라인 파일을 사용하기가 번거로울 수 있습니다. 처음에는 가이드라인 파일을 활용하면서 어느 정도 익숙해지면 다음의 공식만으로 자막을 배치해 보세요.

우선 화면에서 세로 방향으로 중간 위치를 찾습니다(파란 선). 그런 다음 위쪽과 아래쪽 공간에서 각각 중간 위치를 찾습니다(빨간 선). 이제 화면이 4등분 되었을 거예요. 오른쪽 장면처럼 상상으로 화면에 가상의 선을 그린 후 제목은 위쪽 빨간 선 위치에, 자막은 아래쪽 빨간 선 위치에 각각 배치합니다. 제목은 없고 자막만 있는 장면이라면 파란 선과 아래쪽 빨간 선 사이가 숏폼 영상에 가장 적절한 자막의 위치입니다. 기억하세요. 제목은 1/4 위치, 자막은 3/4 위치!

요즘은 가운데에 제목이 오는 경우도 많으니 익숙해지면 다양하게 시도해 보는 걸 추천드립니다.

△ 1/4 3/4 공식의 가이드라인

**TIP & TECH** 블로 앱을 주로 사용한다면 아래 QR 코드를 스캔하여 블로 Studio 데드존 템플릿을 활용해 보세요.

## 자주 하는 자막 실수

자막을 추가할 때 가장 많은 실수 2가지, 이것만 피해도 훨씬 보기 좋은 영상이 됩니다.

**과한 텍스트양** '숏폼은 3초 안에 시선을 사로잡아야 한다.'라는 말 한 번쯤 들어 보셨죠? 요즘은 3초가 아닌 1.5초의 시대입니다. 숏폼을 보는데 아래와 같이 장문의 자막이 표시된다면 '와~ 너무 좋은 정보다. 열심히 받아 적어야지!'라고 생각할까요? 아니면 읽기에 벅차 바로 다음 영상으로 넘겨 버릴까요?

대부분 후자일 겁니다. 숏폼은 빠른 소비가 특징입니다. 그러므로 빠른 시간 안에 조금이라도 시선을 붙잡을 수 있도록 짧고 간결하면서 다음 내용이 궁금한 자막을 사용해야 합니다.

너무 길고 많은 자막을 사용한 장면 »

**지나치게 큰 텍스트** '제목이니까', '크면 잘 보일 테니까'와 같은 생각으로 무조건 텍스트를 크게 배치하면 영상미를 해치게 됩니다. 텍스트는 어디까지나 영상을 보조하는 수단입니다. 주객이 전도되어서는 안 되겠죠? 제목이든 자막이든 너무 크거나 너무 작지 않게 보기 적당한 것이 좋습니다.

제목이 너무 커서 영상미를 해치는 장면 »

**마법 한 스푼 | 최적의 음절과 크기**

제목이라면 최대한 한 줄에 10~14음절, 두 줄로 넘어가야 한다면 20음절 내로 들어갈 크기가 가장 깔끔하게 보입니다. 자막이라면 짧게 강조하고 싶은 한 어절만 넣어도 괜찮습니다.

예를 들어 '울면서 취업했는데 5년 만에 퇴사했습니다'라는 문장이 있다면 '울면서 / 취업했는데 / 5년 만에 / 퇴사했습니다'와 같이 어절 단위로 사용하면 됩니다. 너무 짧다고 생각된다면 '울면서 취업했는데 / 5년 만에 퇴사했습니다'와 같이 두 어절로 잘라서 사용해도 괜찮습니다. 단, 15음절을 넘지 않도록 짧게 잘라 주세요.

⌃ 적당한 자막 사용 예시

# 텍스트를 예쁘게, 보기 좋게 꾸미는 방법

보기 좋은 떡이 먹기도 좋다는 말이 괜히 있는 게 아니겠죠? 영상에 추가한 자막도 보기 좋게 꾸며서 사용할수록 좋은 콘텐츠로 보일 수 있습니다. 텍스트 색, 외곽선 등을 이용해 텍스트를 꾸며 보세요.

 **텍스트 편집 상태 확인하기**

텍스트를 추가하거나 추가한 텍스트의 내용 변경, 스타일 적용 등 텍스트 관련 작업은 모두 텍스트 편집 상태에서 진행됩니다. 즉, 도구 바에서 **[텍스트]**를 선택한 후 실행할 수 있습니다. 만약 텍스트 편집 상태가 아니라면 아래에서 왼쪽과 같이 텍스트 클립이 영상 클립 위쪽에 빨간색 실선 형태로 표시됩니다.

⌃ 아무것도 선택하지 않은 상태의 편집 화면
⌃ 도구 바에서 [텍스트]를 선택한 텍스트 편집 상태

## 텍스트 꾸미기의 시작, 글꼴

텍스트 편집 상태에서 ① 텍스트 클립을 선택합니다. 선택한 클립의 양쪽에는 길이를 조절할 수 있는 흰색 조절 바가 활성화되고, 텍스트 도구 바에는 [분할], [스타일] 등 텍스트 클립을 편집할 수 있는 기능이 활성화됩니다. ② 글꼴을 변경하기 위해 [스타일]을 선택하면 스타일 패널이 열리고, 다양한 텍스트 꾸미기 기능이 탭으로 나열되어 있습니다. ③ 스타일 패널에서 [글꼴] 탭을 선택하면 원하는 글꼴을 찾아 적용할 수 있습니다.

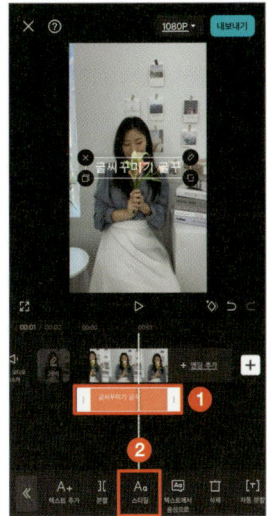

✥ 텍스트 클립 선택 → [스타일] → [글꼴]

### 이럴 땐 이 글꼴

글꼴을 선택하려고 해도, 종류가 너무 많아 어떤 글꼴을 적용할지 판단이 서지 않는 분을 위해 글꼴 몇 가지를 추천합니다. 일단 [시스템] 글꼴은 가장 추천하지 않는 글꼴이며, 제목 텍스트라면 [아네모네], [지우개], [티몬체], [가나초콜릿], [사물함], [검은 고딕체]처럼 두꺼운 글꼴을 추천합니다.

자막으로 사용한다면 영상의 분위기에 따라 얇은 글꼴을 선택하면 전체적으로 균형이 잘 맞습니다. 예를 들어 아기자기한 음악이 포함된 영상이라면 [느릿느릿], [꼬꼬마], [바른히피], [의미있는 한글] 등 손글씨 느낌의 귀여운 글꼴이 어울리고, 진지한 영상에 적절하거나 분위기를 타지 않는 글꼴이 필요하다면 [고운한글바탕], [고운한글돋움], [나눔바른펜], [산뜻바탕] 등을 추천합니다.

▲ 무료 제목 글꼴 추천　　　　▲ 유료 제목 글꼴 추천

## 내게 필요한 글꼴 추가하기

현재 캡컷에서 무료(free)로 제공하는 글꼴도 언젠가 유료 사용자만 사용할 수 있도록 변경될 수 있으며, 캡컷의 규정에 따르면 캡컷에서 제공하는 글꼴은 상업적 사용에 책임을 지지 않는다고 명시되어 있습니다. 그러므로 공모전이나 광고 등 상업적으로 이용할 영상에서 사용할 글꼴은 직접 추가해서 사용하는 것이 좋습니다.

**무료 글꼴 다운로드** 글꼴을 추가하려면 글꼴 파일부터 준비해야겠죠? 상업적으로 이용할 수 있는 무료 글꼴을 다운로드할 수 있는 대표적인 사이트로 눈누(https://noonnu.cc/)가 있습니다.

▲ 대표적인 무료 글꼴 사이트 눈누

눈누에 접속한 후 원하는 글꼴을 찾고, 상세 페이지로 이동하여 해당 글꼴 파일을 다운로드하면 됩니다. 이때 OTF와 TTF 중 선택할 수 있으나, 어느 것을 사용해도 무방합니다.

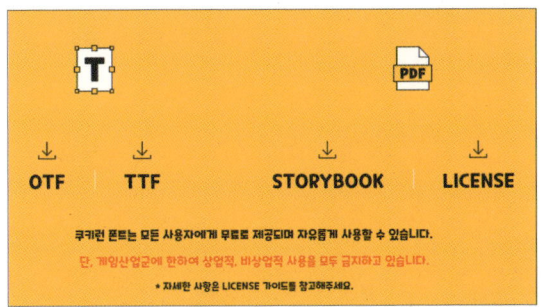

△ OTF 파일과 TTF 파일 중 선택

**TIP&TECH** 눈누에 있는 글꼴은 대부분 상업적인 용도로 이용할 수 있습니다. 하지만 일부 제약 조건이 있을 수도 있으므로, 반드시 선택한 글꼴의 상세 페이지 내용을 꼼꼼하게 확인하는 것이 좋습니다.

**아이폰용 캡컷에 설치하기** 아이폰 사용자라면 ❶ 카카오톡 등을 이용해 다운로드한 글꼴 파일을 자신의 아이폰으로 전송하고, ❷ 전송한 파일은 [파일에 저장] 기능으로 아이폰에 저장합니다. ❸ [다운로드] 폴더가 열리면 그대로 ❹ [저장]을 누릅니다.

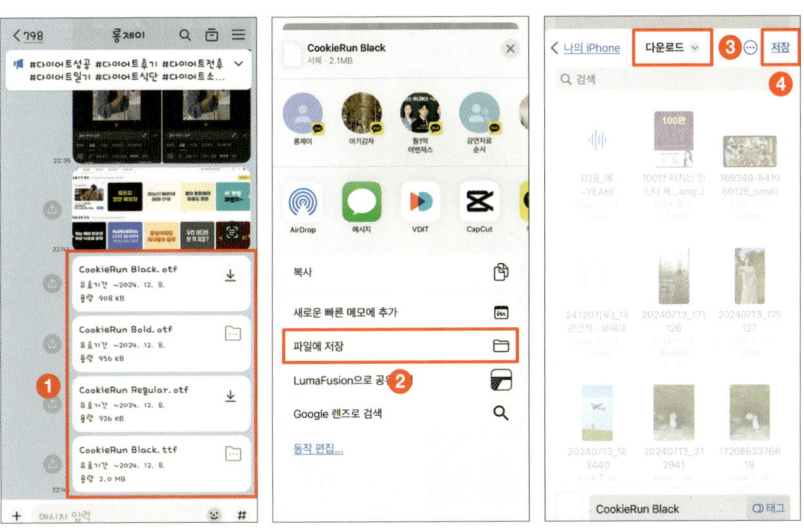

△ 아이폰으로 전송 → 파일에 저장 → [다운로드] 폴더에 저장

이제 캡컷을 실행하고 앞서의 ❶ [글꼴] 탭으로 이동한 다음 ❷ [내 글꼴]을 누르고 ❸ [+]를 누릅니다. ❹ 아이폰의 폴더 목록이 열리면 글꼴을 저장한 [다운로드] 폴더로 이동한 후 ❺ 설치할 글꼴 파일을 선택하고 ❻ [열기]를 누르면 설치가 완료됩니다.

▲ [글꼴] → [글꼴 추가] → [+] → 글꼴 파일 선택 후 [열기]

**갤럭시용 캡컷에 설치하기** 갤럭시 사용자도 마찬가지로 글꼴 파일을 ❶ 갤럭시로 전송한 후 저장합니다. 그런 다음 ❷ 캡컷에서 [글꼴] 탭 – [글꼴 추가] – [+]를 순서대로 누르고, ❸ [내 파일 〉 KaKaoTalk] 폴더로 이동하여 다운로드한 글꼴은 선택한 후 ❹ [완료]를 눌러 설치를 완료합니다.

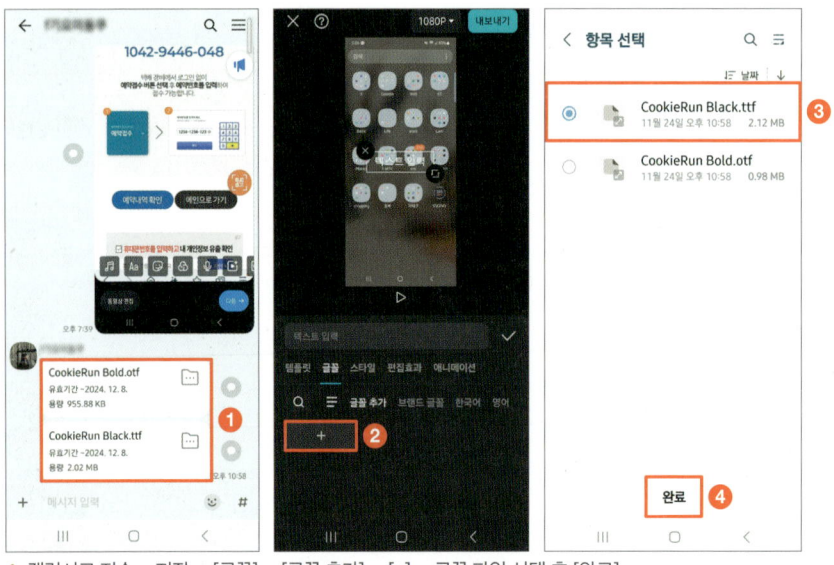

▲ 갤럭시로 전송 → 저장 → [글꼴] → [글꼴 추가] → [+] → 글꼴 파일 선택 후 [완료]

**MISSION** 캡컷의 규정이나 유료 전환 걱정 없이 상업적으로도 사용할 수 있는 무료 글꼴을 찾아 캡컷에 설치해 보세요.

## 다양한 스타일 적용하여 텍스트 꾸미기

[스타일]을 선택한 후 [글꼴] 탭에서 원하는 글꼴을 적용했다면 다음으로 [스타일] 탭으로 이동해 보세요. 마음 같아서는 멋지게 꾸밀 수 있을 것만 같은데, 너무 많은 기능에 무엇부터 어떻게 손 대야 할지 모르겠죠?

스타일을 적용할 때 가장 기억해야 할 점은 '과하지 않을 것'입니다. 오히려 심플한 스타일이 보기에 가장 좋을 수 있습니다. 영상에는 이미 수많은 색상들이 포함되어 있는데, 여기에 텍스트까지 빨강, 초록 등으로 오색찬란하다면 그야말로 난잡한 영상이 될 수 있으니까요. 그러므로 적절한 글꼴에 가독성을 고려하여 기본 색상만 변경해도 충분할 수 있습니다. 상황에 따라 다음에 소개하는 스타일들을 한 가지 정도로 적용하면 됩니다.

≫ 과한 스타일 적용으로 정신없어 보이는 텍스트

### 스타일 적용으로 텍스트 가독성 높이기

❶ [스타일] 탭의 하위 탭 중 ❷ 가장 왼쪽에 있는 [텍…]을 누르면 수십 종류의 텍스트 색을 선택할 수 있습니다. 텍스트를 화면 가득 채운다면 흰색이나 검은색 중 하나를 가장 추천하며, 영상에 묻혀 가독성이 떨어지거나 눈에 잘 띄지 않는다면 획, 배경, 그림자와 같은 스타일을 추가로 적용하는 것이 좋습니다.

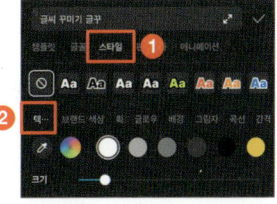

≪ 텍스트 색상 변경하기

**획 스타일** 기본 텍스트만으로 가독성이 떨어진다면 가장 먼저 떠올릴 수 있는 방법이 획 스타일, 즉 텍스트에 테두리를 추가하는 것입니다. ❶ [스타일] 탭의 하위 탭 중에서 [획]을 선택한 후 ❷ 원하는 테두리 색을 선택하면 됩니다. 참고로 텍스트가 흰색이라면 테두리는 검은색, 텍스트가 검은색이라면 테두리는 흰색을 선택했을 때 가독성이 훨씬 좋아집니다.

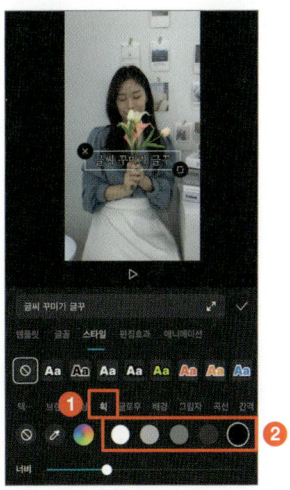

≫ 반대 색으로 획 스타일 적용하기

만약, 테두리에 다른 색을 적용하여 포인트로 사용하고 싶다면, [너비] 옵션을 10 정도로 낮게 설정해 보세요. 훨씬 세련된 느낌을 연출할 수 있습니다.

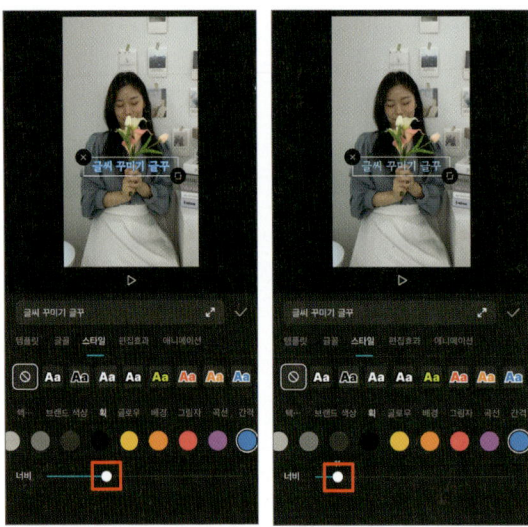

⌃ 기본값이 적용된 너비(좌)와 11로 얇게 설정한 너비(우)

**그림자 스타일** 획 스타일이 아닌 다른 스타일로 가독성을 높이고 싶다면 그림자 스타일을 추천합니다. ❶ [스타일] 탭에서 [그림자]를 선택하면 ❷ 그림자로 사용할 색을 선택할 수 있으며, ❸ 색을 선택하면 [불투명도], [흐리게], [거리] 등의 옵션을 설정할 수 있습니다.

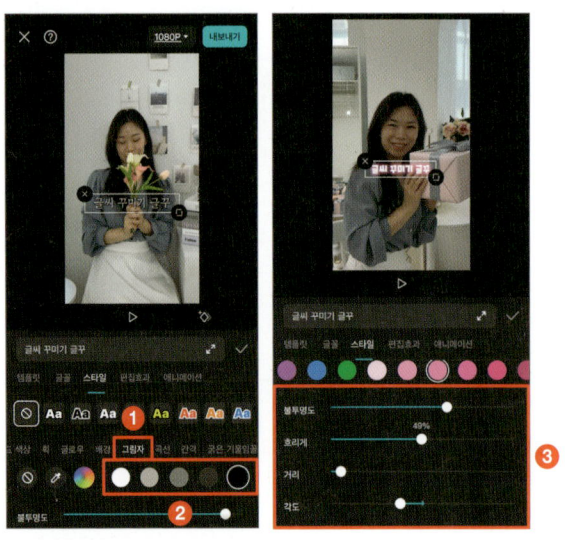

⌃ 네온사인 느낌으로 연출한 그림자 스타일

> **TIP&TECH** 그림자 스타일은 보통 검은색이나 회색을 사용하지만, 텍스트가 검은색이라면 흰색을 사용해도 좋습니다. 또한 다른 색으로 포인트를 주고 싶다면 색을 선택한 후 [불투명도] 옵션은 60~65%, [흐리게] 옵션은 45~50% 정도로 설정해 보세요. 네온사인 같은 느낌을 연출할 수 있습니다.

**배경 스타일** 배경 스타일을 적용하여 텍스트를 돋보이게 만들 수 있습니다. ❶ [스타일] 탭에서 [배경]을 선택합니다. ❷ 배경은 2가지 형태 중 고를 수 있으며, ❸ 색상을 선택하고 ❹ [불투명도], [모서리 반지름] 등의 상세 옵션을 설정합니다.

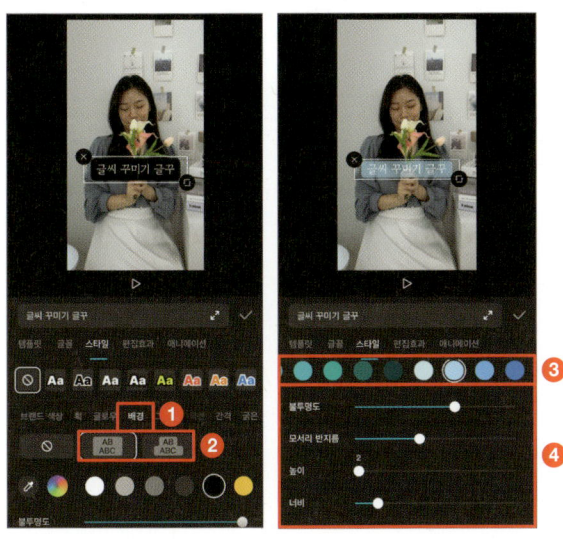

⌃ [배경] 탭 선택　　　⌃ 색과 다양한 요소 조절

저의 경우 [불투명도] 옵션을 60% 정도로 설정하여 여리여리한 느낌으로 연출하는 걸 좋아합니다. 배경 스타일을 사용할 때는 영상의 전체 분위기를 해치지 않는 색을 선택하고, 불투명도를 낮추면 좀 더 감성적인 영상을 만들 수 있습니다.

> **TIP&TECH** 여기서 소개한 스타일 이외에도 [간격]을 선택하여 텍스트 정렬 방법이나 크기를 변경할 수 있고, [굵은 기울임꼴]을 선택하여 굵게, 기울임, 밑줄 등의 스타일을 적용할 수 있습니다. [스타일] 탭의 하위 탭을 각각 선택하여 옵션을 확인해 보세요.

**워드아트** 시선을 강탈하고 싶은데, 스타일 기능으로 부족하다고 생각된다면 [스타일] 탭 오른쪽에 있는 [편집효과] 탭을 선택해 보세요. 화려하고, 강렬한 스타일의 워드아트 목록이 표시됩니다. 이때, 여러 색이 사용되어 과한 것보다는 은은한 워드아트 사용을 추천합니다.

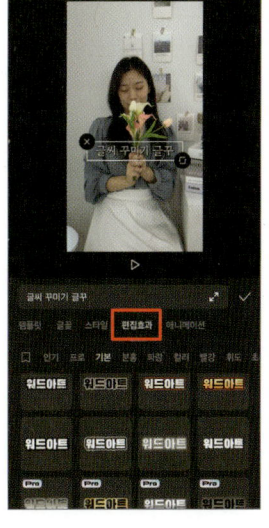

[편집효과] 탭에서 선택할 수 있는 다양한 워드아트 »

**CHAPTER 03** 시선을 잡아 주는 숏폼 자막

**애니메이션** 텍스트로 시선을 끌 때 사용하는 끝판왕, 바로 애니메이션입니다. 파워포인트의 애니메이션 효과와 유사한 기능으로, 텍스트가 등장하거나 사라질 때 애니메이션을 적용하면 눈길을 끌면서 영상미를 더할 수 있습니다.

❶ [스타일]을 선택한 후 [애니메이션] 탭을 선택하면 애니메이션 목록이 나타나며, ❷ 사용할 애니메이션을 선택하고 ❸ 애니메이션 적용 시간을 변경할 수 있습니다.

**TIP&TECH** 무료 사용자도 자유롭게 사용할 수 있는 애니메이션 중 [페이드 인], [타자기], [확대], [흐리게] 애니메이션의 활용도가 가장 좋았으며, 애니메이션 적용 시간은 1초 전후로 설정했을 때 가장 자연스럽습니다.
요즘 유행하는 애니메이션은 [반복]에 있는 [장난치기], [왜곡], [슈퍼웨이브] 등이 있습니다.

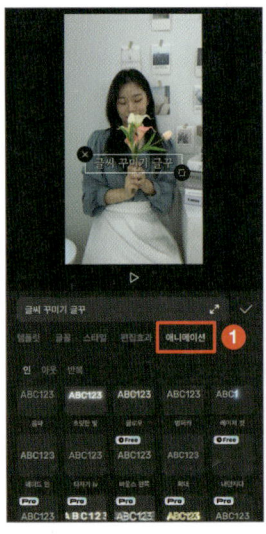
≪ [애니메이션] 탭

≪ 애니메이션 시간 조정

## 텍스트 템플릿으로 모든 스타일을 한 방에!

지금까지 소개한 모든 텍스트 꾸미기 기능을 완성형으로 한 방에 해결할 수 있는 기능도 있습니다. 바로 템플릿!

텍스트 편집 상태, 즉 ❶ 아무런 클립도 선택되지 않은 상태의 도구 바에서 [텍스트]를 선택하면 ❷ [텍스트 템플릿]을 선택할 수 있습니다.

≪ [텍스트] → [텍스트 템플릿]

템플릿 목록에는 애니메이션부터 글꼴, 그림자 등의 스타일까지 적용된 다양한 종류의 템플릿이 준비되어 있습니다. ① 사용할 템플릿을 선택한 후 ② [적용] 아이콘을 눌러 추가하면 됩니다.

≪ 템플릿 선택 후 적용

**템플릿 변형하기** 템플릿을 추가하면 타임라인 영역에 주황색 템플릿 클립이 추가됩니다. 템플릿을 추가한 후 스타일이나 아이콘의 위치, 내용 등을 변경하고 싶어질 수 있겠죠? 이럴 때는 ① 템플릿 클립을 선택하고 ② 도구 바 또는 미리 보기 화면에서 [분리]를 선택합니다. ③ 타임라인 영역을 보면 템플릿 클립이 스티커 등의 요소 클립(노란색)과 텍스트 클립(빨간색)으로 분리되어 있습니다. 이제 각 클립을 선택해서 원하는대로 변경하면 됩니다.

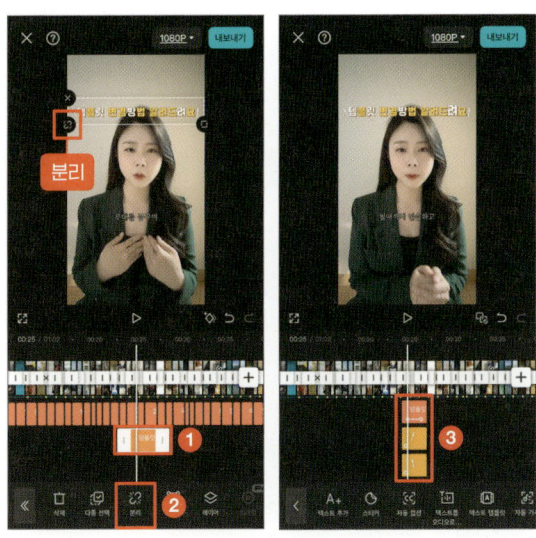

≪ 템플릿 클립을 분리하면 각각의 클립으로 나눠집니다.

**TIP&TECH** 템플릿 클립을 선택했을 때 [분리] 기능이 비활성화 상태라면 분리할 수 없는 템플릿이라는 의미입니다.

## 눈에 확 띄는 유튜브 쇼츠 스타일 자막 편집 방법

스토리와 관련된 영상이나 일반적인 영상 편집 방법을 알려줄 때는 기본 색으로 된 자막으로 안내하는 걸 선호합니다. 하지만, 유튜브 쇼츠를 보면 눈에 띄는 섬네일을 위해 강렬하고 화려한 텍스트가 적용된 콘텐츠가 많습니다. 이처럼 눈에 띄는 콘텐츠를 만들고 싶은 여러분을 위해 자막에 다양한 텍스트 스타일 적용 방법을 소개합니다.

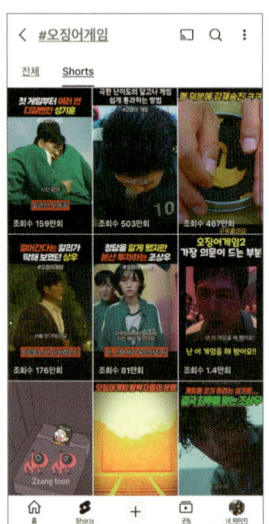

눈에 띄는 유튜브 쇼츠 자막들 »

**유튜브 쇼츠에 맞는 비율 선택** 유튜브 쇼츠는 가로 영상을 세로로 변형하여 업로드되므로 영상이 세로 비율에 꽉 차지 않게 하고, 남은 공간을 자막 영역으로 사용하는 경우가 많습니다. 우선 9:16 비율의 영상으로 새 프로젝트를 시작합니다. 그런 다음 ❶ 쇼츠의 섬네일이 될 첫 번째 클립을 선택하고 ❷ 도구 바에서 [변형 2]를 선택한 후 ❸ [비율 조정]을 누릅니다. ❹ [자르기] 탭이 열리면 [가로 세로 비율] 옵션 중 [1:1]이나 [4:3] 혹은 [16:9]와 같이 가로로 넓은 비율을 선택하고 ❺ [적용]을 누릅니다.

∧ 클립 선택 → [변형 2] → [비율 조정] → 가로로 넓은 비율 선택

**유튜브 쇼츠 느낌으로 자막 꾸미기** 클립의 비율을 변경한 후 미리 보기 화면을 보면 위아래로 검은색 빈 공간이 생깁니다. 여기에 자막을 배치합니다.

개인적으로는 한 줄의 짧은 제목을 선호하지만, 유튜브 쇼츠에서는 2줄 제목이 많이 보입니다. 더 많은 내용을 담을 수 있고, 자막이 눈에 띄기도 합니다.

❶ 도구 바에서 [텍스트]-[텍스트 추가]를 선택하여 2줄로 된 제목을 입력하고, ❷ 텍스트 입력줄에서 강조하고 싶은 단어를 두 번 터치해 블록으로 선택합니다. ❸ [스타일] 탭을 누른 후 원하는 스타일을 적용하면 선택한 단어만 스타일이 적용됩니다. ❹ 같은 방법으로 또 다른 단어를 선택해서 스타일을 적용하면 눈에 띄는 자막 완성입니다.

⌃ [텍스트] → [텍스트 추가] → 제목 입력 → 단어 선택 → [스타일] 탭 → 스타일 선택

 **자막 작업이 더욱 빨라지는 라스팅 텍스트**

스타일을 적용해 완성한 텍스트가 채널명이나 제목이라면 영상의 처음부터 끝까지 화면에 표시되도록 텍스트 클립의 길이를 조절해야 합니다. 만약 30초 혹은 1분 정도로 짧은 영상이라면 텍스트 클립을 선택한 후 좌우의 조절 바를 이용해도 충분합니다. 하지만, 클립의 끝이 보이지 않을 정도로 긴 영상이라면 어떻게 해야 할까요?

1초 만에 영상의 처음부터 끝까지 텍스트 클립의 길이를 늘릴 수 있습니다. ① 텍스트 클립을 선택한 후 ② 도구 바에서 [라스팅 텍스트]를 찾아 선택해 보세요. ③ 순식간에 클립의 길이가 조절됩니다.

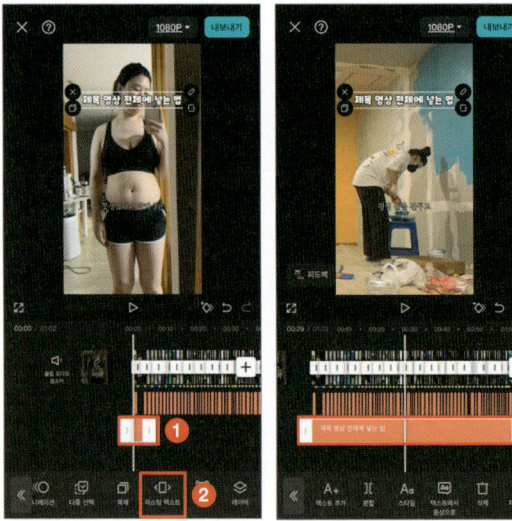

▲ 텍스트 클립 선택 후 [라스팅 텍스트]

**라스팅 텍스트 기능의 활용** 라스팅 텍스트 기능은 영상에 어울리는 자막을 빠르게 완성할 수 있는 핵심 기능 중 하나입니다. 자막이 추가될 때마다 텍스트 상자를 추가하고, 크기 및 위치를 조절한 후 스타일을 적용한다고 생각해 보세요. 자막 작업만 해도 한 세월 걸리겠죠?

이럴 때 ① 하나의 텍스트 클립을 완성한 후 [라스팅 텍스트] 기능으로 텍스트 클립의 길이를 영상 전체 길이만큼 늘립니다. 이후 ② 자막이 바뀌는 지점마다 인디케이터를 위치시킨 후 ③ 도구 바에서 [분할]을 선택해 나누고, ④ 분할된 각 텍스트 클립에서 내용만 변경하면 됩니다.

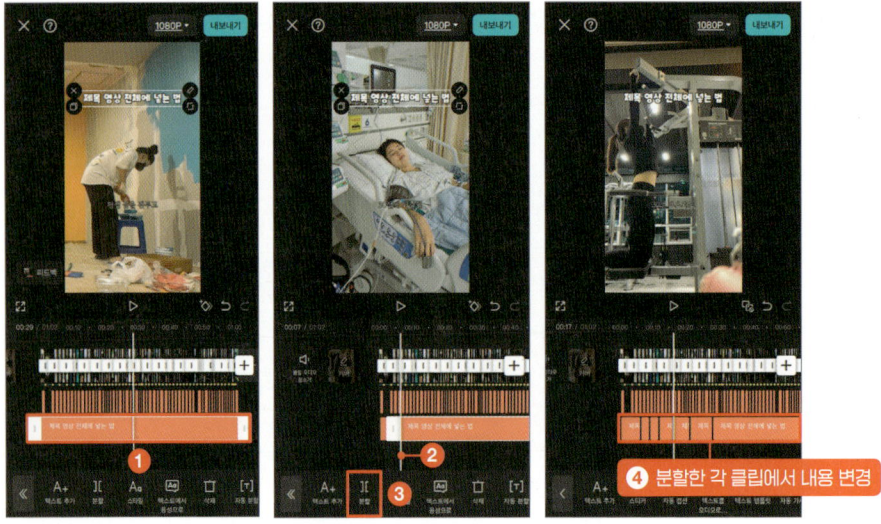

▲ 완성한 텍스트 클립 선택 → [라스팅 텍스트] → [분할]

## MAGIC 04
## 내 손을 따라다니는 텍스트 만들기

예능을 보면 사람의 얼굴이나 손가락을 따라다니는 텍스트를 볼 수 있습니다. 스마트폰으로 이런 효과를 연출할 수 있을까요? 물론 가능합니다.

텍스트가 사람의 손을 따라다닌다면 손의 움직임에 따라 텍스트의 위치 설정이 변한다는 말이겠죠? '설정이 변한다.'라 어디서 들어 본 것 같지 않나요? 바로 키프레임 활용입니다. 변화 위치마다 키프레임 추가하고, 각 키프레임에서 텍스트의 위치만 바꿔 주면 끝! 너무 쉽죠?

**MISSION** 이번 [MAGIC] 내용을 꼼꼼하게 살펴보세요. 그런 다음 예능에 나오는 영상 효과를 보고 어떻게 하면 저런 효과를 연출할 수 있을지 고민해 보세요. 지금까지 배운 기능들 그리고 앞으로 배울 내용들로 여러분도 충분히 구현할 수 있을 겁니다.

### 키프레임 추가하여 움직이는 텍스트 만들기

손가락을 따라다니는 텍스트를 만들기 위해 우선 ❶ 손가락 위치에 텍스트를 추가합니다. 그런 다음 ❷ 텍스트 클립을 선택하고 인디케이터를 텍스트 클립의 맨 앞으로 옮긴 후 ❸ [키프레임 추가] 아이콘을 눌러 첫 번째 키프레임을 추가합니다.

❶ 손가락의 위치가 눈에 띄게 바뀌는 다음 장면으로 이동한 후 ❷ 텍스트 상자의 위치를 손가락 위치로 옮깁니다. 한번 키프레임을 추가한 클립에서는 매번 키프레임을 추가하지 않아도 변화(여기서는 위치)가 발생하면 자동으로 키프레임이 추가됩니다. ❸ 계속해서 손가락의 위치가 눈에 띄게 바뀌는 지점마다 텍스트 상자의 위치를 옮깁니다.

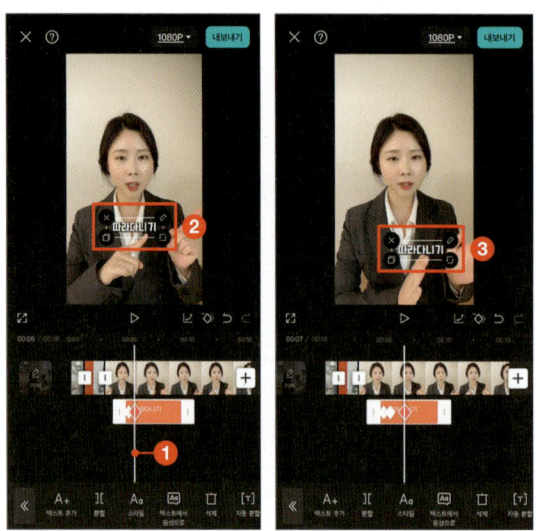

△ 손가락의 위치가 크게 변화는 지점을 기준으로 텍스트 상자 위치 변경

키프레임 작업 중 정교하게 작업하겠다고 수십 개의 키프레임을 추가하는 것보다는 크게 변하는 지점 위주로 키프레임을 추가해도 충분히 잘 따라다니는 텍스트가 완성됩니다. 키프레임 추가 작업이 끝나면 영상을 재생해 보세요. 제법 그럴듯하게 손가락을 따라다니는 텍스트 영상이 완성됩니다.

> **마법 한 스푼 | 트래킹 기능으로 빠르게 따라다니기** `Pro`
>
> 키프레임을 이용해 따라다니는 영상을 만들려면 손의 위치에 따라 매번 키프레임을 추가해야 하는 번거로움이 있습니다. 이런 작업을 간단하게 처리해 주는 기능이 바로 트래킹입니다.
>
> ❶ 텍스트를 추가한 후 선택하고 ❷ 도구 바에서 [트래킹]을 찾아 선택합니다. ❸ 미리 보기 화면에 노란 영역이 표시되면 따라다닐 기준이 될 위치(여기서는 손가락)로 옮기고 ❹ [트래킹 시작] 버튼을 누릅니다. 트래킹 처리가 완료되면 영상을 재생해 보세요. 텍스트가 움직이기는 하지만 제대로 작동하지 않죠? 게다가 프로 기능입니다. 언젠가는 좀 더 인식률이 올라가서 더 완벽해지겠지만 아직까지는 키프레임을 직접 추가하는 것이 더 정확합니다. 그러니 트래킹 기능이 있다는 것 정도만 기억해 두세요.

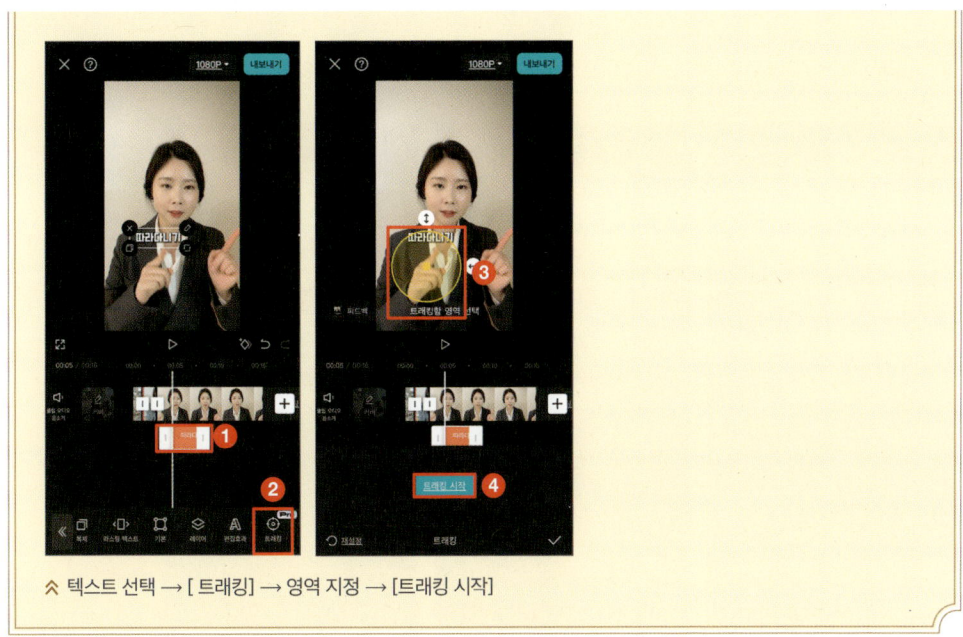

△ 텍스트 선택 → [ 트래킹 ] → 영역 지정 → [ 트래킹 시작 ]

## 스티커 활용하기

직전에 배운 따라다니는 텍스트를 응용하면 좀 더 다양한 영상을 만들 수 있습니다. 예를 들어 아래와 같이 불꽃을 손바닥으로 옮기는 듯한 영상도 만들 수 있습니다.

△ 손바닥을 따라다니는 불꽃 영상

간단하게 캡컷에 있는 스티커를 이용해 보겠습니다.

우선 배경이 될 영상 클립을 추가하고, ❶ 도구 바에서 [텍스트]를 선택한 후 ❷ [스티커]를 선택합니다. ❸ 스티커 목록이 열리면 따라다닐 스티커를 선택하고 ❹ [적용] 아이콘을 눌러 추가합니다.

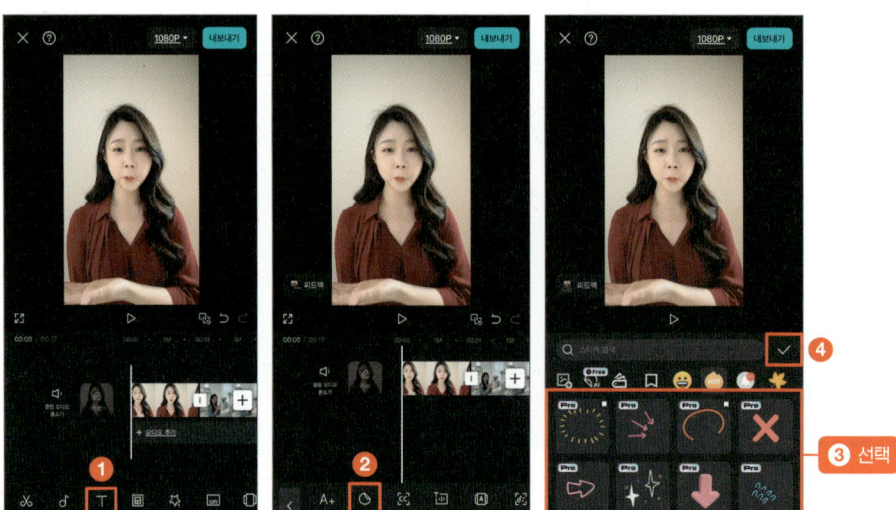

⌃ [텍스트] → [스티커] → 스티커 선택 → 적용

이제 텍스트 클립에서와 같은 과정으로 ❶ 첫 번째 키프레임을 추가하고, 이후 ❷ 손바닥 위치가 바뀌는 장면에서 스티커의 위치를 조절하여 자동으로 키프레임을 추가합니다. 이 과정을 반복하면 손바닥을 따라 움직이는 스티커 영상이 완성됩니다.

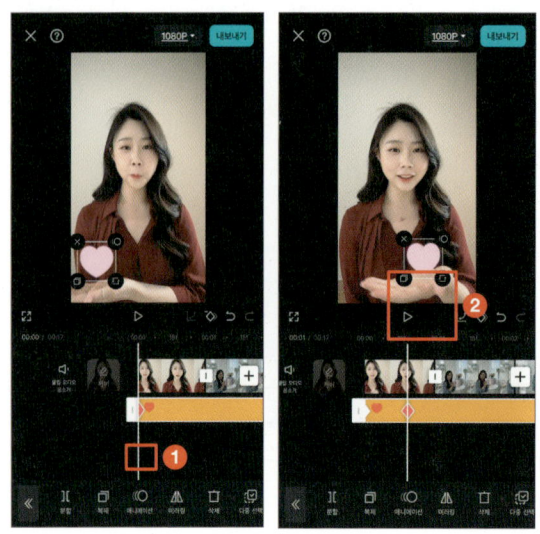

⌃ 손바닥을 따라다니는 하트 모양 스티커

여기서는 간단하게 스티커를 이용했지만 제품 사진 등을 클립으로 추가한 후 위와 같은 과정으로 따라다니는 영상을 만들 수도 있습니다.

CHAPTER

# 음악, 그리고 오디오의 모든 것

여러분에게 영상에서 가장 중요한 한 가지를 꼽으라고 한다면 어떤 것을 선택할 건가요? 저는 단언컨대 음악입니다. 어떤 음악을 사용하느냐에 따라 영상의 분위기가 확 달라질 수 있습니다. 심폐 소생이 필요한 영상도 음악 하나로 살아나기도 하지요. 음악과 관련된 편집 요령부터 녹음 관련 기능까지 자세히 알아보겠습니다.

**Magic 01** 영상 편집에 참고할 샘플 음악 준비하기
**Magic 02** 비트에 맞춰 음악 편집하는 방법
**Magic 03** 음량 조절의 모든 것
**Magic 04** 목소리를 자막으로 만드는 법

# 영상 편집에 참고할 샘플 음악 준비하기

영상 편집의 하이라이트! 영상 콘셉트에 어울리는 음악을 찾고, 음악의 리듬에 맞춰 클립을 편집하는 것입니다. 그러려면 영상 편집 중에 음악을 들으면서 작업해야겠죠?

 **영상 편집 중에 사용할 참고용 음악 녹음하기**

사용할 음악에 맞춰 영상에 리듬감을 표현하려면 영상 편집 중에 계속해서 음악을 들으면서 작업해야겠죠? 하지만 저작권 등의 문제로 원하는 음악 파일을 구하기도, 사용하기도 쉽지 않습니다. 게다가 숏폼과 같은 SNS 영상은 영상 자체에 음악을 삽입하는 것이 아니라 업로드하는 과정에서 해당 플랫폼의 음악을 이용합니다.

영상 편집을 다 해 놓고 음악을 선택해야한다면, 어떻게 음악에 맞춰 영상을 편집할까요? 강의 중에 항상 받는 질문이기도 합니다. 우선 만들려는 영상 콘셉트에 따라 어떤 음악을 사용할지 고민해야겠죠? 그 후 SNS 플랫폼에서 원하는 음악이 포함된 영상을 찾습니다. 그리고 녹음을 시작합니다. 정확하게는 해당 영상을 녹화합니다.

플랫폼에서 음악을 추가하여 완성한 릴스 »

**TIP&TECH** 온라인에 있는 음악이나 영상을 녹화/녹음한 후 영상 플랫폼에 업로드하는 등의 무단 사용 및 배포 행위는 저작권 침해에 해당합니다. 여기서 소개하는 음악 녹음은 영상 편집 단계에서 참고용으로 사용하기 위한 것으로 녹음한 영상이나 음악을 다른 용도로 사용해서 타인의 저작권을 침해하지 않도록 주의해야 합니다.

**아이폰에서 녹화하기** 아이폰 사용자는 녹화 기능 활성화부터 해야 합니다. 상단 바를 내려 ❶ 제어 센터를 열고 제어 센터의 빈 화면을 꾹 누릅니다. ❷ 아래쪽에서 [제어 항목 추가]를 누르면 기능 목록이 열리고 ❸ [화면 기록]를 선택하면 ❹ 제어 센터에 추가됩니다.

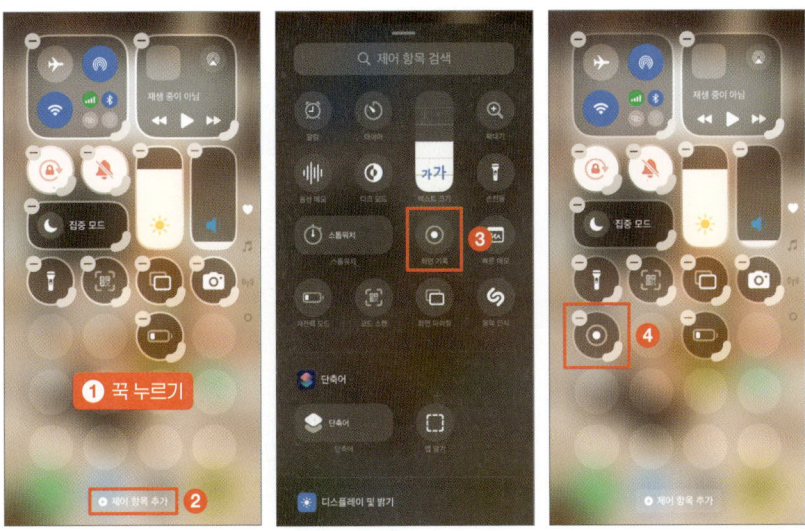

△ 제어 센터에 화면 기록 기능 추가하기

**TIP&TECH** iOS 17 이하 버전 사용자라면 [설정] - [제어 센터]로 이동한 후 [화면 기록]을 찾아 초록색 [추가] 아이콘을 눌러 활성화합니다.

이후 아이폰에서 ❶ 상단 모서리를 쓸어내려 제어 센터를 열고 ❷ [화면 기록] 아이콘을 누르면 3초 후부터 아이폰 화면 녹화가 시작됩니다. ❸ 이제 사용 중인 SNS 플랫폼에서 원하는 노래가 포함된 영상을 찾아 재생하고, 끝나면 화면 위에 표시된 빨간색 점을 누른 후 ❹ [정지] 아이콘을 눌러 녹화를 마칩니다.

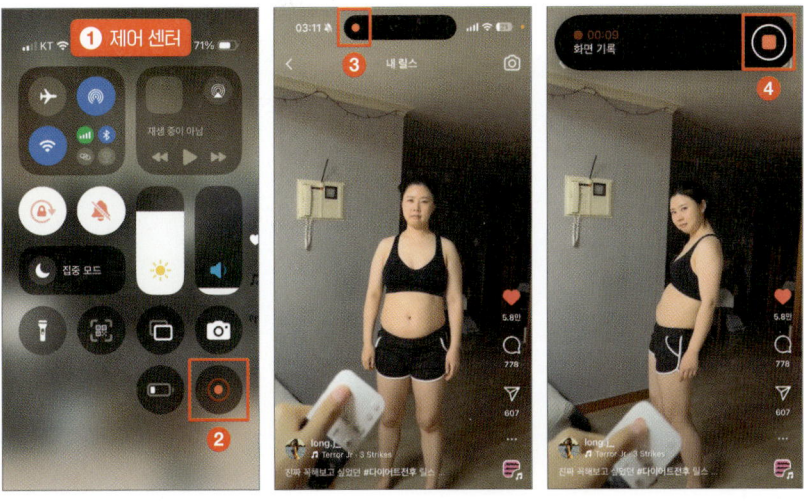

△ 제어 센터에서 [화면 기록] → 원하는 음악이 포함된 영상 재생 → 빨간색 점 누른 후 [정지]

**갤럭시에서 녹화하기** ❶ 상단 바를 내린 후 한 번 더 내려 [화면 녹화]가 있는지 확인하고, 없다면 오른쪽 위에 있는 연필 모양 아이콘을 누릅니다. ❷ 화면 중앙에 있는 [편집]을 누른 후 ❸ 추가 가능한 버튼 목록에서 [화면 녹화]를 찾아 선택하여 추가합니다. 추가된 버튼을 길게 눌러 위치를 위쪽으로 옮기면 좀 더 편리합니다.

⌃ 빠른 설정 화면에서 [편집] → [(전체)편집] → [화면 녹화] 길게 누른 후 위로 옮기기

이제 상단 바를 내려 [화면 녹화]를 누르고 사용 중인 SNS 플랫폼에서 원하는 음악이 포함된 영상 화면을 녹화하면 됩니다. 이때 화면의 소리만 녹음하려면 [미디어]를, 스마트폰에 포함된 내장 마이크를 통해 내 목소리까지 녹음하려면 [미디어 및 마이크]를 선택합니다. 우리는 영상 속 음악이 필요하므로 ❶ [미디어]를 선택한 후 ❷ [녹화 시작]을 누르면 됩니다. ❸ 녹화를 마칠 때는 상단에 있는 [정지] 아이콘을 누릅니다.

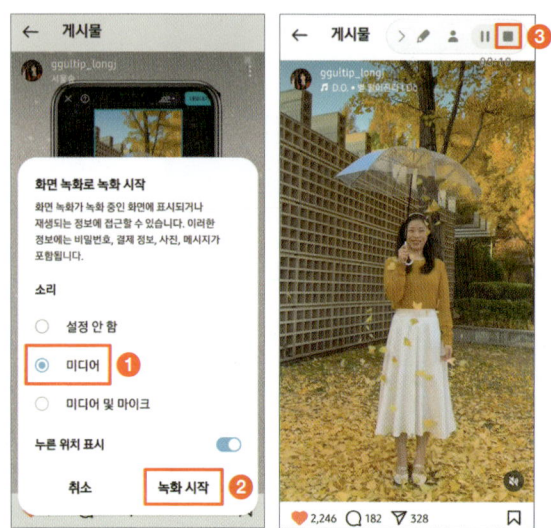

《 녹화 시작 시 소리 관련 옵션 선택과 화면 녹화 중 상단 아이콘

## 녹화한 영상의 참고 음악 활용하기 ⚗️Pro

앞선 녹화 영상에서 우리에게 필요한 것은 음악입니다. 실제 편집 중인 프로젝트에 녹화한 영상의 음악을 가져와 보겠습니다.

**음악만 추출해서 추가하기** 우선 캡컷에서 편집 중인 프로젝트를 엽니다. 그런 다음 ❶ 어떤 클립도 선택하지 않은 상태에서 도구 바에 있는 [오디오]를 선택하고, ❷ 오디오 도구 바가 표시되면 [추출]을 누릅니다.

《 [오디오] → [추출]

❶ 비디오 목록이 열리면 앞서 녹화한 영상을 선택하고 ❷ [오디오 추출 및 추가]를 누릅니다. ❸ 타임라인 영역의 영상 클립 아래쪽으로 오디오 클립이 추가된 것을 확인할 수 있습니다.

**TIP&TECH** 화면 녹화 시 영상 부분만 정확하게 녹화하기는 쉽지 않습니다. 그러므로 추출한 오디오 클립의 앞뒤에 불필요한 내용이 포함되어 있을 것입니다. 컷 편집 방법을 떠올려서 앞뒤의 불필요한 부분은 자르고, 클립을 꾹 눌러 적절한 위치에 배치한 후 사용하세요.

《 녹화 영상 선택 후 [오디오 추출 및 추가]

**영상 클립에서 오디오 분리하기** 프로젝트에 녹화 영상을 추가한 후 오디오만 분리해서 사용할 수도 있습니다. ❶ 편집 중인 프로젝트에서 기존 클립 오른쪽 끝에 있는 [+] 아이콘을 누른 후 ❷ 음악을 추출할 영상을 선택하고 ❸ [추가] 버튼을 누릅니다.

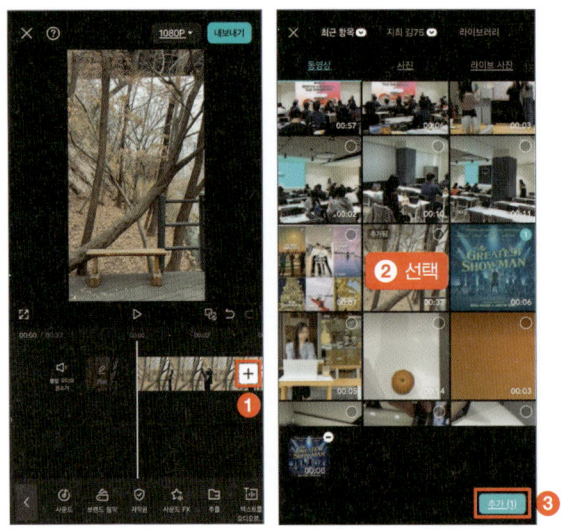

⌃ [+] 아이콘 → 불러올 영상 선택 후 [추가]

기존 클립 앞 혹은 뒤로 새로운 클립이 추가되면 ❶ 선택한 후 ❷ 도구 바에서 한참 오른쪽에 있는 [오디오 추출]을 찾아 선택합니다. ❸ 추출된 오디오 클립이 영상 클립 아래쪽에 추가됩니다. 이제 위에 남은 영상 클립은 선택한 후 도구 바에서 [삭제]를 눌러 제거하고, 아래쪽 오디오 클립은 컷 편집 후 길게 눌러 적절한 위치로 옮깁니다.

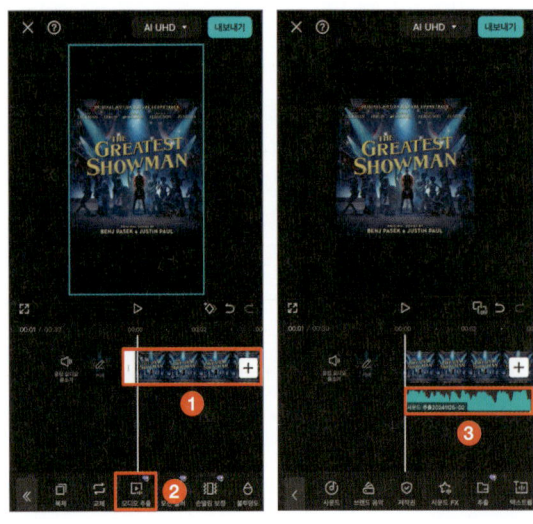

⌃ 영상 클립 선택 → [오디오 추출]

###  마법 한 스푼 | mp3 음악 파일 가지고 오기

만약 mp3와 같은 음악 파일을 가지고 있다면 앞서와 같이 번거로운 녹화 과정을 생략할 수 있습니다. 음악 파일을 그대로 불러올 수 있으니까요.

캡컷에서 ❶ [오디오]를 선택한 후 ❷ [사운드]를 선택하면 캡컷에서 제공하는 오디오 목록이 나타납니다. 여기서 ❸ 두 번째에 있는 폴더 모양 탭을 누른 후 ❹ [장치]를 선택하고 ❺ [기기에서 선택하기]를 누릅니다. 이후 스마트폰에 저장된 mp3 파일을 찾아 선택하면 됩니다. 참고로 스마트폰에 음악 파일을 저장하려면 앞서 145쪽에서 소개한 글꼴 파일 저장하는 방법을 참고하세요.

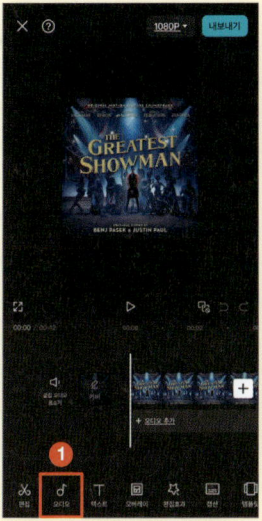  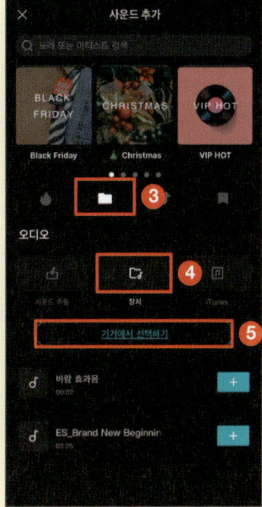

≪ [오디오] → [사운드] → 두 번째 탭 → [장치]

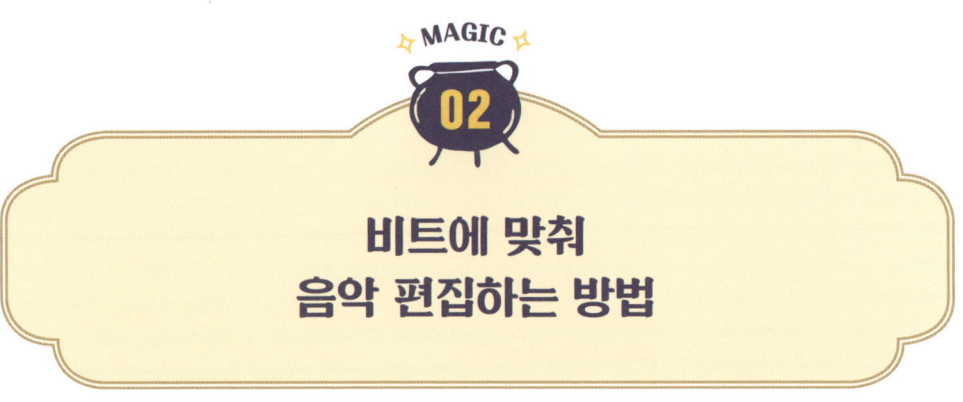

# 비트에 맞춰 음악 편집하는 방법

음악까지 준비했으면 이제 다음 질문이 나오겠죠? "어떻게 음악에 맞춰 편집하나요?" 1분짜리 영상을 음악에 맞춰 편집하면 사용한 영상 클립이 60~80개 정도 되는 경우도 생깁니다. 이렇게 많은 클립을 어떻게 음악에 맞춰 편집하는지 지금 공개합니다.

프로젝트에 영상 클립과 영상 클립 편집에 참고할 음악이 담긴 오디오 클립이 배치되어 있어야겠죠? 오디오 클립을 지금 막 배치했다면 오디오 클립을 선택한 후 양쪽 흰색 조절 바를 이용하여 사용할 부분을 조절합니다. 참고용 음악 추가 방법은 직전에 163쪽에서 배운 내용을 확인해 보세요.

≫ 오디오 클립에서 조절 바를 이용하여 사용할 구간만 남깁니다.

음악에 맞는 영상 편집의 핵심은 긴 음악을 잘게 쪼갠 후 비트에 따라 영상이 바뀌는 것입니다. 그러므로 어떤 리듬으로, 어떤 박자로 자르면 좋을지 반복해서 들으며 음악에 익숙해져야 합니다. 지금부터 진행하는 단계는 오디오 클립에 비트를 표시해 두는 작업입니다. 처음부터 비트에 따라 클립을 나누기 어려우므로 우선 편집 지점을 표시하는 단계를 거치는 것입니다.

## 자동으로 비트 생성하기

스스로 판단했을 때 리듬감이 조금 부족하다 싶으면 자동 비트 생성 기능을 이용해 보세요. ❶ 오디오 클립을 선택한 후 ❷ 도구 바에서 [비트]를 선택합니다. ❸ 비트 패널이 열리면 [자동 생성]을 눌러 활성화합니다. ❹ 잠시 후 오디오 클립에 노란색 점으로 비트가 추가되며, ❺ 강렬함/약함 정도를 조절할 수 있습니다.

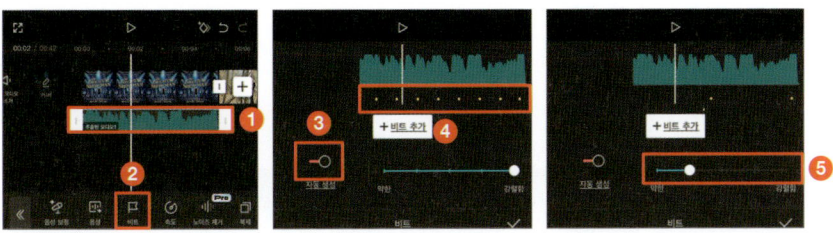

∧ [강렬함]과 [약한] 상태에서 비트 자동 생성 결과

**TIP&TECH** [자동 생성]을 활성화한 후 오른쪽에 표시된 [약한], [강렬함] 정도를 변경할 수 있습니다. [강렬함]에 가까울수록 비트를 잘게 쪼개고, [약한]에 가까울수록 비트를 크게 쪼개므로 중간 정도로 설정하는 것을 추천합니다.

## 직접 비트 쪼개기

시간은 더 걸리지만, 제가 추천하는 방법은 직접 비트를 추가하는 것입니다. 음악을 들으며 영상을 바꾸면 좋을 것 같은 지점에 비트를 추가하는 거죠. 처음에는 어려울 수 있지만 어느 순간 요령이 생기고, 나중에는 음악과 영상을 자유자재로 조절하는 능력을 갖추게 될 것입니다.

우선 ❶ [자동 생성]을 눌러 다시 비활성 상태로 변경하세요. 그런 다음 ❷ [재생]을 눌러 음악을 들으며 ❸ 박자에 맞게 박수를 치듯 [비트 추가] 버튼을 누르면 노란색 점이 추가됩니다. 이후 ❹ 인디케이터를 노란색 점으로 옮기고 [비트 삭제] 버튼을 눌러 삭제할 수도 있습니다. ❺ 비트 추가를 완료했다면 오른쪽 아래에 있는 [적용] 아이콘을 누릅니다.

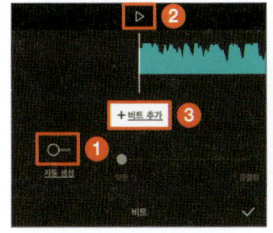 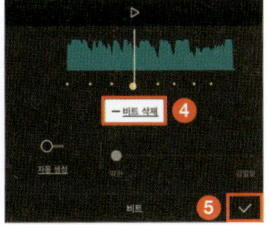

**TIP&TECH** 처음부터 직접 비트를 추가하기 어렵다면 우선 자동 생성 기능으로 기본 비트를 추가해 보세요. 그런 다음 음악을 들으며 비트를 추가하거나 자동으로 생성된 비트 중 일부를 삭제하면서 나만의 비트 지점을 완성할 수 있습니다.

∧ 음악을 들으며 비트 추가하기

음악을 여러 번 들어도 잘 모르겠다면 위에서 두 번째 장면을 유심히 살펴보세요. 볼륨(그래프의 높낮이)의 차이가 큰 위치에 주로 비트가 추가되어 있죠? 이처럼 볼륨 그래프를 보고 비트를 추가하는 방법도 있습니다.

## 비트에 맞춰 편집하기

비트를 추가하고 적용하면 오디오 클립에서도 비트(노란색 점)를 확인할 수 있습니다. 이제 비트와 비트 사이에 영상 클립을 하나씩 배치합니다. 이게 바로 비트에 맞춘 영상 편집 요령입니다.

우선 ❶ 첫 번째 비트 구간에 배치할 영상 클립을 추가하고, 움직임이 없거나 재미없는 장면은 과감하게 잘라 버립니다. ❷ 비트 구간에 맞춰 길이를 조절한 영상 클립을 첫 번째 비트 구간에 배치하면 됩니다. ❸ 계속해서 영상 클립을 추가하거나 기존 영상 클립을 분할한 후 각 비트 구간에 맞춰 배치하면 완성입니다. 영상 클립의 위치(순서)나 컷 편집 방법이 떠오르지 않는다면 091쪽과 095쪽을 다시 한번 꼼꼼하게 살펴보는 걸 추천합니다.

 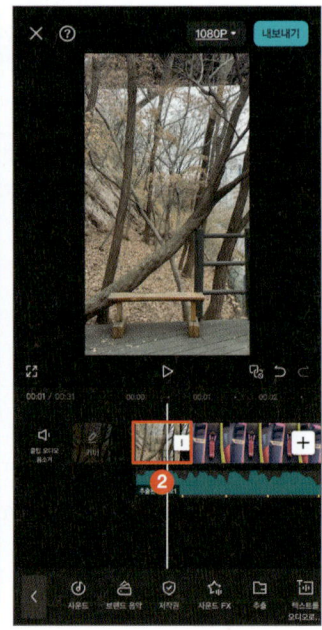 

⌃ 영상 클립 추가 → 컷 편집 → 비트 구간에 배치

###  마법 한 스푼 | 비트 편집 실력 향상을 위한 노하우?

강의 중 혹은 댓글로 "음악에 맞게 편집할 때 몇 번이나 돌려보세요?"라는 질문을 받을 때가 있습니다. 결론부터 이야기하면 셀 수 없이 돌려보고 만족하면 그때야 업로드합니다. 0.1초라도 박자가 밀리면 감정이 떨어지거든요.

올해 가장 많이 들은 음악을 유튜브에서 알려 주었는데 400만 터진 스토리 영상의 음악이었습니다. 유튜브에서만 80번 가까이 들었고, 영상을 50번 넘게 돌려봤으니 100번 이상 들은 셈이죠. 비트 편집 실력을 가장 빠르게 키우는 방법은 다양한 음악을 찾아 듣고, 좋은 음악을 찾았다면 꾸준히 비트 쪼개기를 연습하는 겁니다. 아래의 음악을 활용해서 1초부터 1분까지 여러분 기준대로 비트를 쪼개 보세요. 그리고 400만 터진 롱제이의 영상을 확인해 보세요. 어떤 기준으로 비트를 쪼갰는지 더 잘 들리게 될 겁니다.

≫ 올해 가장 많이 들은 음악　　≫ 400만 터진 스토리 영상

# 음량 조절의 모든 것

음악에 맞춰 편집을 하다 보면 영상 클립에 포함된 소리가 너무 커서 방해될 수 있습니다. 혹은, 영상 클립의 소리를 아예 제거해야 할 수도 있죠. 기본적인 오디오 볼륨 조절은 클립을 선택한 후 도구 바에서 [볼륨]을 선택하면 됩니다. 이 외에도 음량을 자유자재로 조절하는 방법을 알아보겠습니다.

### 영상 클립의 오디오 일괄 음소거

모든 영상 클립에 포함된 소리를 사용하지 않을 때는 영상 클립을 모두 음소거 처리하면 됩니다. 영상 클립 왼쪽 끝에 있는 확성기 모양의 [클립 오디오 음소거] 아이콘을 눌러 보세요. 1초만에 모든 영상 클립이 음소거 처리됩니다.

전체 음소거 상태에서 다시 한번 아이콘을 누르면 음소거가 취소됩니다. 만약 일부 클립만 음소거를 취소하거나 볼륨을 조절하고 싶다면 해당 클립을 선택한 후 도구 바에서 [볼륨]을 누르면 됩니다.

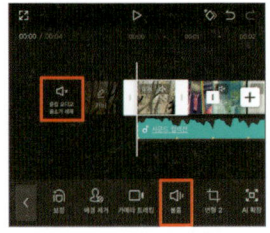

▲ 전체 음소거 상태

### 점점 커지게, 점점 작아지게

재밌는 효과음이 있어 넣었는데 갑자기 큰 소리로 재생된다면 아무래도 흐름이 끊길 수 있겠죠? 이럴 때 음악이 점점 커지면서 시작하고, 점점 작아지면서 사라진다면 어떨까요?

❶ 편집할 오디오 클립을 선택한 후 ❷ 도구 바에서 [희미하게]를 선택하면 [페이드 인](점점 크게)과 [페이드 아웃](점점 작아지게) 옵션이 표시됩니다. ❸ 2개의 옵션값을 적절하게 조절하고 ❹ [적용] 아이콘을 눌러 보세요. ❺ 오디오 클립을 보면 앞뒤로 곡선이 표시된 걸 볼 수 있습니다.

 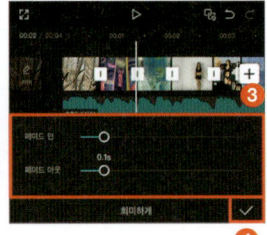 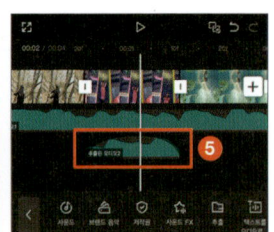

직접 옵션값을 조절해 봤다면 눈치챘을 거예요. [페이드 인] 또는 [페이드 아웃] 옵션을 길게 조절할수록 곡선이 완만하게 표현되고, 효과음의 소리도 좀 더 자연스럽게 조절됩니다. 반면 옵션을 짧게 조절하면 곡선의 경사도 급해지고, 소리 변화도 빠르게 진행됩니다.

**TIP&TECH** 위와 같은 [희미하게] 기능은 별도의 오디오 클립에서만 사용할 수 있습니다. 영상 클립에 포함된 오디오에 [희미하게] 기능을 적용하고 싶다면 164쪽을 참고하여 별도의 오디오 클립으로 추출한 후 적용해야 합니다.

## 모든 영상의 볼륨을 동일하게 조정하기 ♥Pro

클립은 너무나 많은데 클립마다 볼륨이 제각각이라면 각 클립마다 선택한 후 [볼륨]을 눌러 조절해야 할까요?

프로(Pro) 사용자라면 모든 클립의 볼륨을 일괄 조절할 수 있습니다. ❶ 일단 임의의 영상 클립을 선택한 후 ❷ [볼륨]을 누릅니다. ❸ 볼륨 패널이 열리면 기준이 될 볼륨으로 적절하게 조절한 후 ❹ [음량 조정] 버튼을 누릅니다. 프로 사용자라면 '모든 클립의 음량이 같아졌습니다'라는 안내가 표시됩니다. 마지막으로 ❺ [적용] 아이콘을 누르면 끝! 모든 영상의 볼륨을 동일하게 맞추고 싶다면 '음량 조정'을 기억하세요.

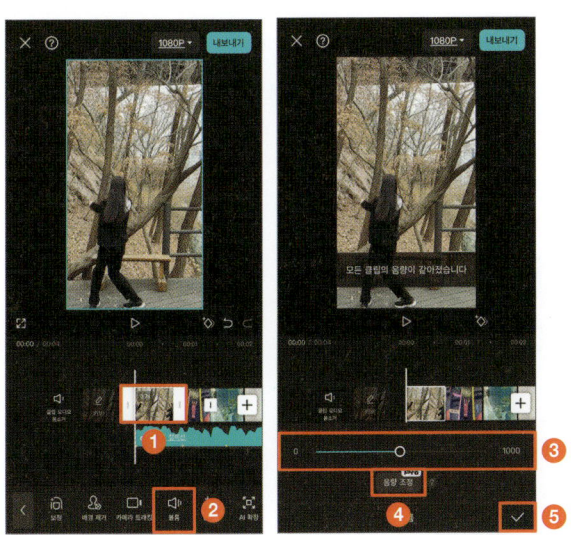

▲ 클립 선택 → [볼륨] → 볼륨 조절 → [음량 조정]

**TIP&TECH** 볼륨은 0부터 1000까지 조절할 수 있죠. 너무 크게 조절하면 잡음도 함께 커지는 경향이 있으므로 최대 700 정도로 사용하는 것이 좋습니다.

# 목소리를 자막으로
# 만드는 방법

별도의 앱이나 도구를 이용하여 음성을 녹음하고 영상 편집 도구로 불러와서 사용하는 분이 많더군요. 일반적인 방법이기는 하지만, 문제점이 하나 있습니다. 편집한 영상 클립과 타이밍이 맞지 않거나 순서가 달라져서 다시 녹음해야 하는 상황이 발생하곤 하죠. 그래서 전 영상을 보면서 녹음하고, 음성 길이에 맞게 클립을 늘리거나 줄여서 사용합니다. 좀 더 자세히 알아볼까요?

 영상 보면서 녹음하기

대략 컷 편집을 끝난 후 내레이션 등이 필요 없다면 다음으로 자막 작업을 하겠죠? 만약 내레이션용 목소리를 추가하거나, 작업할 자막 내용이 너무 많다면 다음 단계를 따라 해 보세요.

아무런 클립도 선택하지 않은 상태의 ❶ 도구 바에서 [오디오]를 선택한 후 ❷ 오른쪽 끝에 있는 [녹음]을 누릅니다.

≪ [오디오] → [녹음]

❶ 녹음 패널이 열리면 마이크 모양 아이콘을 눌러 3초 후부터 녹음을 시작합니다. 이때 영상도 함께 재생되므로 타이밍에 맞춰 녹음할 수 있습니다. ❷ 녹음을 마치려면 다시 한번 마이크 모양 아이콘을 누르고, ❸ [적용] 아이콘을 누르면 녹음한 오디오 클립이 타임라인 영역에 추가됩니다.

≪ 녹음 전(왼쪽)과 녹음 중(오른쪽) 마이크 아이콘 모양    ≪ 목소리가 녹음된 오디오 클립

**TIP&TECH** [적용] 아이콘을 누르기 전 인디케이터의 위치를 옮긴 후 반복해서 마이크 모양 아이콘을 누르면 여러 구간에서 녹음할 수 있습니다. 만약, 녹음할 구간이 짧다면 마이크 모양 아이콘을 길게 누른 채 녹음해 보세요. 3초 대기 시간 없이 바로 녹음할 수 있습니다.

목소리가 녹음된 오디오 클립도 다른 클립들과 마찬가지로 선택한 후 양쪽의 흰색 조절 바를 이용하여 길이를 조절하거나 꾹 누른 후 위치를 옮길 수 있습니다. 물론, 분할 기능으로 클립을 자를 수도 있습니다.

≪ 오디오 클립의 길이 및 위치 조절

**CHAPTER 04** 음악, 그리고 오디오의 모든 것  **173**

###  마법 한 스푼 | 목소리 속도 조절하기

목소리가 녹음된 오디오 클립을 재생해 보고 너무 느리다고 생각되면 오디오 클립을 선택한 후 [속도]를 눌러 1.1x~1.2x 정도로 조절해 보세요. 너무 빠르게 조절하면 자연스러운 목소리를 유지하기 어렵습니다. 이때, 속도 조절 정도에 따라 오디오 클립의 길이도 변경됩니다. 다시 말해 영상에 맞춰 놓은 타이밍이 흐트러지므로 이 점을 고려해서 조절해야 합니다.

저의 경우 대부분 1.1x 정도로 조절합니다. 1.2x부터는 음성이 크게 변하는 것처럼 들릴 수 있으니 녹음 속도에 따라 1.1~1.2x으로 조정하면 적당합니다.

속도 조절 패널 »

##  녹음한 음성으로 5초 만에 자막 생성하기 `Pro`

여기서 소개할 [자동 캡션] 기능은 프로 기능으로, 무료 사용자는 제한적으로 사용할 수 있습니다. 우선 어떠한 클립도 선택하지 않은 채 ❶ 메인 도구 바에서 [텍스트]를 선택한 후 ❷ [자동 캡션]을 선택합니다. ❸ [다음에서 생성]에서 어떤 종류의 클립에 자동 캡션 기능을 적용할지 선택하고 ❹ [생성] 버튼을 누릅니다. [모두], [동영상], [음성 녹음] 중 선택할 수 있습니다. ❺ 잠시 후 보통의 텍스트 클립(빨간색)과 다르게 갈색으로 된 자동 캡션 클립이 추가됩니다.

 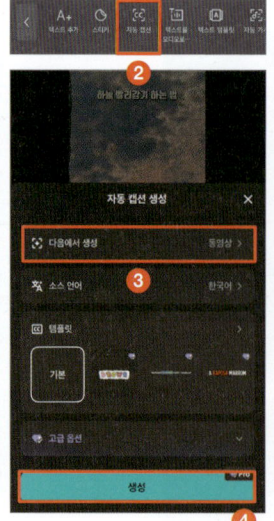 

≪ [텍스트] → [자동 캡션] → 종류 선택 → [생성]

**TIP&TECH** 자막이 잘못 생성되었다면 자동 캡션 생성 패널에서 [생성] 버튼 아래에 있는 [현재 자막 지우기]에 체크된 상태로 옵션들을 변경한 후 다시 생성해 보세요. 체크를 해제한 후 생성하면 자동 자막 클립이 하나 더 추가됩니다.

## 자동 캡션 자막 편집 꿀팁

자동으로 생성된 자막이 포함된 자동 캡션 클립을 제대로 활용하는 몇 가지 방법을 소개합니다.

**자동 캡션 글꼴 한 방에 변경하기** ① 자동 캡션 클립 중 하나를 선택한 후 ② [스타일]을 누릅니다. ③ 자유롭게 글꼴이나 스타일 등을 변경하고, [모든 주요 캡션에 적용] 옵션이 활성화된 상태로 ④ [적용] 아이콘을 누르면 모든 자동 캡션 클립의 스타일이 변경됩니다. 만약, [모든 주요 캡션에 적용] 옵션이 비활성 상태라면 현재 선택한 자동 캡션 클립의 스타일만 변경됩니다.

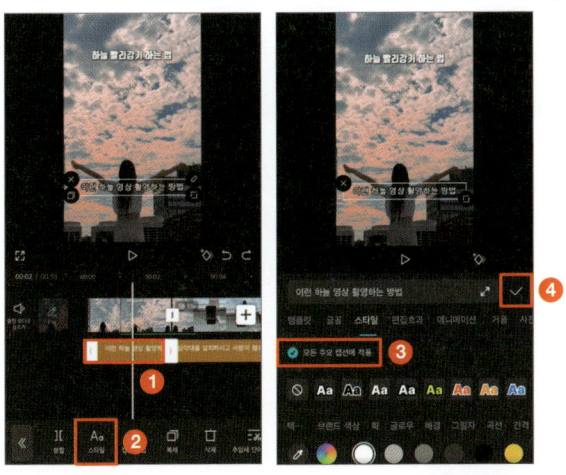

∧ 자동 캡션 클립 선택 → [스타일] → 스타일 변경 → [모든 주요 캡션에 적용] 활성화 후 적용

**일부 자동 캡션 클립 수정하기** 수십 개의 자동 캡션 클립이 있을 때 일부만 선택적으로 스타일을 변경할 수도 있습니다. ① 임의의 자동 캡션 클립을 선택한 후 ② 도구 바에서 [캡션 편집]을 누릅니다. ③ 캡션 목록 왼쪽 아래에 있는 [선택]을 누르고 ④ 변경할 캡션에만 체크한 후 ⑤ [스타일]을 선택해 특정 글자 스타일만 변경할 수 있습니다. 또한 필요 없는 일부 자막만 선택해 삭제할 수도 있습니다.

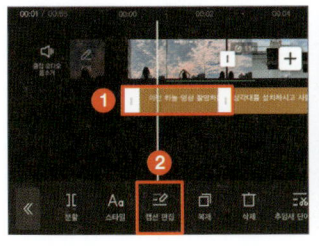 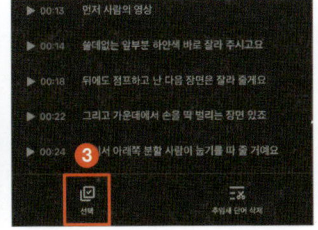 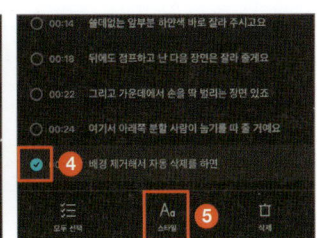

∧ 자동 캡션 클립 선택 → [캡션 편집] → [선택] → 변경할 캡션 선택 → [스타일]

**자동 캡션 보기 좋게 편집하기** 자동 캡션이 생성되면 너무 짧아서 하나로 합치거나 반대로 너무 길어 짧게 분할해야 할 때가 있습니다. 또한 단어나 문장을 수정해야 할 수도 있습니다. 이럴 때 효과적인 방법을 소개합니다. 먼저 긴 자막을 분할해 보겠습니다. ❶ 편집할 자동 캡션 클립을 선택한 후 ❷ [캡션 편집]을 선택합니다. ❸ 긴 자막에서 분할할 지점을 선택한 후 ❹ [분할]을 선택하면 ❺ 선택 지점에서 2개의 자막으로 분할됩니다.

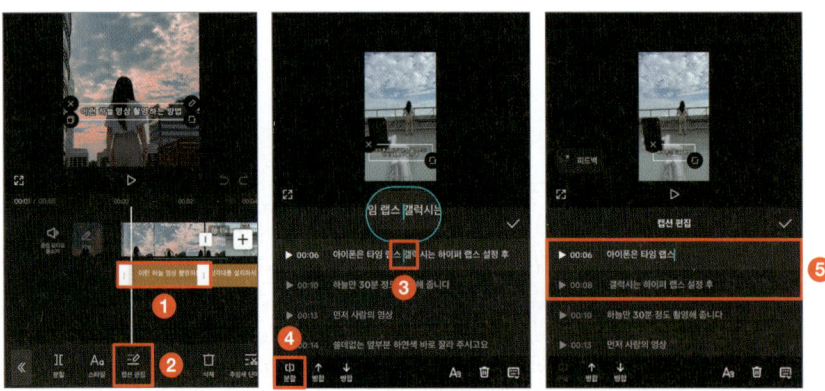

∧ 자동 캡션 클립 선택 → [분할] → 텍스트 수정

이번에는 짧은 자막을 하나로 합쳐 보겠습니다. ❶ 캡션 편집 상태에서 자막 중 위 또는 아래와 병합할 위치를 선택합니다. ❷ 이어서 [병합 ↑]을 누르면 ❸ 선택 위치의 앞쪽에 있는 자막이 위의 자막과 병합됩니다. 만약 [병합 ↓]을 누르면 선택 위치의 뒤쪽 자막이 아래의 자막과 병합됩니다. 이러한 분할이나 병합 이외에도 자막의 내용을 직접 수정할 수도 있습니다.

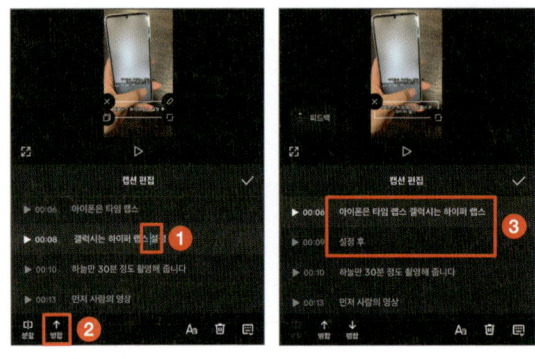

∧ 텍스트 편집 상태에서 필요한 내용만 남기기

**TIP&TECH** 키보드에서 Backspace 를 누르면 병합, Enter 를 누르면 분할이 실행됩니다.

**TIP&TECH** 자동 캡션을 사용하고 싶은데 유료라서 고민된다면 브루 앱을 활용해 보세요! '브루'를 검색하여 앱을 설치한 후 [새 프로젝트]를 시작하고 영상을 불러오면 인공지능이 음성을 인식해 자막을 자동으로 생성해 줍니다.

# CHAPTER 05

# 영상을 살리는 색감 보정법

다른 사람의 영상을 보면서 이런 생각한 적 있으시죠? '지금껏 저런 바다색을 본 적이 없는데, 다들 어디서 저런 빛깔의 바다를 촬영하는 거지?', '내가 찍은 눈은 회색빛인데, 다른 사람이 촬영한 눈은 왜 이렇게 하얗고 화사하지?' 비밀은 바로 색감 보정에 있습니다. 보정 기초부터 값을 매길 수 없는 특급 노하우까지 모두 풀어드립니다.

**Magic 01** 색감 보정 이론의 기초
**Magic 02** 색 보정만으로 완성하는 마법의 영상 편집
**Magic 03** 예쁜 얼굴, 맛있는 음식을 만드는 기본 색감 보정
**Magic 04** 계절감을 끌어올리는 사계절 보정법

# 색감 보정 이론의 기초

기초부터 제대로 알아야 나중에 여러분이 표현하고 싶은 색감을 구현할 수 있습니다. 그러니 기초라고 무시하지 말고, 꼼꼼하게 살펴보기 바랍니다. 보정 기초 지식은 사진에도 동일하게 적용할 수 있으니 일거양득!

 **색을 보정할 때 반드시 알아야 할 이론 지식**

기본적으로 색 보정 작업은 ❶ 보정할 영상 클립을 선택한 후 ❷ 도구 바에서 [조정]을 선택합니다. ❸ 조정 패널이 열리고, [조정] 탭이 선택되어 있습니다. 대부분의 색 보정은 이 [조정] 탭에서 진행되며, 자세한 방법은 잠시 후에 이어서 소개합니다. 참고로, [필터] 탭을 눌러 보면 영상에 적용할 필터를 선택할 수도 있습니다.

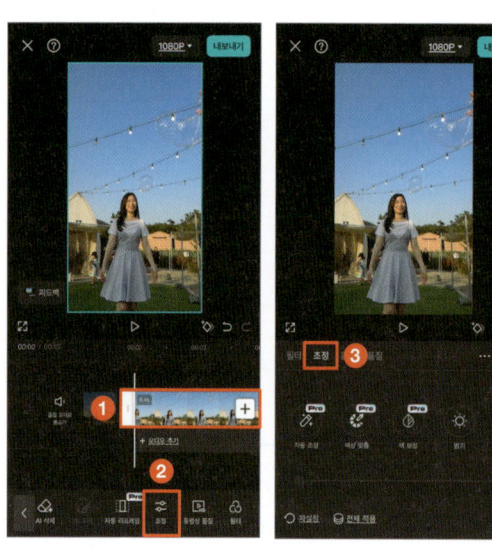

︽ 영상 클립 선택 → [조정]

**TIP & TECH** [조정] 탭 화면에서 왼쪽 아래에 있는 [재설정]을 누르면 [조정] 탭에서 변경한 모든 값이 초기화되며, [전체 적용]을 누르면 변경한 모든 설정이 프로젝트의 모든 클립에 적용됩니다. 모든 클립에 변경 내용을 반영할 때는 [전체 적용] 기능보다는 이후에 설명할 조정 클립 이용을 추천합니다.

**모든 클립 일괄 조정하기** 현재 프로젝트에 있는 모든 탭에 같은 설정으로 색을 보정하고 싶다면 ❶ 어떠한 클립도 선택하지 않은 상태로 도구 바에서 [조정]을 찾아 선택합니다. ❷ [조정] 탭에서 적절한 값으로 색을 보정한 후 ❸ [적용]을 누르면 ❹ 타임라인 영역에 보라색 조정 클립이 추가됩니다. 이 조정 클립과 겹치는 위치에 있는 영상 클립에 색 보정이 적용되므로 조정 클립의 길이나 위치를 조절하여 색 보정이 적용될 범위를 변경할 수 있습니다.

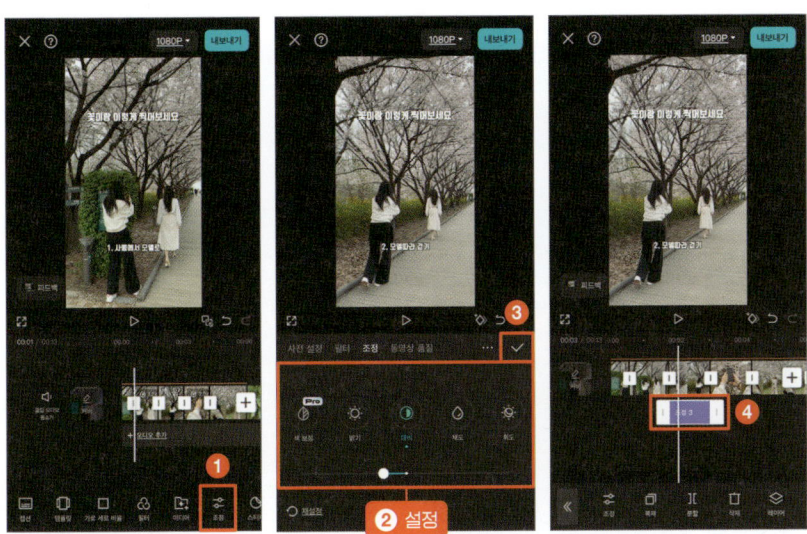

**TIP & TECH** 클립 선택을 해제하려면 타임라인 영역에서 검은색 빈 공간을 터치하면 됩니다.

## 영상의 조명, 밝기 조절하기

조정 패널의 [조정] 탭에서 프로 기능을 제외하고 가장 첫 번째 설정인 [밝기]를 선택한 후 조절 바를 오른쪽으로 조절할수록 영상이 밝아지며, 왼쪽으로 조절할수록 어두워집니다.

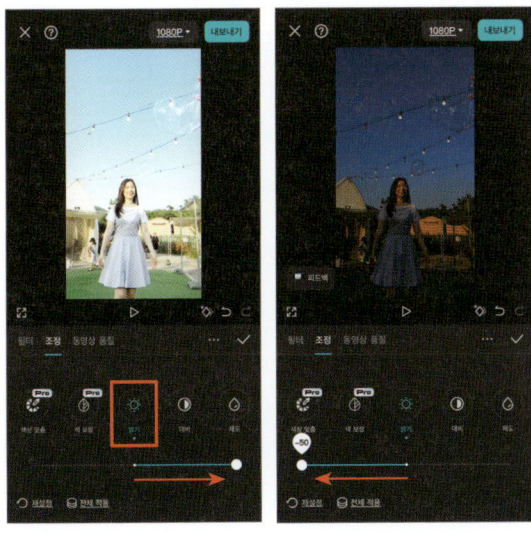

≪ 영상의 밝고 어두운 정도를 조절하는 밝기

밝고 경쾌한 분위기의 여행 영상이라면 밝게 보정하고, 무거운 분위기를 연출하고 싶다면 어둡게 보정하는 것을 추천합니다. 단, 너무 밝거나 너무 어두우면 어색한 영상이 될 수 있으므로 −25 ~ 25 정도로 조절하는 것이 좋습니다.

## 밝기의 차이, 대비 조절하기

대비는 영상에서 밝은 부분과 어두운 부분의 차이를 의미합니다. 그러므로 대비를 높일수록 밝은 곳은 더 밝아지고, 어두운 곳은 더 어두워져서 밝고 어두움의 차이가 심해집니다.

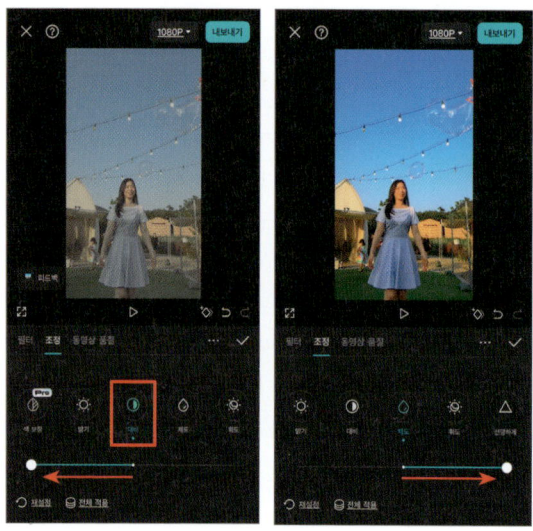

▲ 대비가 낮을 때(좌)와 높을 때(우)의 차이

색감 차이를 더 강조하거나 강한 느낌을 연출하고 싶을 때 대비를 높이는 방향으로 조정합니다. 반대로 대비를 낮추면 전체적인 색감의 진하기 정도가 비슷해지므로, 부드러운 느낌을 연출하기에 좋습니다. 여행 관련 영상에서 부드러운 느낌을 연출하기 위해 대비를 낮춰서 사용하곤 합니다.

## 색감의 진함, 채도 조절하기

[채도]에서는 색의 진한 정도를 변경할 수 있습니다. 채도를 높이면 전체 색감이 진해지며, 낮출수록 색이 점점 사라져서 무채색인 흑백 영상이 됩니다. 맛집이나 여행지 영상에서는 [채도]를 10 내외로 높여서 사용하곤 합니다. 사람의 얼굴이 포함된 영상에서 채도를 너무 높이면 얼굴색이 주황빛으로 변해서 자연스럽지 않은 영상이 될 수 있습니다.

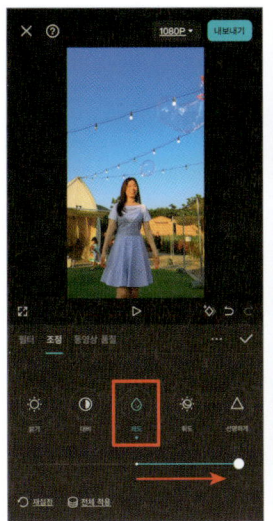 

≪ 높은 채도    ≪ 낮은 채도

## 빛나는 정도, 휘도 조절하기

휘도의 사전적 의미는 반사되는 밝기입니다. 색 보정에서 휘도의 개념을 가장 잘 이해하는 방법은 여러 색상이 포함된 영상을 이용해 직접 휘도를 조절해 보는 것입니다. 원본에 [휘도]를 조절했을 때 어떻게 변하는지 확인해 보고, 직접 여러분의 영상을 불러와 휘도를 조절해 보세요.

아래의 장면은 아이폰의 기본 보정 기능으로 휘도를 조절한 결과입니다. 각 장면에서 술과 술잔 사이를 보면 휘도 조절에 따른 차이가 도드라지게 나타납니다. 즉, 사진 전체의 밝기가 변하는 것이 아니라, 반사된 빛의 차이가 좁혀지고 커지는 걸 볼 수 있습니다.

≪ 원본    ≪ 아이폰의 기본 기능으로 휘도를 낮췄을 때(좌)와 높였을 때(우)

아래는 캡컷에서 [휘도]를 조절한 결과입니다. 같은 개념이라도 사용하는 앱에 따라 표현되는 색감이 다를 수 있으므로 직접 테스트해 보고 원하는 방향으로 설정하는 게 가장 좋습니다. 저의 경우 캡컷에서 [휘도]를 조절할 때는 낮춰서 사용하는 편입니다. 색감이 조금 더 살아나면서 반사 빛의 차이가 줄어드는 느낌이라 선호합니다.

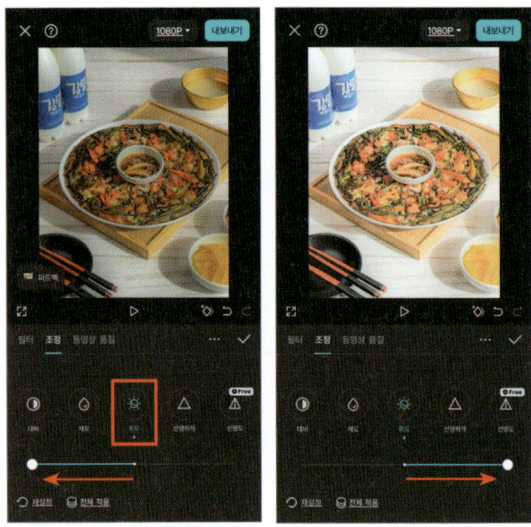

˄ 캡컷에서 휘도를 낮췄을 때(좌)와 높였을 때(우)

## 빛과 그림자, 하이라이트 & 그림자 조절하기

하이라이트와 그림자는 서로 반대 개념으로 이해하면 좋습니다. 먼저 [하이라이트]는 밝은 영역을 조절하는 설정으로, 값을 낮추면 밝게 날아간 부분의 색을 낮춰 본연의 색을 찾아 줍니다. 반대로 높이면 밝은 부분이 더 밝아져 하얗게 뜨는 느낌이 듭니다. 저의 경우 대부분 영상에서 하이라이트를 낮추는 방향으로 보정합니다.

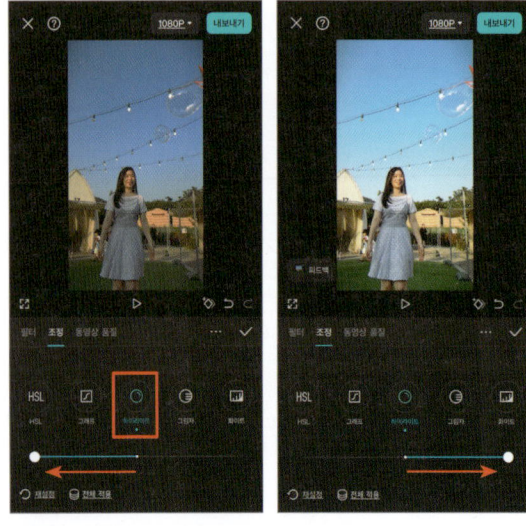

《 하이라이트 보정

다음으로 [그림자]는 영상에서 그림자가 진 어두운 부분의 색을 보정하는 기능입니다. 그림자 설정값을 낮추면 어두운 부분이 더 어두워지며, 높이면 어두운 부분의 색이 밝아져 전체적으로 어두운 색감이 빠지면서 대비가 낮아진 것처럼 보입니다. 음식이나 자연을 촬영한 영상에서 어두운 분위기를 연출하고 싶을 때는 낮게, 여행 영상에서 밝고 쾌활한 느낌을 연출하고 싶을 때는 높게 보정합니다.

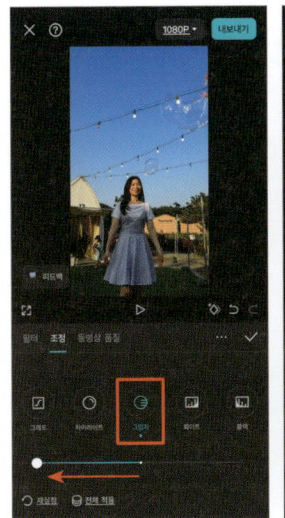 

☆ 그림자 조정

## 블랙 & 화이트 조절하기

하이라이트 & 그림자와 비슷한 개념이지만 좀 더 세밀한 보정을 담당합니다. 실제 보정 용어의 개념에 따르면 하이라이트가 밝은 영역을 보정한다면, 화이트는 흰색 계열 자체를 보정합니다. 마찬가지로 블랙은 그림자보다 세밀하게 검은색 계열을 보정하는 개념입니다.

☆ 화이트 조정   ☆ 블랙 조정

캡컷에서도 비슷한 개념으로 사용되는 듯하지만, 직접 사용해 본 느낌에 따르면 [블랙]과 [화이트]가 [그림자]와 [하이라이트]보다 조정 폭이 더 크다고 생각합니다.

### 영상의 분위기, 온도 & 색조 조절하기

온도를 높이면 영상 전체가 주황색 계열의 따뜻한 색감으로 표현되고, 낮추면 푸른색 계열의 차가운 색감으로 표현됩니다. 즉, 영상에서 따뜻함을 강조하고 싶은지, 차가움을 강조하고 싶은지에 따라 조절하면 됩니다. 반면, 색조를 높이면 분홍빛이 영상에 추가되고, 낮추면 초록빛이 추가됩니다. 어떤 색감을 강조하고 싶은지에 따라 [온도]와 [색조]를 잘 활용해 보세요.

⌃ 온도 조절에 따른 색감 변화　　　　　　　⌃ 색조 조절에 따른 색감 변화

 **색을 다른 색으로 바꿀 수 있다고?**

색 보정의 핵심이자, 영상의 색을 전혀 다른 색으로 바꾸는 마법 같은 기능, 바로 [HSL]입니다. 색의 3요소인 색조(hue), 채도(saturation), 명도(lightness)의 약자를 딴 용어로 [조정] 탭에서 [HSL]을 누르면 8가지 색상 탭과 함께 색조, 채도, 명도 조절 바가 표시됩니다.

우선 임의의 색상 탭을 선택한 후 [색조]를 오른쪽으로 조절해 보세요. 아래 장면에서는 ❶ 하늘의 색인 파란색 탭을 선택한 후 ❷ [색조]를 오른쪽으로 조절했더니 하늘이 보라색으로 바뀌고, ❸ 왼쪽으로 조절했더니 민트색으로 바뀌었습니다. 즉, 현재 선택한 색상의 [색조]를 변경하면 색상 탭에서 오른쪽과 왼쪽에 있는 색으로 바뀝니다.

≫ 원본                  ≫ 선택한 색과 [색조] 조절에 따른 변화

'색조를 조절해도 색이 변하지 않는데요?'라고 하는 분이 있다면 다른 색상 탭을 선택하고 조절해 보세요. [색조]를 조절해도 영상에 변화가 없다면 현재 선택한 색상이 영상에 포함되어 있지 않다는 의미입니다. 예를 들어 아래와 같은 영상에서 핑크색을 선택하고 [색조]를 조절하면 아무런 변화가 일어나지 않습니다.

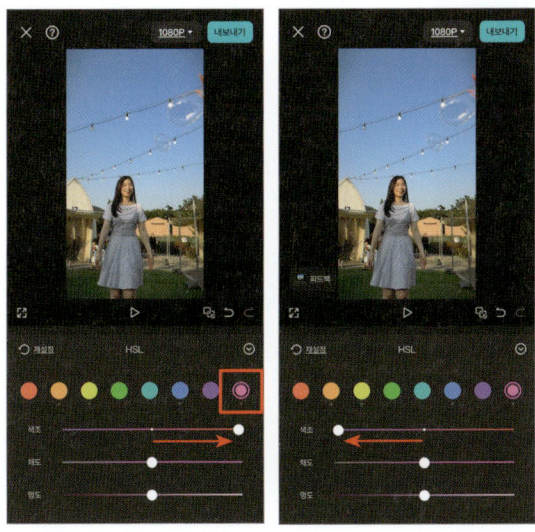

≪ 영상에 없는 색상은 [색조]를 조절해도 변화가 없습니다.

**CHAPTER 05** 영상을 살리는 색감 보정법 **185**

색상 탭을 선택한 후 [색조]에서 색상을 변경한 후에는 [채도]와 [명도] 옵션을 추가로 조절합니다. 이렇게 [색조], [채도], [명도] 옵션을 조절하여 특정 색을 원하는 다른 색으로 표현할 수 있습니다.

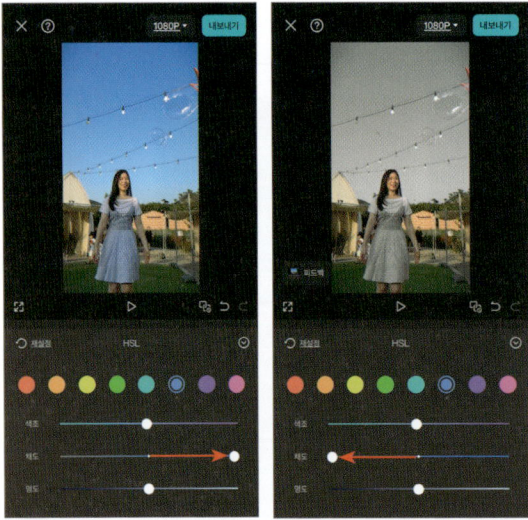

⌃ 파란색의 채도 조절

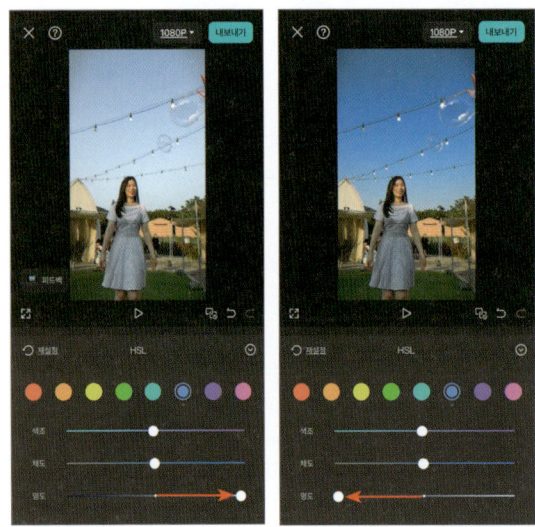

⌃ 파란색의 명도 조절

지금까지 색 보정에 대한 기초 지식과 조정 도구의 기본 설정들을 살펴봤습니다. 여기서 배운 지식을 잘 기억하고, 다음 [MAGIC]의 내용들을 참고하여 색 하나만으로 마법 같은 영상을 만들어 보세요.

# 색 보정만으로 완성하는 마법의 영상 편집

앞에서 다룬 색 보정 기초를 잘 활용하면 전체 영상의 색감을 보정할 뿐만 아니라, 한 끗 차이의 포인트를 만들어 남과 다른 색다른 영상을 만들 수도 있습니다. 색 보정을 활용한 마법 같은 영상 편집 방법을 소개합니다.

 **빨간 사과만 컬러인 세상 만들기**

예전에 과일 광고를 본 적 있는데, 모든 게 흑백인 세상에서 오직 사과만 영롱하고 빨갛게 빛이 나더라구요. [HSL] 기능을 이용하면 이런 영상을 손쉽게 만들 수 있습니다.

새로운 프로젝트를 시작한 후 사과가 딱 하나만 있는 영상 혹은 사진을 불러오세요. 그래야만 하나뿐인 사과에 눈길이 가는 영상이 완성되니까요. ❶ 사과 클립을 선택한 후 ❷ 도구 바에서 [조정]을 선택하고, ❸ [조정] 탭에서 [HSL]을 선택합니다. ❹ HSL 패널이 열리면 빨간색을 제외하고 영상에 포함된 색상 탭을 각각 선택한 후 ❺ [채도]를 0으로 설정합니다. 채도를 낮추면 무채색이 된다고 설명한 내용 기억하죠?

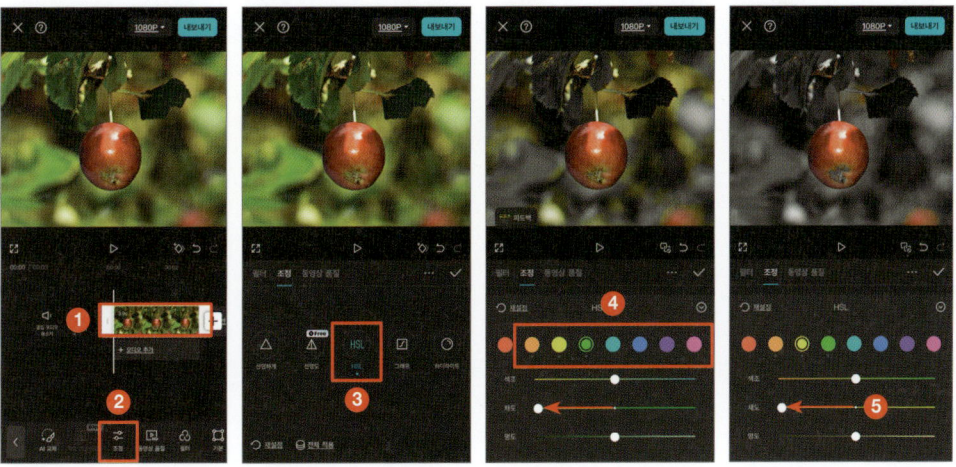

∧ 클립 선택 → [조정] → [HSL] → 흑백으로 바꿀 색상 선택 후 [채도: 0]

**TIP&TECH** 앞의 장면에서 사과를 제외하고 대표적인 색을 찾아보세요. 초록색이죠? 먼저 초록색 탭을 선택한 후 채도를 낮춥니다. 이어서 살짝 남은 노란색 탭을 선택한 후 채도를 낮춥니다. 이런 요령으로 여러분이 불러온 클립의 장면에서 남은 색을 파악하여 채도를 낮추면 빨간 사과가 돋보이는 영상이 완성됩니다.

## 흑백에서 점점 알록달록하게 변하는 세상 만들기

이번에는 흑백 세상이 점점 알록달록 세상으로 바뀌는 영상을 만들어 보겠습니다. 여기서 핵심은 '점점'이죠. 색 보정 기능과 함께 어떤 기능을 활용해야 할까요? 바로 키프레임입니다. 이때 사용할 영상은 알록달록한 세상이 돋보여야 합니다. 하얀 눈이나 저녁 풍경을 담은 영상이라면 효과가 크지 않겠죠?

❶ 알록달록한 장면이 담긴 클립을 선택하고 변화가 완료될 위치로 이동한 후 키프레임을 추가합니다. 이때 너무 뒤쪽에서 변화가 완료되면 지루한 영상이 될 수 있으므로 2초 이내로 변화되는 것이 좋습니다. ❷ 다시 클립의 처음 위치로 이동한 후 키프레임을 추가하고 ❸ 도구 바에서 [조정]을 선택합니다. ❹ 조정 패널에서 [밝기]를 0으로 조절하고, ❺ [채도]도 0으로 조절한 후 ❻ [적용]을 누릅니다.

밝기만 낮추면 점점 밝아지는 영상이 되고, 채도만 낮추면 무채색에서 컬러 영상이 됩니다. 둘 다 낮췄으므로 점점 밝아지면서 알록달록한 세상이 됩니다.

⌃ 변화 위치로 이동 → 키프레임 추가 → 처음 위치로 이동 → 키프레임 추가 → [조정] → [밝기: 0], [채도: 0]

완성한 영상을 재생해 보세요. 어두운 흑백 세상이 점점 밝아지면서 색이 나타나다가 두 번째 키프레임 위치에서 완전하게 밝고 알록달록한 세상이 되는 것을 볼 수 있습니다.

손가락으로 하늘을 터치하는 듯한 장면 혹은 박수를 치는 장면처럼 포인트가 될 장면이 담긴 영상이라면 해당 위치에서 변화가 시작되도록 설정하여 더욱 눈길이 가는 영상을 만들 수 있습니다.

 **옷 색상이 계속 바뀌는 신기한 영상 만들기**

손가락을 튕기는 핑거 스냅과 같은 동작을 활용해 특정 장면마다 옷의 색상이 바뀌는 영상도 만들 수 있습니다. 우선 옷의 색상을 초록색, 보라색, 파란색 등 얼굴색에 없는 보색으로 준비하고 촬영합니다. 만약 빨간색이나 노란색처럼 얼굴빛과 조금이라도 겹치는 색의 옷을 입고 촬영한다면 추후 보정 단계에서 얼굴색까지 같이 바뀌게 됩니다.

**클립 3개로 분할** 영상이 준비되었으면 새로운 프로젝트를 시작하고 촬영한 영상을 불러옵니다. ❶ 클립을 선택한 후 ❷ 색을 바꿀 지점 2곳을 골라 도구 바에서 [분할]을 눌러 클립을 총 3개로 나눕니다.

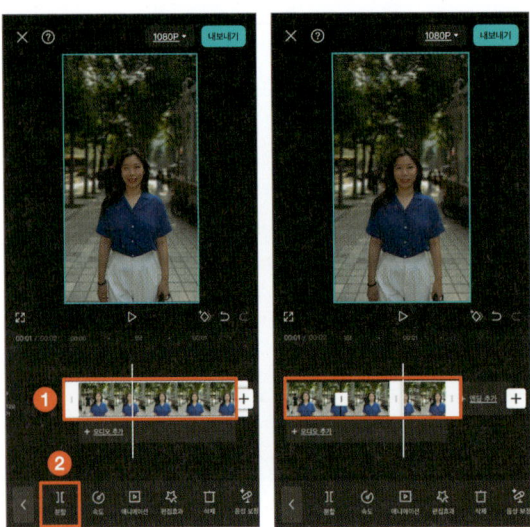

≫ 클립 선택 → 3개로 [분할]

**각 클립에서 색상 보정** 분할한 클립 중 하나를 선택한 후 도구 바에서 [조정]을 선택하고 [조정] 탭에서 [HSL]을 선택합니다. 여기서는 ❶ HSL 패널에서 파란색 옷의 색을 바꾸기 위해 파란색 탭을 선택하고 [색조]를 왼쪽 끝으로 조절하여 청록색으로 변경했습니다. ❷ 계속해서 또 다른 클립을 선택한 후 같은 과정으로 [색조]를 오른쪽 끝으로 조절하여 보라색으로 보정합니다. 이렇게 파란색 하나로 민트색, 보라색까지 3개의 색을 만들었습니다.

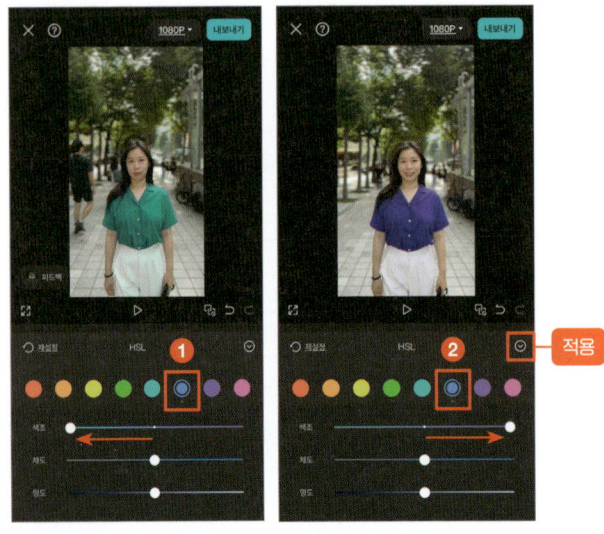

≫ 파란색 옷을 각각 청록색과 보라색으로 보정한 클립

**내보내기 후 새 프로젝트** 총 3가지 색 변화로 만족할 수 없죠? 더욱 다양한 색으로 변경하기 위한 핵심은 바로 내보내기입니다. ❶ 현재의 프로젝트를 내보내기하여 하나의 영상으로 저장한 후 ❷ 저장한 영상으로 새로운 프로젝트를 시작합니다. 그럼, 하나의 영상 클립에 3가지 색의 옷이 등장하겠죠? 보정한 내용이 기록된 클립이 아닌 새로 불러온 영상 클립이므로, 이 영상 클립에서 또 다른 색으로 보정할 수 있게 됩니다.

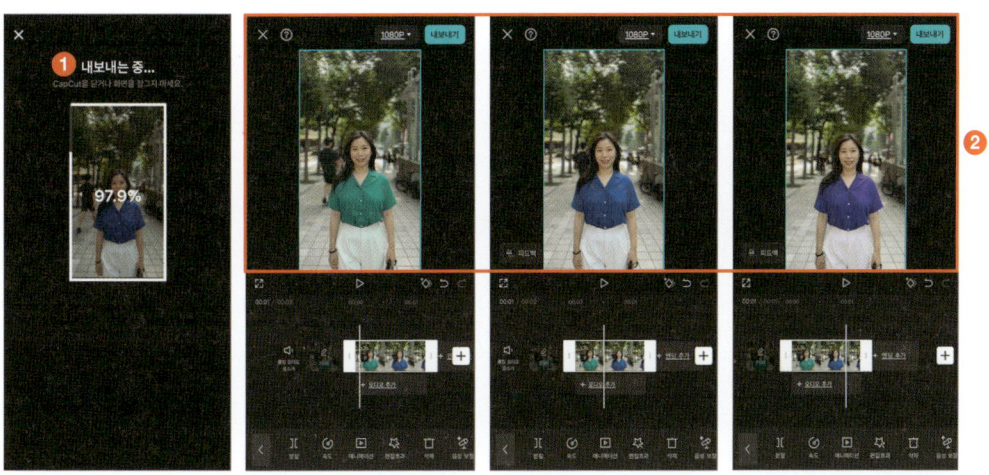

⌃ 내보내기 후 새로운 프로젝트

**5개로 분할 후 색상 보정** 민트색과 보라색에서 한 번 더 색 변화를 추가하기 위해 민트색 옷이 나타나는 구간의 중간 정도에서 분할하고, 이어서 보라색 옷이 나타나는 구간의 중간 정도에서 분할합니다. 그런 다음 분할한 민트색과 보라색 클립을 초록색과 핑크색으로 보정합니다.

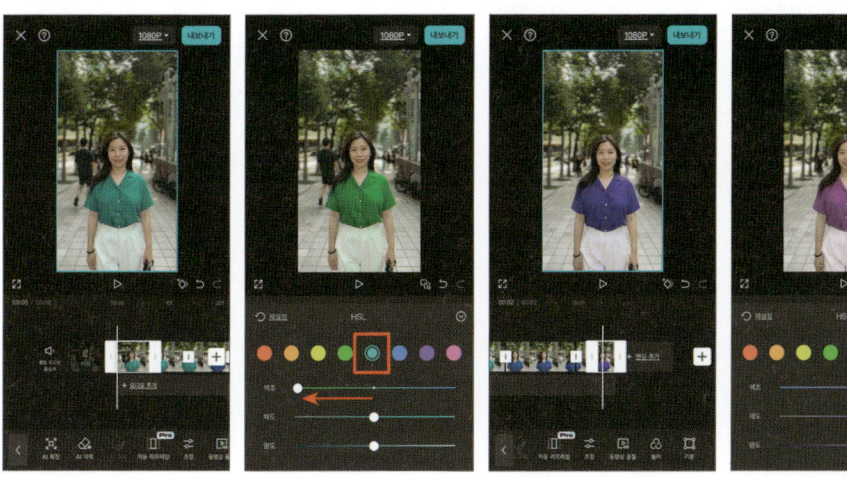

⌃ 민트색 → 초록색    ⌃ 보라색 → 핑크색

민트색 옷 클립에서는 민트색 탭을 선택한 후 [색조]를 왼쪽 끝으로, 보라색 옷 클립에서는 보라색 탭을 선택한 후 [색조]를 오른쪽 끝으로 조절하면 됩니다. 이렇게 하면 원본인 파란색을 포함하여 총 5가지 색상의 옷을 만들 수 있습니다.

파란색 하나로 완성한 다섯 가지 색상의 옷, 이런 걸 두고 1석 5조라고 한다죠? 이제 색이 바뀔 타이밍에 핑거 스냅, 혹은 손뼉을 치는 장면을 추가하면 멋지게 옷 색이 바뀌는 신기한 영상이 완성됩니다.

△ 파란색으로 완성한 5가지 옷 색상

색 보정만으로도 이처럼 다양한 마법 같은 영상을 만들 수 있다니, 신기하죠?

# 예쁜 얼굴, 맛있는 음식을 만드는 기본 색감 보정

지금부터 이어지는 MAGIC에서 소개하는 색감 레시피는 정답이 아님을 미리 알려드립니다. 영상은 장소, 인물, 스마트폰 종류, 심지어 모든 조건이 같더라도 촬영한 시간 차이에 의해 다른 색감이 담길 수 있습니다. 그러므로 여기서 소개하는 보정값을 그대로 따라 하는 것이 아니라 어떤 원리로 보정하는지 이해한 후 여러분의 영상에 따라 적절한 값을 찾아야 합니다.

 **생기 넘치고 화사한 얼굴 표현하기**

가장 먼저 소개할 방법은 배경을 살리고, 얼굴에 생기를 부여하는 보정입니다. 보통의 여행 영상이나 혼자 말하고 촬영하는 영상에서 기본 보정에서 사용하는 방법입니다.

≪ 보정 전(좌)과 후(우)

대부분 화사한 얼굴을 선호하기 때문에 조정 도구의 [조정] 탭에서 ❶ [밝기]를 높이고, ❷ [대비]는 낮추는 편이며 [채도]는 가장 마지막에 얼굴의 색을 보면서 적절하게 조절합니다. ❸ [휘도]와 ❹ [하이라이트]는 낮춰서 하얗게 날아간 부분의 색을 되찾아 줍니다. ❺ 얼굴의 혈색을 위해 [색조]를 5 전후로 조금 올리고, ❻ 마지막으로 색이 부족하다는 생각이 들면 [채도]를 살짝 올립니다.

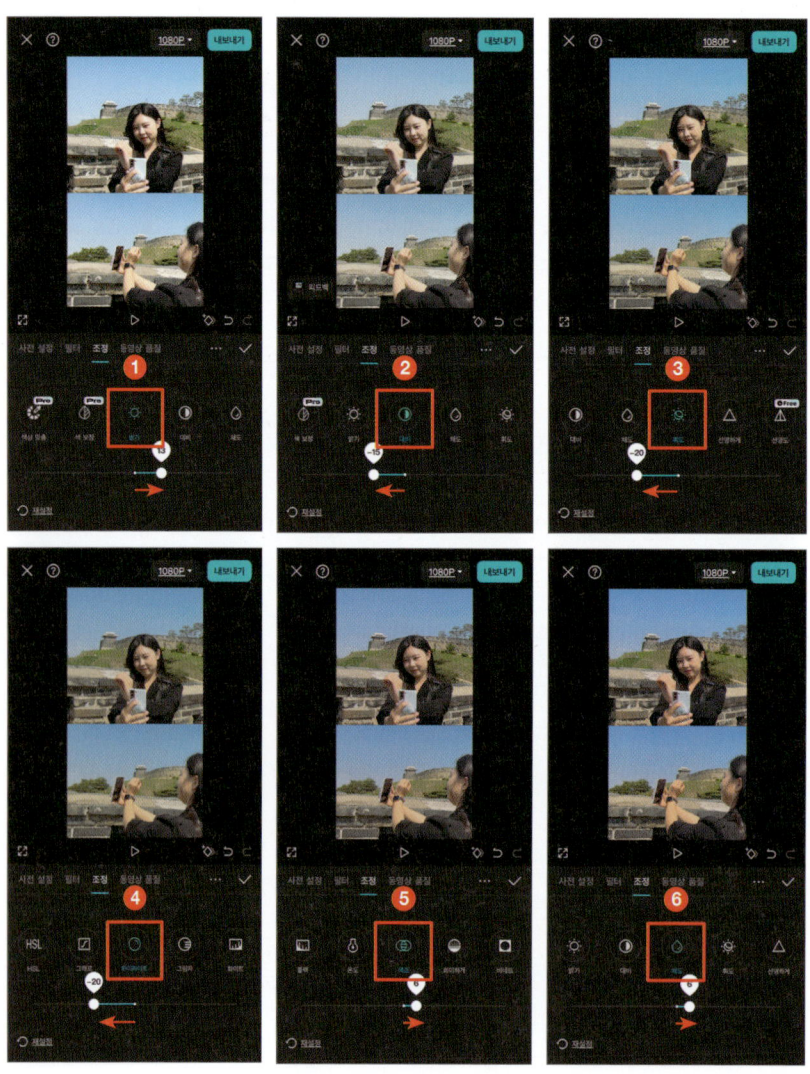

⌃ 밝기 +13, 대비 -15, 휘도 -20, 하이라이트 -20, 색조 +6, 채도 +6

## 맛집 영상을 위한 맛깔나는 영상 보정

생각보다 맛집 관련 콘텐츠가 많은 관심을 받았고, 맛집 영상의 보정을 궁금해하는 분이 많았습니다. 우선 맛집 영상에서 중요한 건 촬영 중 조명입니다. 저는 대체로 낮 시간 햇살이 가득한 가게를 찾아 촬영하는 걸 좋아합니다. 최고의 조명은 햇빛이며, 무엇보다 콘텐츠 촬영을 위해 큰 조명을 들고 다니기가 불편하기 때문입니다. 어쩔 수 없이 어두운 곳이라면 조명은 필수로 사용해야 훨씬 더 좋은 콘텐츠를 완성할 수 있습니다. 또한, 가급적 화려한 색감의 음식과 음료를 촬영해야 훨씬 더 다채로운 색감의 영상을 만들 수 있습니다.

⌃ 보정 전(좌)후(우) 비교

촬영된 음식 영상을 좀 더 맛있어 보이게 보정하는 방법은 선명하게 보이도록 하는 것입니다.

조정 도구의 [조정] 탭에서 ① [선명하게]를 올립니다. 그런 다음 색감을 맞추는 작업을 합니다. 먼저 ② [휘도]를 낮추고 ③ [채도]와 ④ [대비]를 올려 색감을 더 또렷하게 만들고, ⑤ [하이라이트]를 조금 낮춘 후 마지막으로 ⑥ [밝기]를 조절합니다.

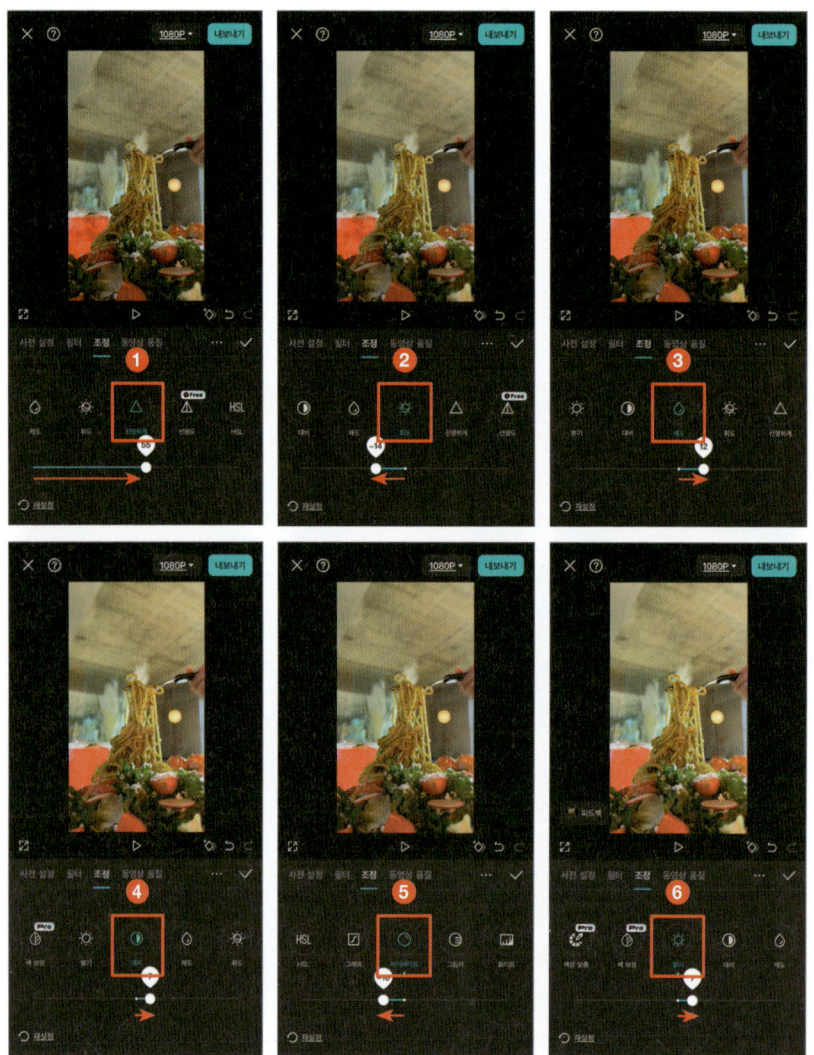

⌃ 선명하게 +50, 휘도 -14, 채도 + 12, 대비 + 7, 하이라이트 - 10, 밝기 +7

# 계절감을 끌어올리는
# 사계절 보정법

계절별로 꼭 필요한 보정 방법을 소개합니다. 어쩔 수 없이 사계절 내내 책을 꺼내 봐야겠죠? 우선 봄부터 시작해 보겠습니다.

 **봄, 꽃에 화사함 한 스푼 핑크빛 보정**

봄 하면 떠오르는 색감? 핑크빛이죠. 하얀 벚꽃을 핑크빛으로 만들기 위해서는 어두운 곳을 밝히고, 분홍빛을 추가하는 것이 포인트입니다.

∧ 봄에 어울리는 핑크빛 보정 전(좌)과 후(우)

CHAPTER 05 영상을 살리는 색감 보정법 **197**

화사한 느낌을 표현하려면 ❶ [밝기]는 올리고, ❷ [대비]는 낮추는 것이 기본입니다. 꽃 이외에 색감을 강조하기 위해 ❸ [채도]를 올리고, ❹ [휘도]와 ❺ [하이라이트]를 낮춰 색감을 더 살립니다. 추가로 ❻ [선명하게]를 높여 꽃잎의 질감을 강조할 수 있습니다. 마지막으로 핵심 포인트, ❼ [그림자]를 높여 어두운색의 밝기를 올리고, ❽ [색조]를 더해 분홍빛을 강조하면 완성!

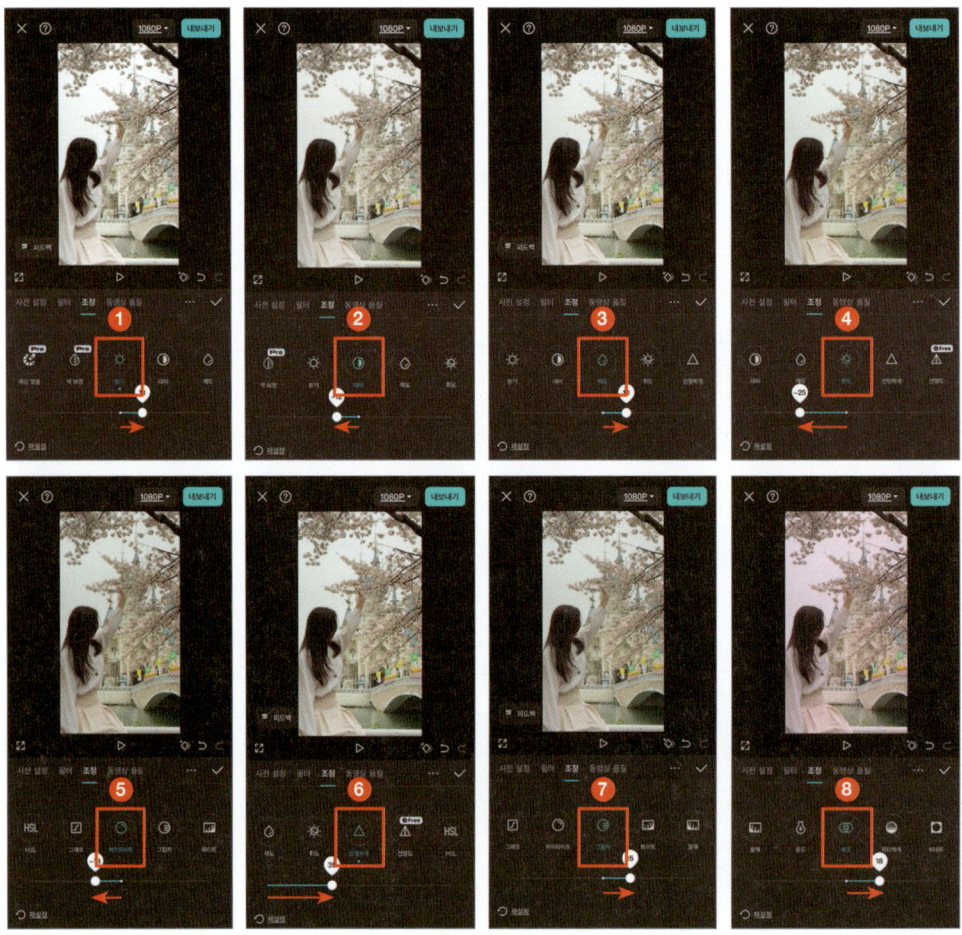

︽ 밝기 +15, 대비 -12, 채도 +13, 휘도 -25, 하이라이트 -14, 선명하게 +35, 그림자 +15, 색조 +18

**여름, 감성 넘치는 지브리 느낌의 보정**

인스타에서 많이 보던 바로 그 지브리 감성 보정 방법! 영화 '기쿠지로의 여름' OST인 'SUMMER'라는 음악을 들으며 파란 바다를 지브리 감성으로 바꿔 보세요. 한결 더 지브리 색감에 가까워지는 기분이 들 거예요.

≪ 지브리 색감으로 보정 전(좌)과 후(우)

화사한 바다를 표현하기 위해 ❶ [밝기]를 올리고, ❷ [대비]를 낮춥니다. ❸ [휘도]와 ❹ [하이라이트]를 낮추고, ❺ [그림자]를 살짝 높이면 어두운 흙빛의 바다가 훨씬 더 화사하고 푸른 바다가 됩니다. 이 정도만 해도 충분히 예쁜 색감의 바다 영상이 완성되었죠?

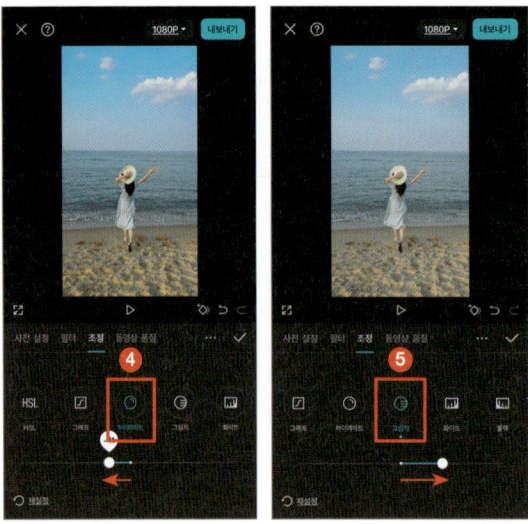

⌃ 밝기 +16, 대비 -15, 휘도 -23, 하이라이트 -11, 그림자 +20

이번 보정의 핵심은 [HSL] 기능을 이용해 푸른색을 에메랄드빛으로 바꾸는 겁니다. ❶ HSL 패널에서 파란색 탭을 선택한 후 ❷ [색조]를 -30 정도로 변경합니다. 색조를 과하게 조절하면 예쁘다는 느낌보다는 과하다는 느낌이 들 수 있으므로 욕심을 버리는 것이 좋습니다. ❸ 색을 좀 더 자연스럽게 표현하고 싶다면 HSL 패널에서 [명도]를 조금 올립니다. 채도를 낮추는 방법도 있지만, 화사한 느낌을 살리기 위해 명도를 올렸습니다. ❹ 마지막으로 바다의 물결을 살리기 위해 [선명하게]를 올리고, ❺ [온도]를 -6 정도로 낮춰 푸른빛을 살짝 더하면 지브리 감성의 바다 완성입니다.

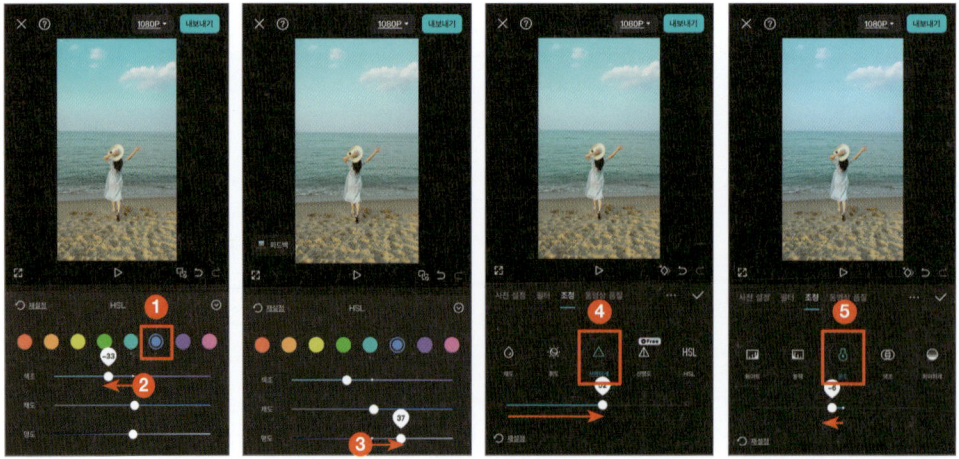

⌃ 파란색 색조 -33, 명도 +37, 선명하게 +50, 온도 -6

## 가을의 정취를 살리는 가을빛 보정

지금까지는 대부분 밝기를 높이는 방법으로 보정했습니다. 과연 밝기를 높여야만 예쁜 영상이 될까요? 아닙니다. 지금부터 소개하는 가을빛 보정 방법에 주목하세요. 가을빛 보정은 노을과 자연, 두 가지 상황에서의 보정 방법을 소개합니다. 앞서 소개한 밝은 느낌의 보정 방법들과 달리 무게감 있는 느낌의 영상을 만들고 싶을 때 사용하면 좋은 보정 방법입니다.

### 가을 정취를 만끽할 수 있는 붉은 노을

1,000만 조회수를 기록 중인 노을 영상의 보정 방법입니다. 실제로는 필터 기능을 사용했으나, 무료 기능으로 비슷한 색감을 내기 위해 찾은 방법입니다. 유료 필터 종류를 알려 주고 사용하라고 하면 서로 편하겠지만, 여러분의 보정 실력 향상에는 도움이 되지 않을 것입니다. 그러니 한 번 읽는 것으로 끝내지 말고, 꼭! 여러분의 영상에 보정 한 스푼 추가해 보기 바랍니다.

︽ 가을빛 가득 담긴 노을 보정 전(좌)과 후(우)

가을이라면 차분하고 분위기 있는 연출이 어울립니다. 그러므로 ❶ [밝기]는 낮추고 ❷ [대비]는 올립니다. ❸ [채도]는 올리고, ❹ [휘도]와 ❺ [하이라이트]는 낮춥니다. ❻ [선명하게]를 올려 바다와 노을빛을 깨끗하게 만들고 ❼ [그림자]는 살짝 올립니다.

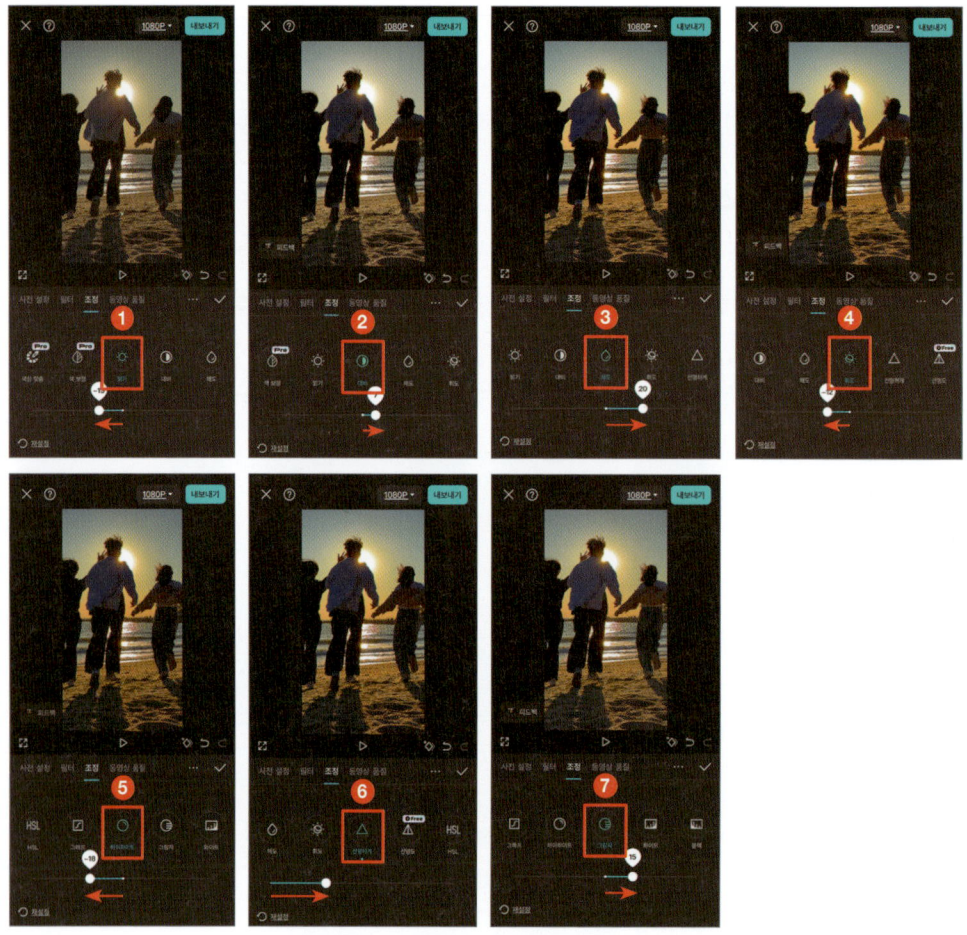

︽ 밝기 -13, 대비 + 7, 채도 +20, 휘도 -12, 하이라이트 -18, 선명하게 +30, 그림자 + 15

계속해서 ❶ [색조]를 살짝 올리고, 마지막으로 붉은빛을 한 스푼 넣기 위해 ❷ HSL 패널에서 주황색 탭의 ❸ [색조]를 빨간색에 가깝게 조절한 후 ❹ 조금 더 붉은색을 강조하고 싶다면 [채도]를 올려 붉은 노을 영상을 완성합니다.

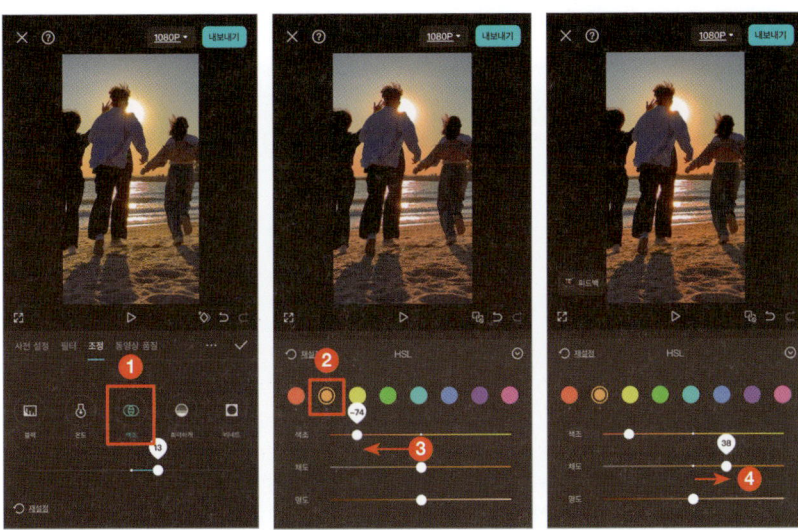

︿ 색조 +13, HSL 주황색 색조 -74, 채도 +38

## 웅장한 대나무숲

영화 '드래곤 길들이기'의 OST인 'TEST DRIVE 0:40'를 들어 보세요. 웅장하고 분위기 있는 장면이 떠오를 겁니다. 이 음악을 듣고, 웅장한 대나무숲 영상을 만들었습니다. 평소와는 다르게 무게감 있는 색감을 표현하고 싶어서 고민했고, 그렇게 완성한 보정 방법입니다.

︿ 웅장한 대나무숲 보정 전(좌)과 후(우)

❶ [밝기]는 낮추고 ❷ [대비]는 올렸으며, ❸ [그림자]를 낮춰 가벼운 색감에 무게감을 더했습니다. 어두운색이 더욱 강조되어 지금까지 보정했던 색감들과는 다른 느낌일 것입니다. 여기에 ❹ [하이라이트]를 낮춰 하얗게 뜬 색을 한 번 더 낮춥니다. ❺ [색조]를 낮춰 초록색을 한 스푼 더했으며, ❻ [온도]를 높여 따뜻한 색을 더해 웅장한 대나무숲 완성!

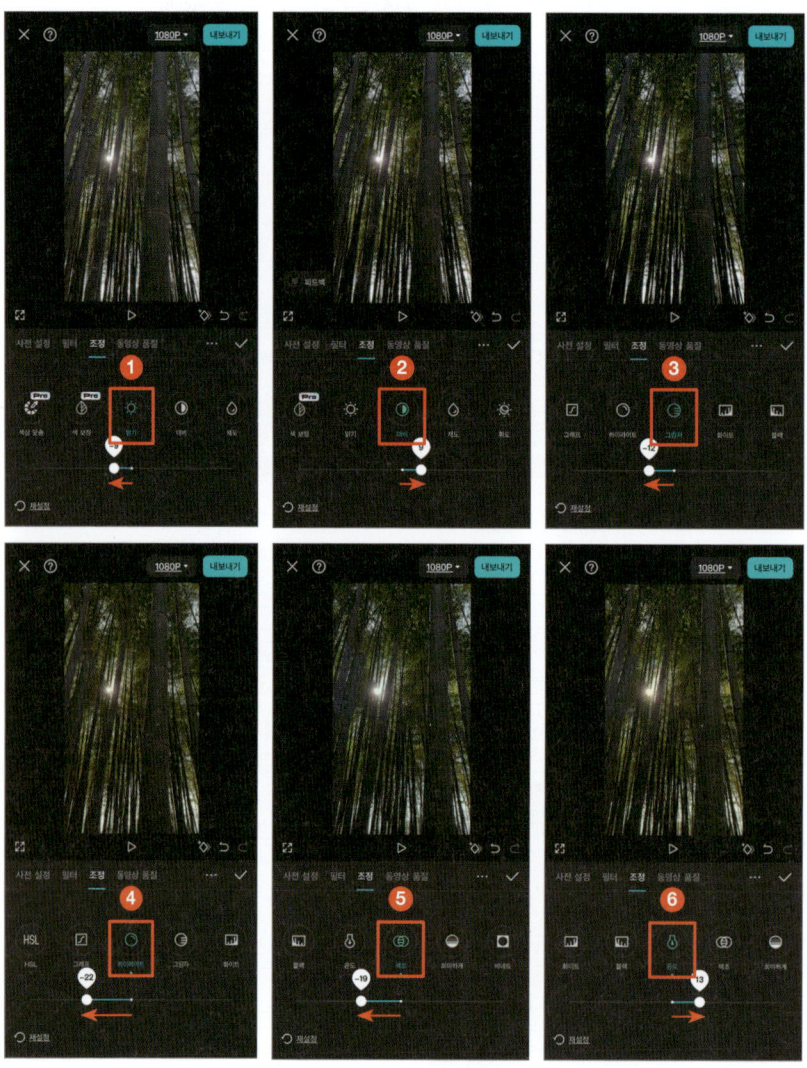

≪ 밝기 -10, 대비 +10, 그림자 -12, 하이라이트 -20, 색조 -20, 온도 +13

## 겨울, 새하얀 겨울 왕국으로 보정

사계절의 마지막, 눈의 세상까지 오신 걸 환영합니다.

↗ 새하얀 겨울 왕국 보정 전(좌)과 후(우)

겨울 왕국의 핵심 포인트는 잿빛의 눈을 새하얗게 만드는 것입니다. ❶ [밝기]를 과감하게 높이고, ❷ [대비]를 낮춰 명암의 차이를 줄입니다. ❸ 지금까지는 [휘도]를 낮추는 방법으로 보정했으나 눈 영상에서는 [휘도]를 높여 뽀얀 느낌을 연출합니다. ❹ 어두운 부분까지 하얗게 표현하기 위해 [그림자]까지 높이면 겨울 왕국 완성입니다.

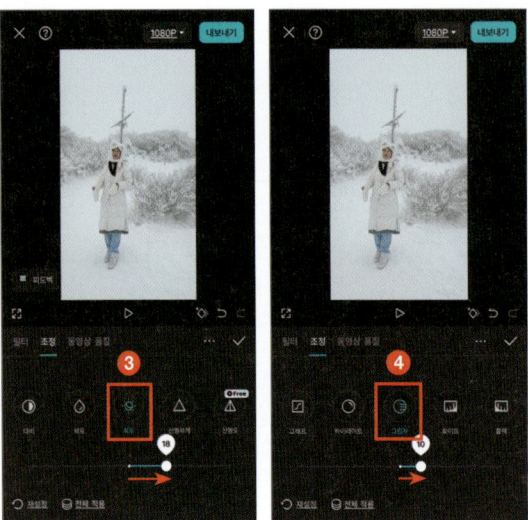

❯❯ 밝기 +20, 대비 -16, 휘도 +18, 그림자 +10

여기까지 1년 내내, 계절마다 써먹을 수 있는 핵심 보정 노하우를 모두 공개했습니다. 계절이 바뀔 때마다 한 번씩 책을 꺼내어 보면서 적어도 1년 이상을 이 마법의 영상 편집 책과 함께 하고 있을 여러분을 생각하니 벌써 뿌듯합니다. 부디 마법의 보정 방법으로 한 층 더 다양한 색감의 영상을 완성해 보길 바랍니다.

# CHAPTER 06

# 모르면 아쉬운 보너스 스킬

여기까지 달려온 여러분 고생 많으셨습니다. 벌써 영상에 마법 한 스푼 추가하는 캡컷 편집 방법을 거의 다 배웠습니다. 이제 마법 같은 영상 편집 실전 노하우만 남았네요. 아쉬운 마음에 그동안 강의를 다니면서 가장 반응이 좋았던 편집 요령, 가장 질문이 많았던 부분까지 남김없이 풀어낸 보너스 챕터입니다. 마지막 꿀팁까지 절대 놓치지 마세요.

**Magic 01** 얼굴은 작게, 다리는 길게, 8등신 보정
**Magic 02** 움직이는 사람을 따라다니는 얼굴 모자이크
**Magic 03** 영상을 만들면서 반드시 알아야 하는 저작권

# 얼굴은 작게, 다리는 길게, 8등신 보정

큰마음 먹고 영상에 얼굴을 노출했는데, 빵떡처럼 나와서 속상하다고요? 영상에서도 얼굴을 보정할 수 있습니다. 나만 알고 싶은 비밀의 스킬이 있다면 바로 인물 보정 방법이죠.

 얼굴을 주먹 만하게 보정하기

얼굴이 담긴, ❶ 보정할 영상 클립을 선택한 후 ❷ 도구 바에서 쪽에서 [보정]을 선택하세요. 보정 도구 바가 표시되며, 보정할 부위를 선택할 수 있습니다. ❸ 먼저, [얼굴] 탭을 선택합니다.

≪ 클립 선택 → [보정] → [얼굴]

**TIP&TECH** [보정] 기능을 처음 사용 시 '얼굴 및 신체 특징 인식 허용' 알림 메시지가 나타나며 여기서 [허용] 버튼을 눌러야 사용할 수 있습니다.

캡컷이 얼굴을 인식하여 테두리 표시 및 얼굴 부분을 확대 표시해 줍니다. 만약, 여러 명의 얼굴이 포함된 영상이라면 모든 얼굴이 파란색 테두리로 표시되는 상황(상황 1)과 한 사람만 파란색 테두리, 나머지는 흰색으로 표시되는 상황(상황 2)이 발생할 수 있습니다. 파란색 테두리의 얼굴이 보정할 대상이 되므로 여러 명을 동시에 보정하고 싶다면 상황 1 상태에서 보정을 시작해도 됩니다. 하지만 한 번에 한 명씩 보정할 거라면 상황 2 상태여야 합니다.

≪ 상황 1. 두 명을 동시에 인식

≪ 상황 2. 한 명씩 인식

위 장면과 같이 인물이 서로 붙어 있을 때 동시에 활성화 상태로 인식되곤 합니다. 이럴 때는 한 명만 파란색으로 인식되도록 패널 왼쪽 아래에 있는 [재설정]을 누르고 원하는 인물 얼굴을 터치해 보세요. 그런 다음 얼굴 보정 패널에 있는 다양한 기능을 이용해 얼굴 보정을 시작할 수 있습니다.

한 명을 보정한 후 다른 사람을 보정하고 싶다면 미리 보기 화면을 축소한 후 다른 사람 얼굴을 터치하면 됩니다.

≪ 미리 보기 화면 축소 후 인물 선택

예를 들어 피부를 보정하고 싶다면 ❶ [리터치] 탭에서 ❷ [부드럽게]를 선택한 후 조절 바를 이용하여 얼굴을 매끄럽게 보정할 수 있습니다. 얼굴의 크기를 줄이고 싶다면 ❸ [모양 변경] 탭에서 ❹ [슬림한]을 선택한 후 원하는 만큼 줄이거나, 반대로 늘릴 수도 있습니다. ❺ 보정이 끝났다면 패널 오른쪽 위에 있는 [적용] 아이콘을 누릅니다.

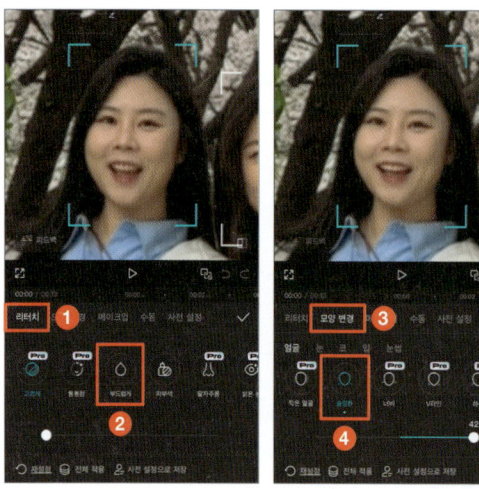

《 얼굴 보정 패널의 다양한 기능 활용하기

 **다리가 길어 보이는 보정법**

얼굴 보정이 끝난 후 [적용]을 누르면 다시 보정 도구 바가 나타나며 여기서 ❶ [몸] 탭을 선택하여 다리 길이를 보정할 수 있습니다. 몸 보정 패널이 열리면 신체 부위별로 선택해서 보정할 수 있으며, 다리 길이는 ❷ [다리 길게]를 선택하면 됩니다. [다리 길게]의 옵션값을 높일수록 다리의 길이가 늘어나는 걸 볼 수 있습니다.

《 [보정] → [몸] → [다리 길게]

좀 더 세밀하게 보정하고 싶다면 다리(늘리기), 몸(슬림한), 선택한 부위의 비율(비율 조정)을 원하는 대로 보정할 수 있습니다. ❶ [수동] 탭을 누릅니다. ❷ 기능 목록에서 [늘리기]를 선택하고 ❸ 미리 보기 화면에서 노란색 가이드라인을 늘릴 위치로 옮긴 후 ❹ 패널에서 옵션값을 조절하면 됩니다.

≪ [수동] 탭 → [늘리기] → 늘릴 위치 변경 → 옵션값 조절

이제 영상에 출연하는 일에 두려워하지 말고, 캡컷의 보정 마법 한 스푼을 잘 활용해 보세요.

# 움직이는 사람을 따라다니는 얼굴 모자이크

아쉽게도 캡컷의 모자이크 기능은 다소 복잡하고, 불편합니다. 그러므로 편집 작업을 끝낸 후 다른 영상 편집 앱을 이용하여 2차 편집하는 방법을 추천합니다. 현존하는 거의 모든 영상 편집 앱을 사용해 보고 모자이크 기능이 잘 되어 있는 3가지를 찾아 소개합니다.

**TIP&TECH** 직접 촬영한 영상은 아마존과 같습니다. 언제 어디서 무엇이 튀어나올지 모르니까요. 길거리를 지나가다 우연히 영상에 담긴 사람이 있다면 초상권을 침해하지 않기 위해 모자이크로 가려야 하고, 자동차 번호판이나 주민등록번호와 같은 개인 정보가 등장할 때도 모자이크를 사용해야 합니다.

 ## 자동이지만 유료인 블로의 모자이크 기능

블로는 브이로그 영상 콘텐츠를 주로 다루는 분이라면 필수 앱이라고 할 수 있습니다. '블로'를 검색해서 설치해 보세요. 블로 앱의 기능 대부분은 무료이지만, 아쉽게도 모자이크 기능은 유료입니다. 단, 블로는 평생 사용할 수 있는 옵션으로 구매할 수도 있으므로, 지속적으로 사용한다면 평생 사용 옵션을 추천합니다.

《 블로 아이콘

**새 프로젝트 시작** 블로를 설치했다면 ❶ [새 프로젝트]를 누른 후 ❷ 모자이크할 영상을 선택하고 ❸ 화살표 모양 [다음] 아이콘을 누릅니다. 블로는 영상을 불러올 때 영상의 크기를 선택할 수 있으므로 ❹ 원하는 크기를 선택한 후 ❺ [프로젝트 생성하기]를 누르면 프로젝트가 시작됩니다.

**모자이크 범위 지정** 편집 화면이 열리면 ❶ 모자이크가 시작될 위치로 이동하고, ❷ 아래쪽 도구 바에서 [효과]를 누른 후 ❸ 왼쪽 도구 모음에서 [왜곡(모자이크)]을 누릅니다. ❹ 왜곡 효과 패널이 열리면 일반적인 모자이크보다 영상미를 지킬 수 있는 [블러]를 선택합니다. ❺ 그런 다음 블러 모양과 ❻ [강도]를 선택합니다. 이때 최대한 블러 처리한 부분이 눈에 거슬리지 않으면서 얼굴을 가릴 수 있도록 10~20 정도로 조절하면 적절합니다. ❼ 이제 미리 보기 화면에서 얼굴 부분을 터치해 블러 위치를 지정하고, 적절하게 크기를 조절한 후 ❽ [적용] 아이콘을 누릅니다.

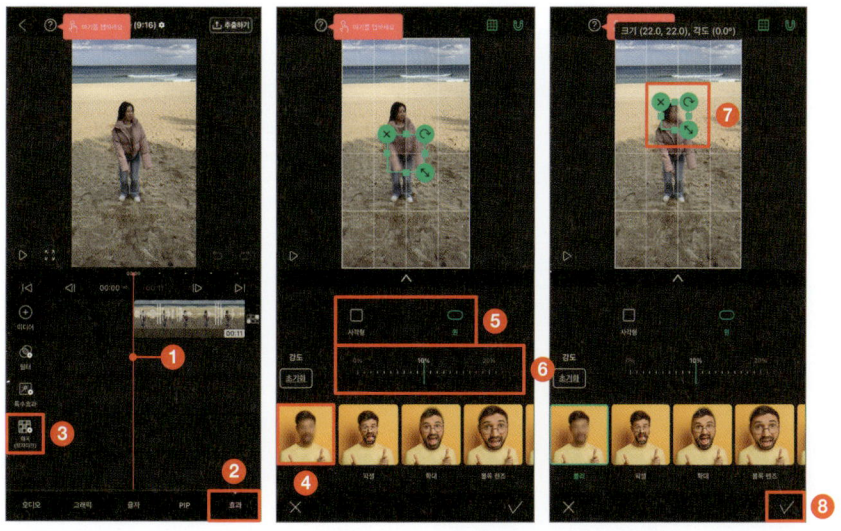

≪ [효과] → [왜곡(모자이크)] → [블러] → 모양 및 강도 설정 → 블러 위치 지정

**모자이크 경계 부드럽게 처리** 타임라인 영역을 보면 보라색으로 효과 클립(블러 효과 클립)이 추가되어 있으며, 아래쪽으로 효과 클립에 적용할 수 있는 기능 목록이 표시됩니다. ❶ [페더]를 선택한 후 ❷ 값을 올리면 블러의 경계가 부드러워져 좀 더 자연스러운 모자이크 영상이 됩니다. ❸ 효과 클립 관련 기능 중 [반전]을 선택하면 블러 범위가 반전되어 얼굴만 보이고, 나머지 장면이 모자이크 처리됩니다. 특정 부분만 빼고 모자이크 처리하고 싶을 때 활용하기 좋은 기능입니다.

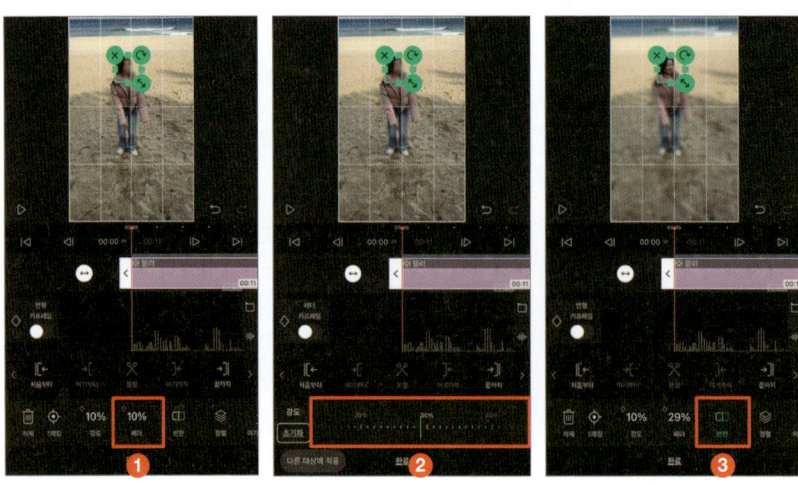

≪ 페더 +30    ≪ 모자이크 반전

**따라다니는 모자이크 설정** 마지막으로 모자이크가 얼굴을 따라다니는 트래킹 설정을 위해 ❶ [트래킹]을 누릅니다. ❷ 효과 클립을 보면 클립 중간으로 [트래킹 범위]가 표시됩니다. 이때 주의할 점 하나! 현재 인디케이터(빨간색 선) 위치부터 트래킹이 적용되므로, 처음 혹은 특정 위치부터 트래킹을 시작하고 싶다면 인디케이터 위치부터 조절합니다. ❸ 준비가 끝났으면 [트래킹하기] 버튼을 누릅니다. 영상을 재생해 보세요. 따라다니는 모자이크 영상이 완성되었습니다.

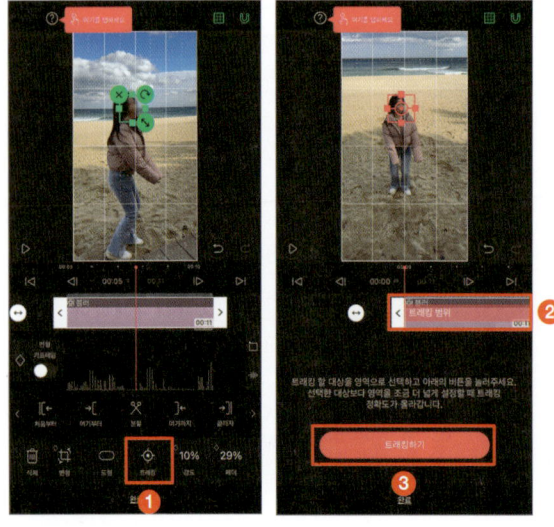

≪ [트래킹] → 트래킹 범위 설정 → [트래킹하기]

## 모자이크 기능도 무료인 비타

비타는 블로에 비해 과정이 조금 더 복잡하지만, 무료로 사용할 수 있다는 점, 게다가 캡컷의 키프레임을 배운 여러분이라면 충분히 할 수 있을 거라 생각되어 소개합니다. 우선 '비타'로 검색해 설치해 주세요.

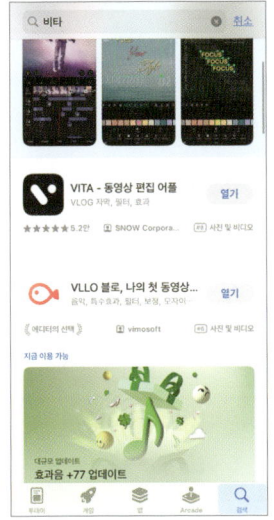

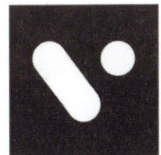

《 비타 아이콘

**새 프로젝트 시작** 비타를 설치했으면 ❶ [새 프로젝트] 눌러 ❷ 모자이크할 영상을 선택하고 ❸ [다음] 아이콘을 누릅니다. 이제 이 정도는 너무 쉽죠? ❹ 편집 화면이 열리면 클립을 선택하지 않은 상태에서 도구 바에 있는 [모자이크]를 선택합니다.

⌃ [새 프로젝트] → 영상 선택 → [모자이크]

**CHAPTER 06** 모르면 아쉬운 보너스 스킬  **215**

모자이크 도구 패널이 열리며 흔히 아는 모자이크 기능인 [픽셀] 탭과 블로에서 사용해 본 [블러] 탭을 선택할 수 있습니다. 여기서도 ❶ [블러] 탭을 활용하겠습니다. ❷ 얼굴을 모자이크한다는 가정하에 [원형]을 선택하고 ❸ 미리 보기 화면에서 모자이크할 위치와 크기를 설정합니다. 이어서 ❹ [강도]는 50 전후, [테두리]는 50~60 정도로 적절하게 조절합니다. 강도는 블러의 세기, 테두리는 페더와 같은 기능입니다. ❺ 설정이 끝나면 체크 모양 [적용] 아이콘을 누릅니다. ❻ 타임라인 영역을 보면 연두색으로 클립이 추가됩니다. 클립의 길이를 모자이크가 표시될 길이에 맞춰 조절하면 끝!

⌃ 강도와 테두리 조절

⌃ 길이를 늘려준 장면

**따라다니는 모자이크 설정** 마지막으로 모자이크가 얼굴을 따라다니도록 설정해야 합니다. 155쪽에서 캡컷으로 배운 키프레임을 응용해 쉽게 따라 할 수 있을 겁니다. ❶ 우선 모자이크와 얼굴이 어긋나기 시작하기 직전의 위치로 이동한 후 ❷ 도구 바에서 [키프레임]을 눌러 추가합니다. ❸ 이어서 얼굴의 위치가 모자이크 영역과 많이 벗어난 지점으로 이동한 후 ❹ 미리 보기 화면에서 블러의 위치를 조절합니다. 키프레임이 추가된 상태에서 설정값이 변하므로(모자이크 위치) 자동으로 새로운 키프레임이 추가됩니다.

이 과정을 반복하면서 모자이크와 얼굴의 위치가 다른 곳에 키프레임을 추가하다 보면 모자이크가 따라다니는 영상이 완성됩니다.

˄ 첫 번째 키프레임 추가 후 모자이크와 얼굴 위치가 어긋난 곳에서 모자이크 위치를 옮기면 자동으로 키프레임이 추가됩니다.

##  일주일 무료, 아이폰에서만 사용할 수 있는 브이딧

브이딧은 현재 아이폰에서만 사용할 수 있는 앱으로, 7일 동안 무료 체험을 제공합니다. 우선 '브이딧'으로 검색하여 설치부터 진행합니다.

설치가 끝나면 실행하여 ❶ [새로운 동영상 만들기]를 눌러 프로젝트를 시작하고, 모자이크할 영상을 선택하여 불러옵니다. ❷ 도구 바에서 [모자이크]를 선택한 후 ❸ 모자이크 패널에서 보통의 모자이크(픽셀)와 블러 중 선택할 수 있습니다. 얼굴에 모자이크한다면 [원형 블러]를 선택했을 때 좀 더 자연스럽습니다.

 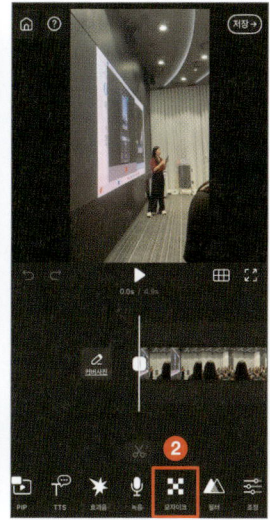 

˄ [새로운 동영상 만들기] → [모자이크] → [원형 블러]

모자이크 유형을 선택한 후 ❶ 강도 조절 바가 열리면, 30~50 정도로 조정하고, ❷ 미리 보기 화면에서 모자이크 영역의 크기와 위치를 얼굴에 맞춥니다. 이제 따라다니는 설정을 위해 ❸ 모자이크 패널에서 [《《]를 누른 후 ❹ [트래킹] 아이콘을 누릅니다. ❺ 미리 보기 화면에서 빨간색 트래킹 원을 얼굴로 옮긴 후 ❻ 다시 [트래킹]을 누르면 따라다니는 모자이크 완성!

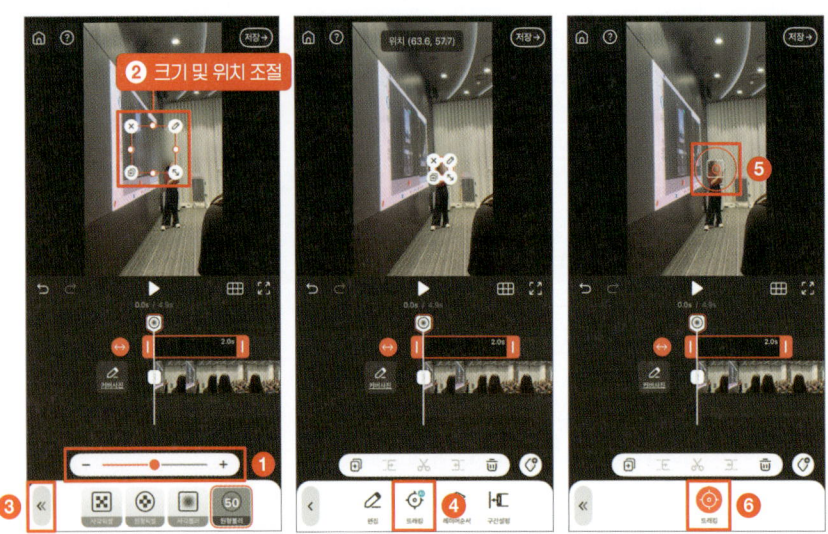

**TIP&TECH** 영상을 SNS에 올릴 때, 공모전이나 상업적 용도로 사용할 때 주의 깊게 영상을 보고 모자이크 처리할 부분은 없는지 확인해야 합니다. 또한, 스마트폰으로 영상을 편집할 때면 이번처럼 한 가지로 완벽하게 원하는 장면을 연출할 수 없을 때가 있습니다. 그러므로 메인 앱과 함께 사용할 추가 앱 한두 가지는 더 설치해서 활용하는 것도 좋은 방법입니다.

# 영상을 만들면서 반드시 알아야 하는 저작권

영상을 개인적인 용도로 사용한다면 별다른 제약 없이 사용할 수 있지만, SNS에 업로드하거나 공모전 등에 참가하는 등 수익이 발생하거나 상업적인 용도 등으로 사용한다면 초상권은 당연하고, 글꼴과 음악의 저작권에 주의해야 합니다. 음악은 많은 사람이 저작권 이슈에 대해 인지하고 있지만 글꼴에 대해서는 간과하고 있는 경우가 많습니다. [한글] 프로그램에서 자유롭게 사용하던 글꼴이니 문제없을 거라 생각하고 영상에서 사용했다가 내용 증명을 받은 사례도 있습니다. 많은 분이 '영상 편집 앱에 포함되어 있으니 괜찮겠지?'라는 생각으로 무작정 글꼴을 사용하곤 하지만, 이 역시 앱마다 사용 범위를 규정짓고 있으므로 반드시 확인하고 사용해야 합니다.

 **저작권 걱정 없이 안전하게 사용할 수 있는 글꼴 모음**

글꼴은 '눈누(https://noonnu.cc/)'를 추천합니다. 앞서 간단하게 언급했던 곳으로, 상업적으로 사용할 수 있는 다양한 무료 글꼴을 찾아 다운로드할 수 있습니다. 다만, 눈누에도 일부 제약이 있는 글꼴이 있으므로, 반드시 글꼴별 상세 설명을 꼼꼼하게 확인하고 사용하는 것이 좋습니다.

⌃ 눈누 사이트

글꼴 저작권 침해를 예방할 수 있는 또 다른 방법으로 글꼴 저작권이 해결된 앱을 사용하는 것입니다. 모든 앱의 도움말이나 Q&A를 보면 저작권에 대한 설명이 있습니다. 예를 들어 캡컷은 틱톡과 같은 회사에서 만든 앱으로, 글꼴과 음악 모두 틱톡 내에서 사용할 때만 저작권의 보호를 받을 수 있고, 이 외에는 책임지지 않는다고 공지되어 있습니다. 모자이크 기능에서 소개한 블로는 BGM부터 글꼴, 자막 스티커 모두 상업적으로 사용할 수 있다고 안내되어 있습니다.

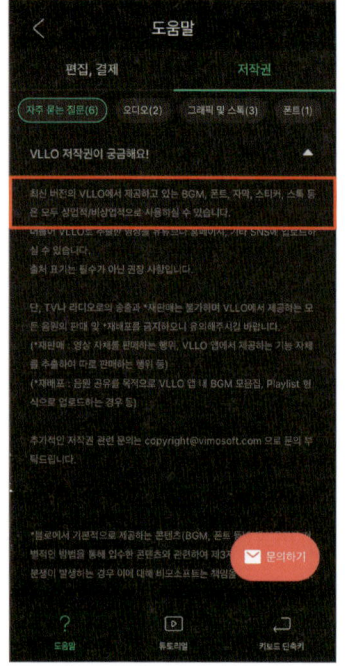

☆ 블로의 저작권 공지

## 음악 저작권에서 벗어나는 방법

저작권 걱정 없이 음악을 사용하려면 '유튜브 라이브러리(https://www.youtube.com/audiolibrary)'를 활용하거나 구글, 유튜브의 검색창에 '무료 저작권 음악'으로 검색해 보세요.

▲ 유튜브 라이브러리

음악은 영상의 분위기를 결정하는 중요한 요소인 만큼 무료로 찾는 데 한계가 있다면 '에피데믹 사운드(https://www.epidemicsound.com/)'나 '아트리스트(https://artlist.io/)'와 같은 유료 사이트를 고려해 보는 것도 좋습니다. 두 사이트 모두 연간 결제 시 42만 원이라는 큰 금액을 지불해야 합니다. 그러므로 주기적으로 음악을 찾아야 하는 경우가 아니라면 [에피데믹 사운드]의 월별 결제를 활용하거나 무료 음악으로 타협해야 합니다.

나 혼자만의 즐거움과 기록용으로 영상을 만든다면 괜찮겠지만 상업적 이용을 고려하고 있다면 저작권 이슈는 항상 염두에 두고 있어야 합니다. 대기업에서 광고 영상 작업을 요청할 때 저작권 걱정없는 음악을 사용해야 하는 경우가 꽤나 있습니다. 저의 경우 영상에서 가장 중요한 한 가지가 음악이라고 생각하기 때문에 단 하나의 영상을 만들어도 완벽하게 마음에 드는 음악을 사용하기 위해 유료로 음악을 활용하고 있습니다. 여러분도 상황에 따라 적절한 방법을 선택하여 타인의 저작권을 침해하지 않는 좋은 영상을 만드시기 바랍니다.

**TIP&TECH** 무료 음악 사이트 중에 '사운드 어플라이(http://soundapply.com/)'라는 곳도 있습니다. 배경음악과 효과음 모두 무료로 사용할 수 있지만, 상업적으로 사용하거나 공모전에 활용하려면 1년 기준 5만원 정도의 비용을 지불해야 합니다. 위에 소개한 사이트로 부족하다면 사운드 어플라이도 한 번 이용해 보세요.

PART

실전,
마법 같은
영상 편집

CHAPTER 01

# 마법 같은 영상을 위한 핵심 비법 4가지

영상 마법 마스터 과정까지 오신 걸 환영합니다. 진정한 캡컷 영상 마법사로 거듭나기 위한 마지막 고비이자, 핵심 of 핵심 비법 4가지를 소개합니다. 평범한 영상을 넘어 시선을 사로잡는 영상을 만들고 싶다면 여기서 소개하는 4가지를 반드시 마스터해야 합니다.

**Magic 01** 영상 합성을 위한 오버레이 & PIP
**Magic 02** 영상에서 사람만 남기려면? 배경 제거
**Magic 03** 얼굴 말고, 영상에 씌운 마스크
**Magic 04** 영화 CG와 같은 합성 기법, 크로마 키

# 영상 합성을 위한 오버레이 & PIP

지금까지는 타임라인에서 가로로 클립을 배치하면서 편집했을 것입니다. 하지만, 특정 장면에서 2개 이상의 서로 다른 영상을 합성하려면 세로로 배치해야 하며, 이때 알아야 할 용어가 오버레이 & PIP입니다.

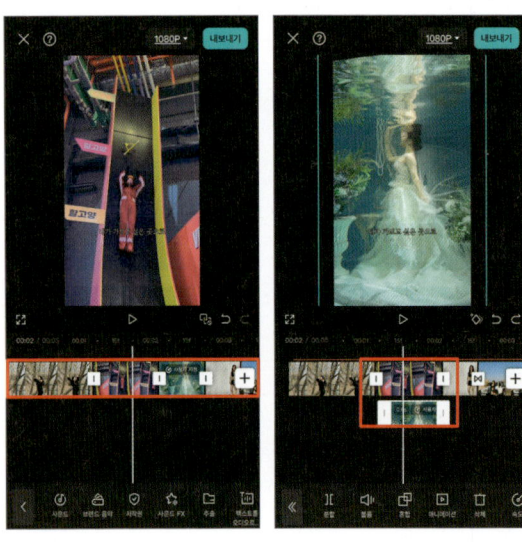

⌃ 클립을 가로로 나열한 타임라인 영역

⌃ 합성하기 위해 2개의 영상 클립을 세로로 나열

##  2개 이상의 영상을 하나의 장면으로 합성하기

캡컷에서 영상을 합성하려면 2가지 개념만 알면 됩니다. 하나는 오버레이(overlay)로, 의미 그대로 덮어씌운다는 의미입니다. 즉, 영상과 영상을 합성하는 기능이라고 이해하면 됩니다. 둘째, PIP(picture in picture)는 그림 위의 그림이라는 의미 그대로, 오버레이에 사용할 새로운 영상을 의미합니다.

## 오버레이에 사용할 PIP 추가하기

편집 중인 임의의 프로젝트를 열고 실습해 보세요. ❶ 우선 합성할 장면으로 인디케이터를 옮긴 후 ❷ 클립이 선택되지 않은 상태의 도구 바에서 [오버레이]를 선택하고 ❸ 이어서 [PIP 추가]를 누릅니다.

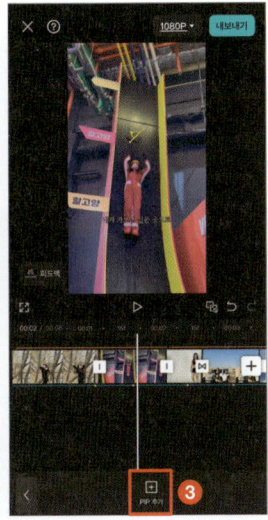

∧ 합성할 위치로 이동 → [오버레이] → [PIP 추가]

❶ 영상 목록이 열리면 합성할 영상을 선택하고 ❷ [추가]를 누릅니다. ❸ 인디케이터를 기준으로 기존 클립 아래쪽에 PIP 클립이 추가되며, ❹ 미리 보기 화면을 보면 살짝 축소된 크기의 영상이 추가된 것을 확인할 수 있습니다. 이 상태에서 크기, 속도 등 모든 기능을 적용할 수 있습니다.

≪ PIP 클립이 추가된 상태

**TIP&TECH** 타임라인 영역에서 PIP 클립이 아래쪽에 배치되지만, 미리 보기 화면을 보면 타임라인 영역과 반대로 PIP 영상이 위에 배치되어 있습니다. 즉, 타임라인 영역에서 아래에 있을수록 실제 영상에서는 위에 배치됩니다.

## 기존 클립을 합성용 PIP 클립으로 전환하기

이번에 소개하는 방법은 편집 중이거나 편집이 완료된 기존 클립 중 하나를 PIP 클립으로 보내는 방법입니다. 프로젝트 시작부터 합성에 사용할 영상을 미리 불러와서 편집할 수 있기 때문에 저의 경우 100% 이번에 소개하는 방법으로 PIP 클립을 추가합니다.

이 방법은 처음 프로젝트를 시작할 때 ❶ 메인 클립용과 PIP 클립으로 사용할 영상을 모두 선택해서 불러오고 ❷ 기본 편집을 끝낸 후 PIP로 사용할 클립을 선택한 후 ❸ 도구 바에서 [오버레이]를 선택하면 됩니다. ❹ 타임라인 영역을 보면 선택 중이던 메인 클립이 PIP 클립으로 전환되어 있습니다.

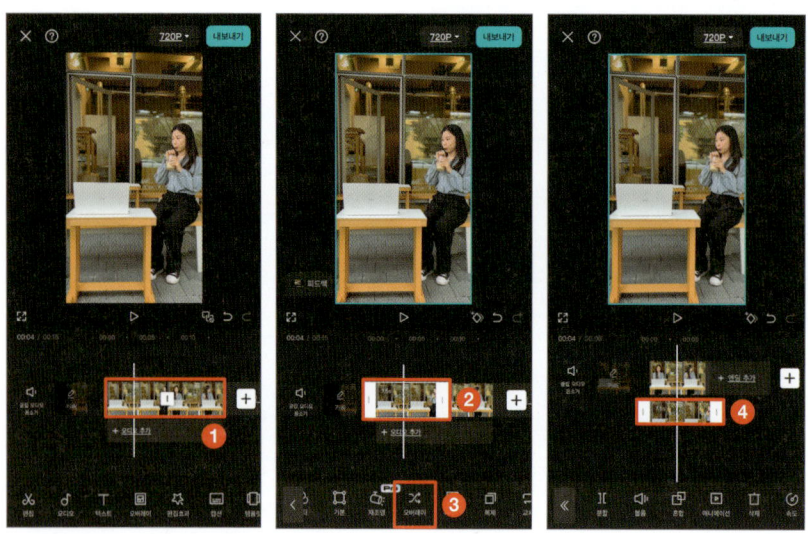

⌃ PIP로 전환할 클립 선택 → [오버레이]

## PIP 클립 자유롭게 다루기

그렇다면 오버레이를 위한 PIP 클립은 한 개만 추가할 수 있을까요? 아닙니다. 앞의 두 가지 방법 중 원하는 방법으로 PIP 클립을 추가하면 세로 방향으로 계속해서 추가할 수 있으며, 인디케이터의 위치를 옮겨서 추가한 PIP 클립의 좌우에 또 다른 PIP 클립을 추가할 수 있습니다.

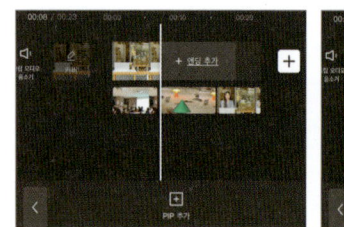 

⌃ 가로로 추가한 PIP 클립　　⌃ 세로로 추가한 PIP 클립

**PIP 클립 위치 및 순서 변경** 타임라인 영역에서 PIP 클립을 꾹 누른 후 상하좌우로 위치를 옮길 수 있으며, 현재 장면(인디케이터 위치)에 포함된 PIP 클립을 일괄 확인하면서 배치 순서를 변경하고 싶다면 ❶ PIP 클립을 선택한 후 ❷ 도구 바에서 [레이어]를 선택합니다. ❸ 레이어 배치 패널이 열리면 꾹 누른 후 좌(앞)우(뒤)로 순서를 조절할 수 있으며, [앞], [뒤]를 누르면 선택 중인 클립을 맨 앞, 맨 뒤로 보낼 수 있습니다.

 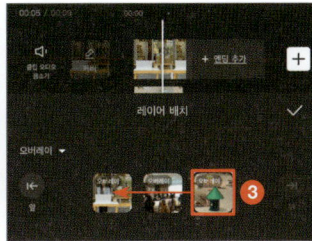 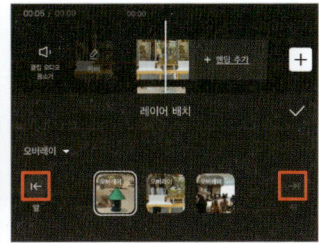

⌃ PIP 클립 선택 → [레이어] → 앞/뒤

**PIP에서 메인으로 옮기기** 타임라인 영역에서 PIP 클립을 꾹 누른 후 옮기는 방법은 PIP 클립으로만 옮길 수 있습니다. 만약 PIP 클립을 다시 메인 클립으로 옮기고 싶다면 ❶ 옮길 클립을 선택한 후 ❷ 도구 바에서 [메인 트랙]을 선택합니다. ❸ 인디케이터를 기준으로 가까운 메인 트랙으로 이동합니다.

⌃ PIP 클립 선택 → [메인 트랙]

**PIP 클립 표시하기** 분명 PIP 클립을 추가했는데, 어느 순간 PIP 클립이 보이지 않는다면? PIP 클립이 사라진 것이 아니라 작업의 편의를 위해 잠시 가려진 것입니다. 메인 클립 위를 보면 물방울 모양의 아이콘이 표시되며, 이 아이콘은 현재 위치에 PIP 클립이 있다는 의미입니다. 물방울 모양 아이콘을 누르면 PIP 클립이 다시 표시됩니다. 만약 최신 버전을 사용 중이라면 세 번째 이미지처럼 물방울 없이 아래쪽에 모든 추가 기능들이 표시됩니다.

 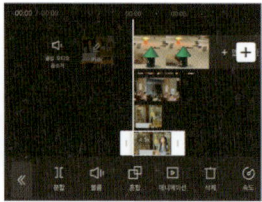 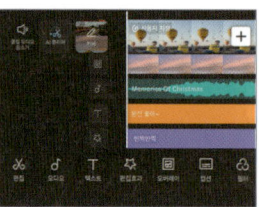

⌃ 메인 클립만 표시된 상태　　⌃ PIP 클립까지 표시된 상태　　⌃ 최신 버전

 **오버레이 혼합 기능으로 텍스트에 영상 넣기**

오버레이 기능을 이용한 영상 합성은 주로 배경 제거 기능이나 마스크 기능과 함께 사용하지만, 오버레이 기능만으로도 눈길을 사로잡는 영상을 만들 수 있습니다. 아래와 같이 해외에서 유행했던 폭죽 영상 합성이라든가 실제 광고에서 자주 사용하는 텍스트에서 영상이 재생되는 장면을 연출할 수 있습니다. 오버레이의 혼합 기능을 이용해 텍스트 속에서 영상이 재생되는 프로젝트 실습을 진행해 보겠습니다.

⌃ 텍스트에서 재생되는 콜라주　　⌃ 폭죽 영상과 인물 영상을 합성

## PIP 클립 준비하기

텍스트를 입력하기 위해 검은색 또는 흰색 배경화면을 준비해야 합니다. ❶ 캡컷에서 [새 동영상]을 눌러 프로젝트를 시작하고, ❷ 상단 [라이브러리]에서 ❸ [인기]를 선택하면 ❹ 검은색과 흰색 사진을 선택한 후 [추가]할 수 있습니다

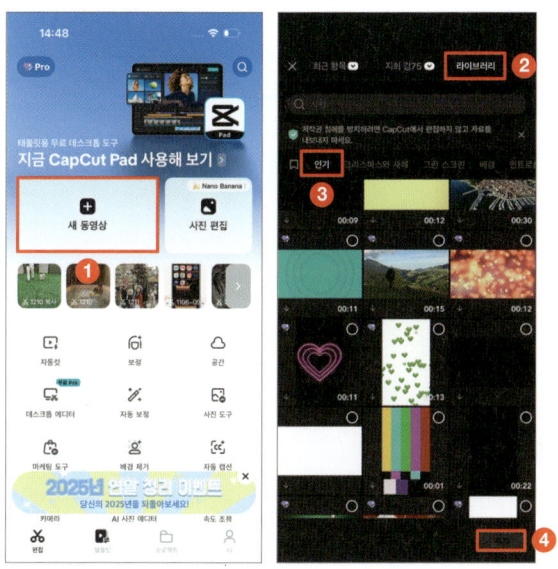

⌃ [새 동영상] → [라이브러리] 탭 → 이미지 선택 후 [추가]

선택한 배경 이미지가 추가되었다면 ❶ 도구 바에서 [가로 세로 비율]을 선택한 후 ❷ 원하는 크기를 선택합니다. 여기서는 [9:16]을 선택했습니다. ❸ 미리 보기 화면에서 화면 가득 차도록 이미지 크기를 확대한 후 ❹ [적용]을 누릅니다.

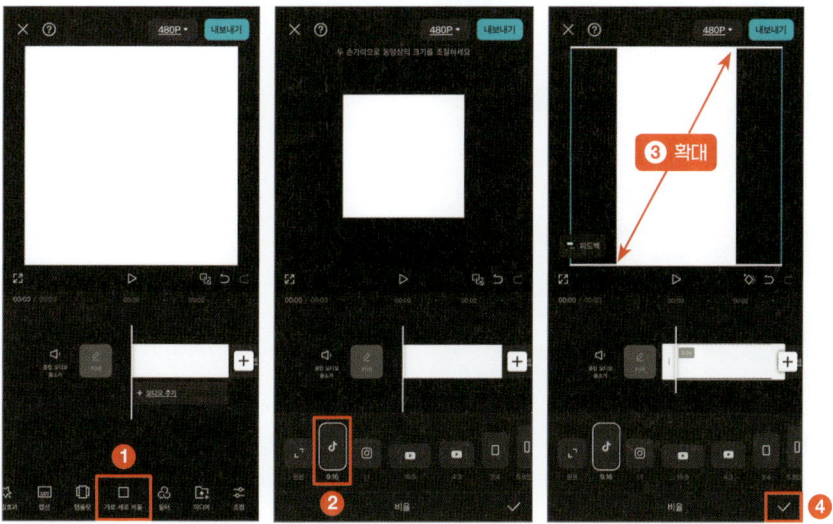

⌃ [가로 세로 비율] → 원하는 비율 선택 → 미리 보기 화면 채우기

이어서 ① 도구 바의 [텍스트]-[텍스트 추가]를 선택한 후 ② 원하는 문구를 입력합니다. 이때 배경이 검은색이면 흰색으로, 배경이 흰색이면 검은색으로 텍스트를 입력하고, ③ [내보내기]를 눌러 영상 파일로 저장합니다. 이 과정으로 텍스트와 사진이 하나의 영상으로 인식됩니다.

**TIP&TECH** 텍스트와 영상 합성 효과를 확실하게 표현하고 싶다면 가급적 두꺼운 글꼴을 사용하는 것이 좋습니다.

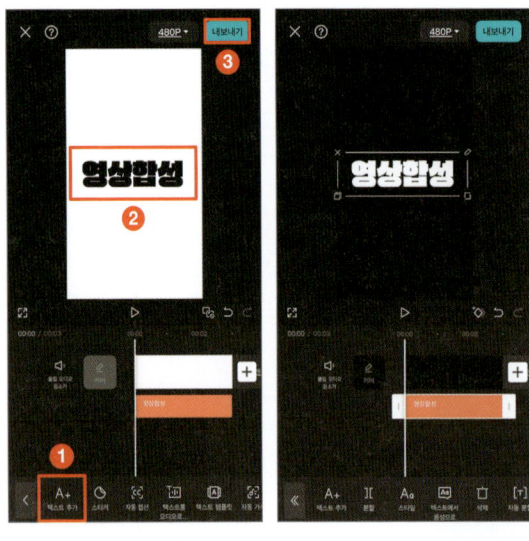

⌃ 흰색 배경에 입력한 텍스트　　⌃ 검은색 배경에 입력한 텍스트

## 오버레이로 합성하기

새로운 프로젝트를 시작한 후 앞서 저장한 텍스트 영상과 텍스트에서 보일 영상을 함께 불러옵니다. ① 텍스트 영상 클립을 선택한 후 ② [오버레이]를 선택하여 ③ PIP 클립으로 전환합니다.

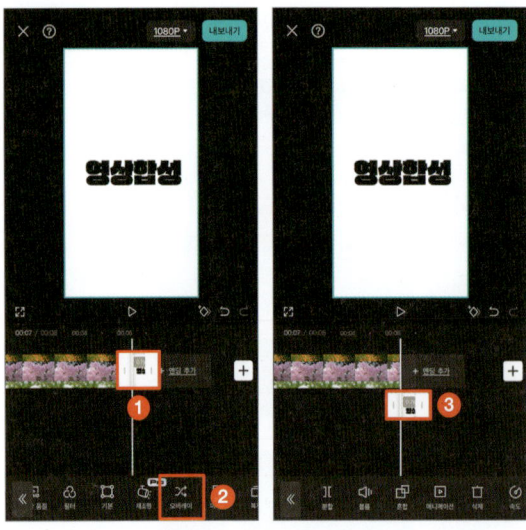

⌃ 텍스트 영상과 텍스트에서 재생할 영상으로 프로젝트 시작 후 텍스트 영상 클립을 PIP 클립으로 전환

❶ PIP 클립으로 전환한 텍스트 영상 클립을 꾹 누른 후 합성할 영상 클립과 나란하게 배치한 후 ❷ 도구 바에서 [혼합]을 선택합니다. ❸ 혼합 패널이 열리면 메인 클립과 PIP 클립을 어떻게 합성할지 선택할 수 있습니다. 각 방식을 하나씩 선택해서 결과를 확인해 보세요.

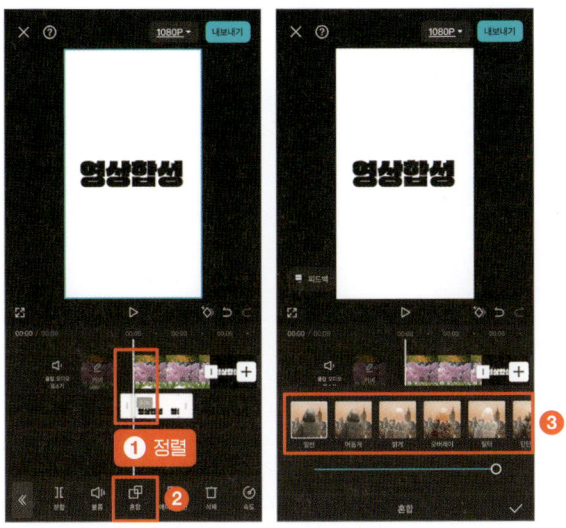

▲ 2개의 클립 나란히 배치 → PIP 클립 선택 → [혼합]

대표적으로 [밝게]를 선택하면 PIP 클립의 밝은 부분이 남고, [어둡게]는 반대로 PIP 클립의 어두운 부분만 남게 합성됩니다. [오버레이]는 각 영상을 적절하게 살리면서 합성하며, [부드럽게]는 [오버레이]에서 좀 더 부드러운 색감으로 합성합니다.

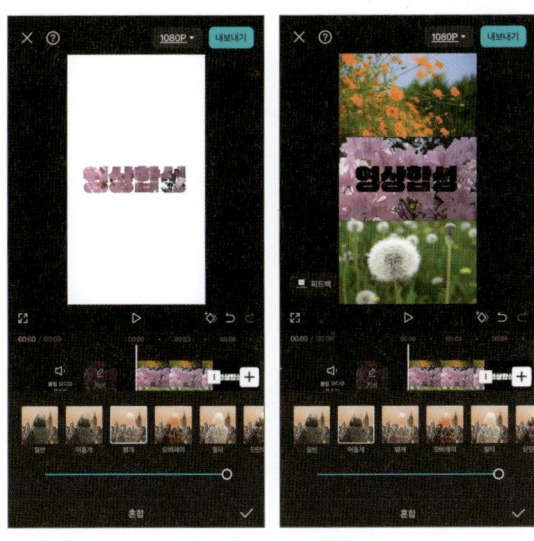

▲ 밝게    ▲ 어둡게

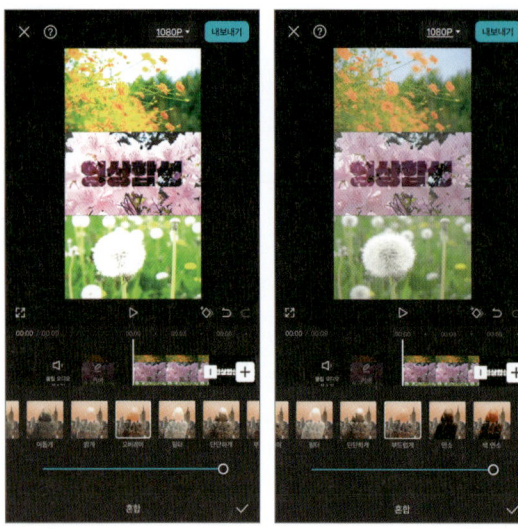

⌃ 오버레이        ⌃ 부드럽게

위의 예시는 흰색 배경일 때 결과입니다. 만약 검은색 배경에 흰색 텍스트 영상을 사용했다면 다음과 같이 같은 효과를 적용하더라도 전혀 다른 느낌의 영상이 완성됩니다.

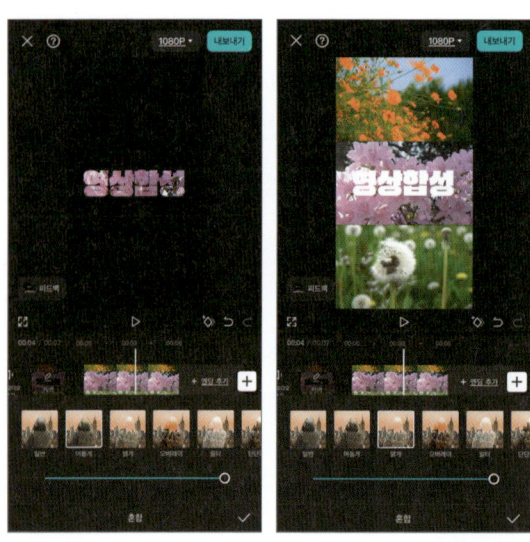

⌃ 어둡게          ⌃ 밝게

**TIP&TECH** 더욱 다채로운 영상을 합성한다면 이것만 기억하세요! 밝은 부분을 남겨 놓는다면 밝은 후드티, 어두운 부분을 남긴다면 어두운 후드티 모양을 선택합니다. 기능에 따라 합성되는 색이 조금씩 달라지므로 각 합성 버튼을 눌러 보면서 원하는 결과를 적용하면 됩니다. 예를 들어 밝은 부분을 합성할 때는 [밝게], [필터], [닷지]를 모두 눌러 보세요.

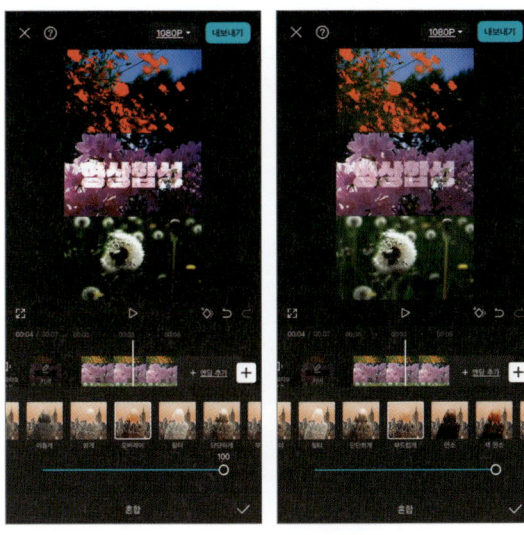

≫ 오버레이                    ≫ 부드럽게

### 마법 한 스푼 | 움직이는 텍스트 영상

위의 결과를 재생해 보면 텍스트는 정적으로 고정되어 있고, 합성된 영상만 재생됩니다. 만약 좀 더 화려한 움직임이 있는 영상을 만들고 싶다면 텍스트 영상을 제작할 때 키프레임을 추가하면 됩니다.

아래와 같이 텍스트를 입력한 후 ❶ 시작 위치에 키프레임을 추가하고, ❷ 2초 정도 뒤쪽에서 텍스트를 화면 가득 확대하여 두 번째 키프레임을 추가합니다.

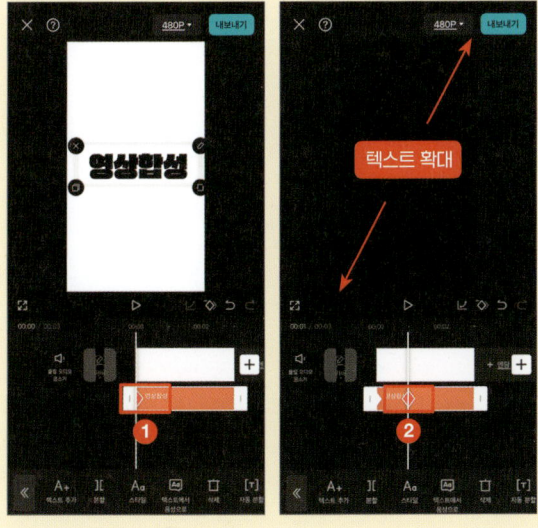

≫ 텍스트가 점점 확대되는 키프레임 설정

영상을 재생해 보면 다음과 같이 텍스트가 점점 확대됩니다. 이후 앞서 소개한 방법으로 영상과 합성하면 텍스트가 점점 확대되면서 화면에 표시되는 영상의 범위가 점점 넓어지는 장면이 완성됩니다. 물론, 이 과정은 영상을 합성한 후 PIP 클립에서 진행해도 무방합니다.

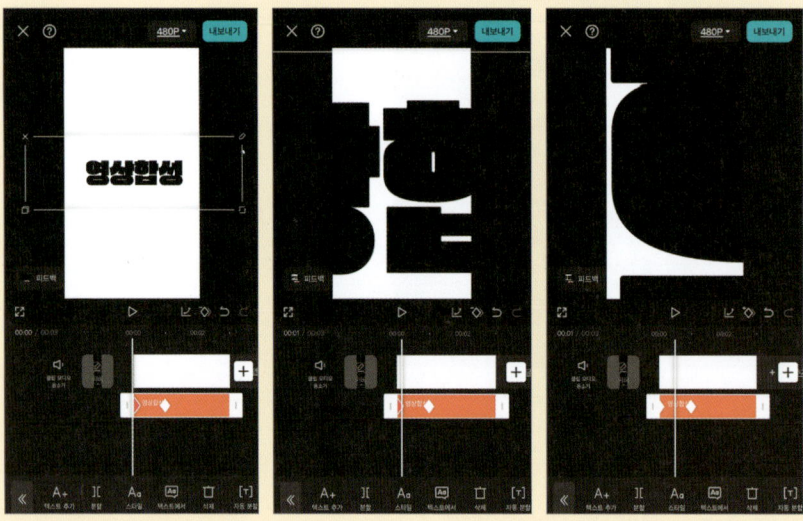

∧ 키프레임을 적용해 점점 커지는 텍스트

## 영상에서 사람만 남기려면? 배경 제거

오버레이 기능과 함께 쓰기 좋은 또 다른 마법 같은 기능, 바로 배경 제거입니다. 배경을 제거한 영상은 오버레이 기능을 활용하여 그대로 다른 배경과 합성하거나, 테두리를 적용하는 등 다양한 방식으로 활용할 수 있습니다.

2024년을 강타한 로제와 브루노 마스의 'APT' 뮤직비디오를 본 적 있나요?

︽ 출처: ROSE 공식 유튜브 www.youtube.com/@roses_are_rosie

배경 제거 기능을 이용하면 이런 영상도 만들 수 있습니다. 이 밖에도 다꾸처럼 감성적인 꾸미기, 사람이 날아다니는 영상, 미니미 세상 등 다양하게 활용할 수 있습니다.

︽ 배경 제거와 오버레이 기능을 이용한 마법 같은 영상

**캡컷의 배경 제거 기능 사용하기**

캡컷의 배경 제거 기능은 자동 삭제와 사용자 지정 삭제가 있습니다. 이 중에서 자동 삭제는 Pro 사용자용 기능입니다.

**자동 배경 제거하기** 어떤 방법을 사용하든 시작은 같습니다. ❶ 우선 배경 삭제할 영상의 클립을 선택한 후 ❷ 도구 바에서 [**배경 제거**]를 선택합니다. ❸ 배경 제거 패널이 열리면 [**자동 삭제**] 또는 [**사용자 지정 삭제**]를 선택하면 됩니다. ❹ Pro 사용자라면 [**자동 삭제**]를 선택해 보세요. ❺ 잠시 후 배경이 검은색으로 바뀐 화면을 볼 수 있습니다. 여기서 검은색은 실제 검은색이 아니라 투명한 상태를 의미합니다.

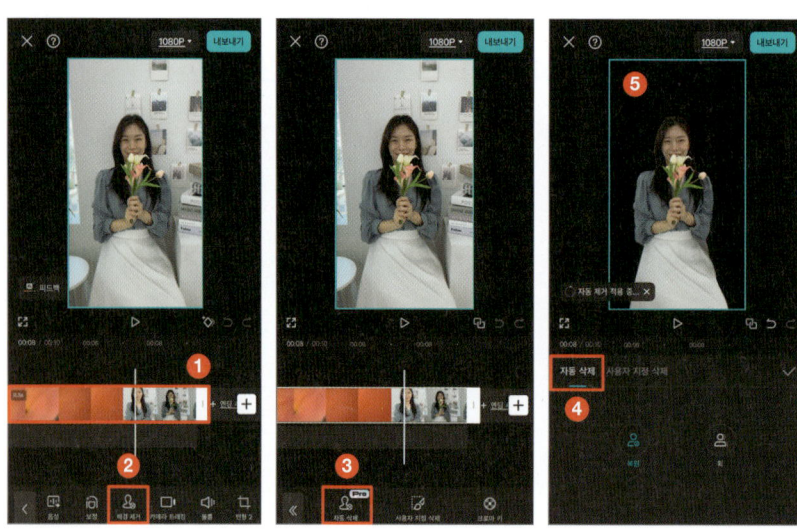

▲ [배경 제거] → [자동 삭제]

**TIP&TECH** 캡컷의 자동 배경 제거 기능은 Pro 사용자용 기능입니다. 하지만, 무료 사용자도 자동 배경 제거 기능을 얼마든지 실행할 수 있습니다. 단, 이후 완성한 프로젝트를 영상으로 저장(내보내기)할 때 유료 구독이 필요합니다.

**획 추가하기** 자동 삭제 기능을 이용했다면 곧바로 [자동 삭제] 탭이 열리고 [복원]과 [획]이 표시됩니다. 이 중에서 [복원]을 선택하면 배경을 제거하기 전 영상으로 되돌릴 수 있고, [획]을 선택하면 배경을 제거하고 남은 피사체에 테두리를 추가할 수 있습니다. 다양한 획의 종류와 색깔을 활용해 꾸밀 수 있습니다. 사용자 지정 삭제 기능을 사용했더라도 [자동 삭제] 탭으로 이동하여 획을 추가할 수 있습니다.

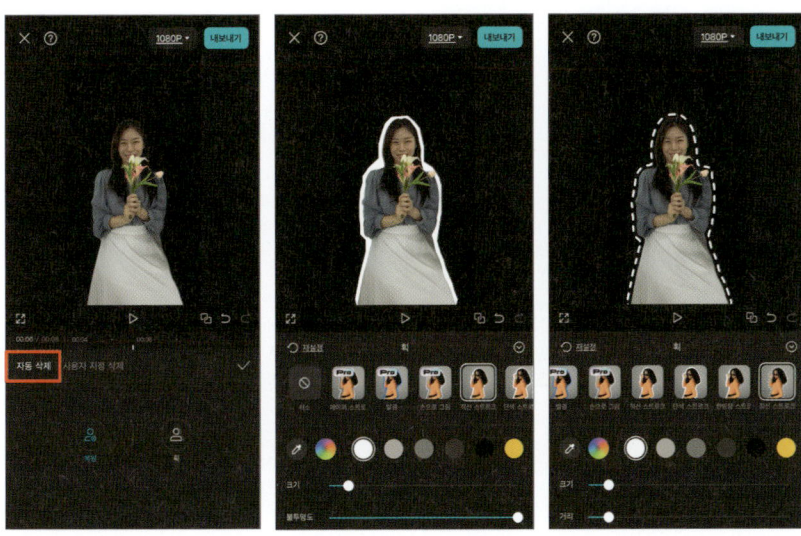

∧ [자동 삭제] 탭　　　　　∧ 다양한 종류의 획 스타일과 색상으로 피사체를 꾸밀 수 있습니다.

**사용자 지정 배경 삭제하기** Pro 사용자가 아닐 때 혹은 자동 배경 삭제 후 일부 삭제할 영역을 변경할 때 [사용자 지정 삭제] 탭을 이용할 수 있습니다. [사용자 지정 삭제] 탭에서 ❶ [브러시]를 선택한 후 ❷ 미리 보기 화면에서 드래그하여 남길 영역을 추가할 수 있고, ❸ [지우기]를 선택한 후 ❹ 드래그하여 남길 영역(빨간색 영역) 중 일부를 다시 제거할 수도 있습니다.

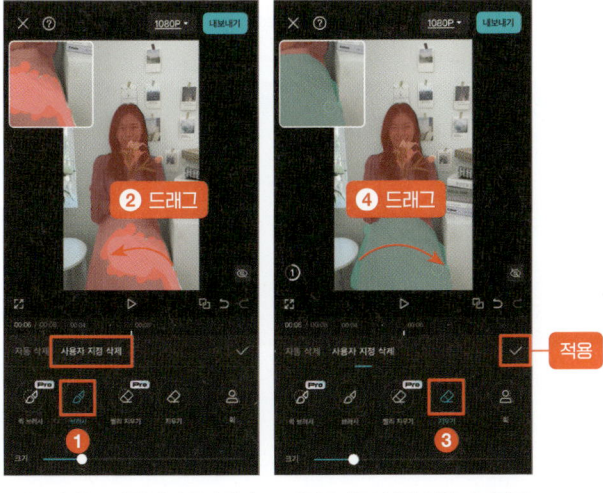

∧ [브러시]로 남길 영역 추가하기　　∧ [지우개]로 남길 영역 제거하기

롱제이의 시그니처 장면인 원 안에서 손과 지팡이만 나오는 영상 역시 사용자 지정 삭제 기능으로 특정 부분만 튀어나오도록 지정하여 만든 결과물입니다.

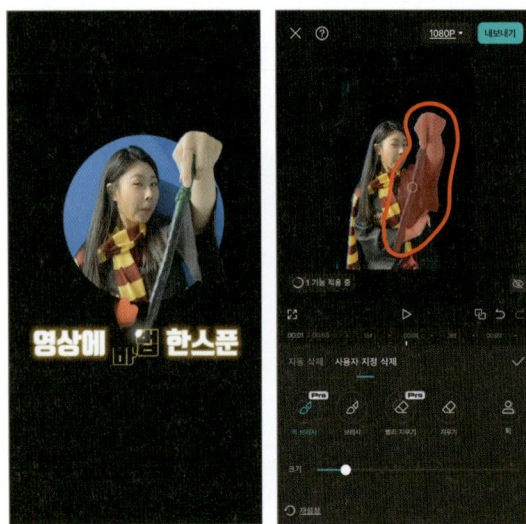

⌃ 롱제이의 시그니처 장면과 남기도록 지정한 영역

 **다른 앱에서 배경 제거하기**

캡컷 Pro 사용자라면 문제없겠지만, 그렇지 않다면 사용자 지정 삭제 기능만으로 배경을 제거하기 다소 불편할 수 있습니다. 이럴 때 다른 앱을 활용해 보세요. 무료로 배경 제거 기능을 활용할 수 있는 앱인 스프링, 비타, Edits(검색 시 영어로)를 소개합니다.

**TIP&TECH** 여기서 소개하는 앱 이외에도 영상 편집의 원리와 기초를 알면 또 다른 앱에서도 충분히 활용할 수 있습니다. 원하는 기능을 더 자유롭게 활용할 수 있는 방법이 있다면 그런 기능과 앱을 찾아 떠나는 여행(?)도 즐거운 시간이 될 것입니다.

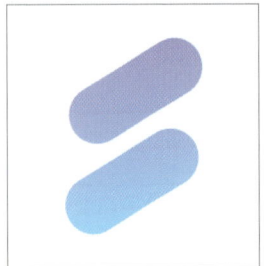 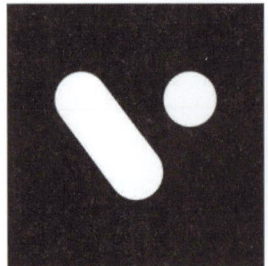 

⌃ 스프링　　　　　⌃ 비타　　　　　⌃ Edits

**스프링에서 배경 제거** 메인 화면에서 [새로 만들기] 후 배경이 될 사진 혹은 영상을 불러옵니다. ❶ 아무것도 터치하지 않은 상태에서 아래쪽에 있는 [오버레이]를 선택하여 배경 제거할 영상을 불러옵니다. ❷ 불러온 영상 클립이 선택된 상태에서 ❸ 아래쪽에 있는 [매직 리무버]를 누르면 ❹ 완성입니다.

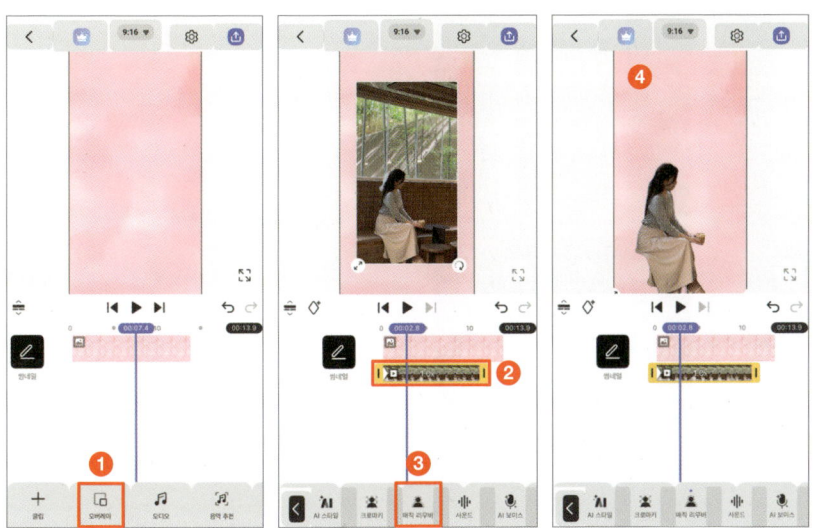

**비타에서 배경 제거** 메인 화면에서 [새 프로젝트] 후 배경으로 사용할 사진 혹은 영상을 불러옵니다. ❶ 아래쪽에서 [PIP]를 눌러 배경 제거할 영상을 불러온 후 ❷ 영상 클립이 선택된 상태에서 ❸ [배경 제거]를 누른 후 ❹ [자동]을 누르면 완성입니다.

**Edits에서 배경 제거** 메인 화면에서 오른쪽 아래에 있는 [+] 버튼을 눌러 배경으로 사용할 사진 혹은 영상을 불러온 후 ❶ 아래쪽에서 [오버레이]를 눌러 배경 제거할 영상을 선택합니다. ❷ 불러온 영상 클립이 선택된 상태에서 ❸ [컷아웃]을 누릅니다.

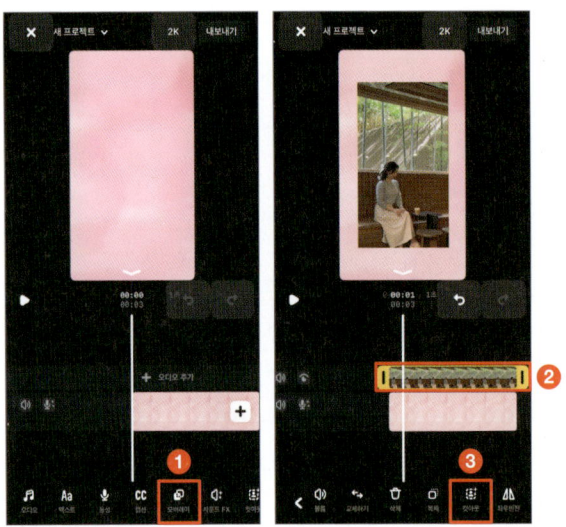

❶ 컷아웃 화면이 열리면 [개체 추적] 버튼을 누릅니다. 만약 남길 개체(인물)가 여럿이라면 [직접 선택]을 누른 후 화면에서 남길 개체를 터치하고 [개체 추적]을 누른 후 ❷ [완료]를 누르면 ❸ 완성입니다.

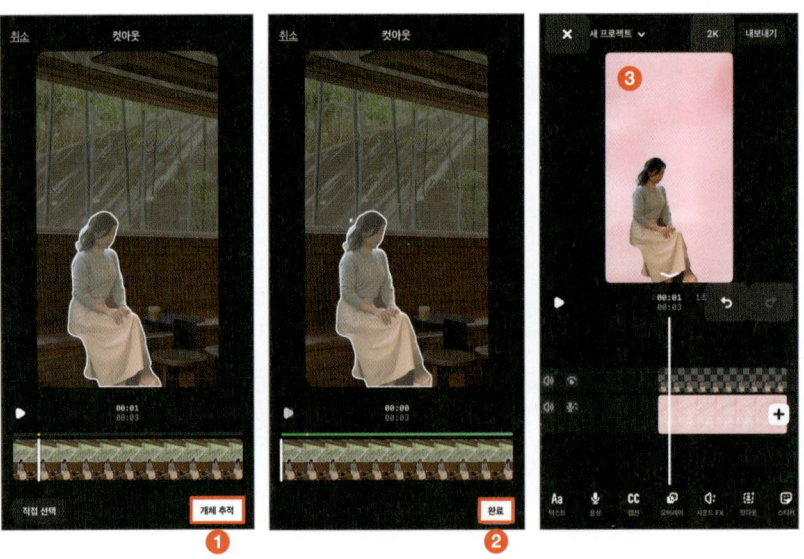

**마법 한 스푼 | 배경 제거 영상 제작 시 주의할 점**

어떤 장소에서 어떤 동작으로 촬영하느냐에 따라 배경 제거가 깔끔하게 되지 않을 수 있습니다. 요즘처럼 영상 소비가 많은 시대에 사람들은 배경 제거와 합성이 조금만 부자연스러워도 어색함을 느낄 것입니다.

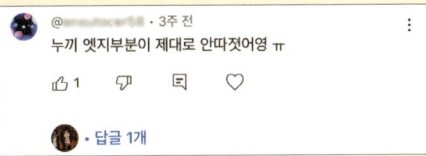

⌃ 시청자에게 들킨 어색한 배경 제거

이런 속상한 상황이 발생하지 않도록 촬영 단계부터 다음 세 가지를 주의해서 촬영하는 것이 좋습니다.

- 배경 제거가 깔끔하게 작동할 수 있도록 사람이 많은 곳, 배경이 복잡한 곳은 피해야 합니다.
- 사람이 확실히 구분되도록 크게 촬영합니다. 다시 말해 인공지능이 피사체(사람)를 제대로 인식할 수 있도록 해야 합니다.
- 손, 발가락, 머리카락 등 미세한 부분들은 최대한 드러나지 않도록 촬영하는 것이 좋습니다.

⌃ 배경 제거가 깔끔하지 않아, 합성한 결과물까지 어색해진 예시

⌃ 배경이 깔끔하게 제거되어 합성이 잘 된 영상

# 얼굴 말고, 영상에 씌운 마스크

사람 얼굴에 마스크를 씌우면? 흰색, 혹은 검은색으로 마스크 모양만큼 가려지게 됩니다. 즉, 영상을 '특정한 모양으로 오려내는 기능'이라고 생각하면 됩니다. 영상에서는 이 마스크 부분에 다른 영상을 합성할 수 있습니다.

##  원하는 모양으로 마스크 적용하기

마스크 기능을 실습해 보기 위해 임의의 프로젝트를 열고 ❶ 클립을 선택한 후 ❷ 도구 바에서 [마스크]를 선택합니다. ❸ 마스크 패널이 열리면 6가지 모양 중 선택할 수 있으나, 저의 경험에 의하면 앞의 4가지를 주로 사용합니다.

≫ 클립 선택 → [마스크] → 마스크 모양 선택

마스크 패널에서 원하는 모양을 선택해 보면 다음과 같이 곧바로 마스크가 적용되며, 선택한 모양대로 영상이 표시됩니다.

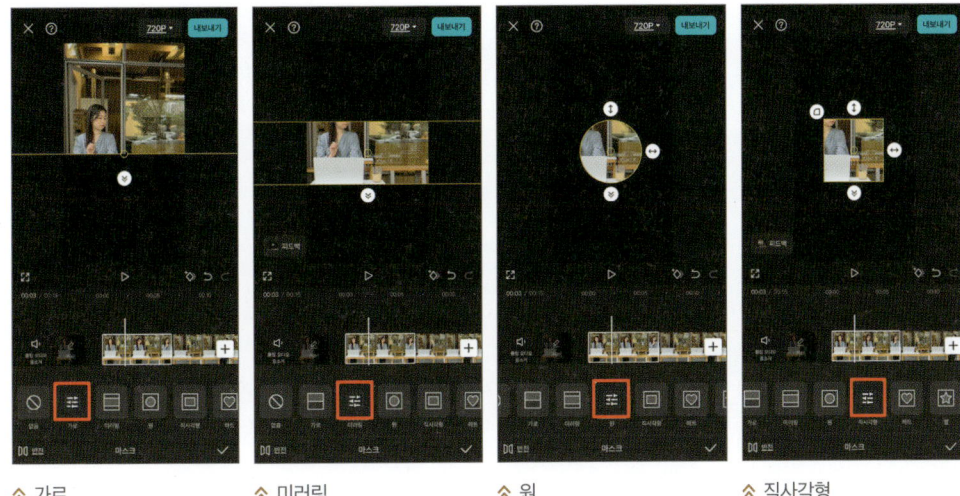

▲ 가로    ▲ 미러링    ▲ 원    ▲ 직사각형

**마스크 반전** "혹시 마스크 영역이 아닌 나머지 영역에만 영상을 표시할 수는 없나요?"라고 묻는다면, 있습니다. 방법은 간단합니다. 마스크 패널 왼쪽 아래에 있는 [반전]을 눌러 보세요. 선택한 모양만 투명하게 남고(검은색) 나머지 영역에 영상이 표시됩니다.

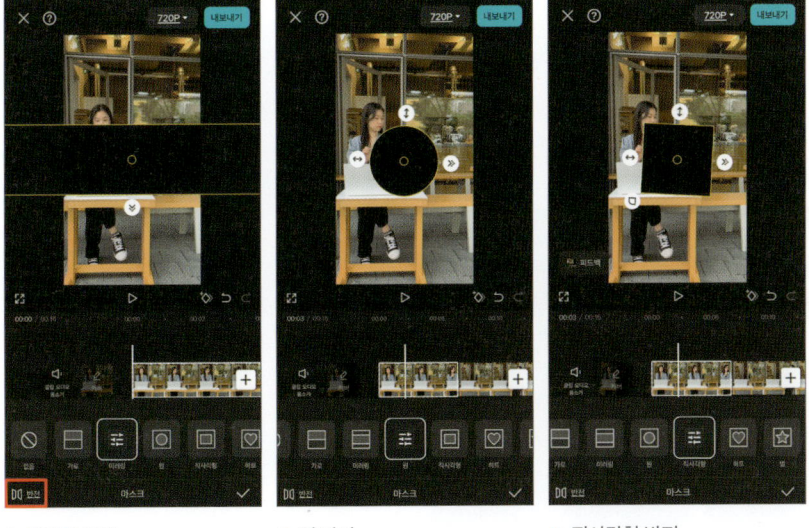

▲ 미러링 반전    ▲ 원 반전    ▲ 직사각형 반전

**마스크 영역 변형** 마스크를 적용한 후 미리 보기 화면에서 도형을 조절하듯 회전, 위치 이동, 가로세로 늘리기 등의 변형 작업을 할 수 있습니다. 예를 들어 [가로] 마스크를 적용한 후 두 손가락으로 비틀면 대각선으로 구분된 마스크가 됩니다. [원]이나 [직사각형]이라면 양쪽 화살표 아이콘

CHAPTER 01 마법 같은 영상을 위한 핵심 비법 4가지  **243**

을 누른 채 드래그하여 크기를 조절할 수 있고, 마스크 안쪽을 누른 채 드래그하여 위치를 옮길 수 있습니다.

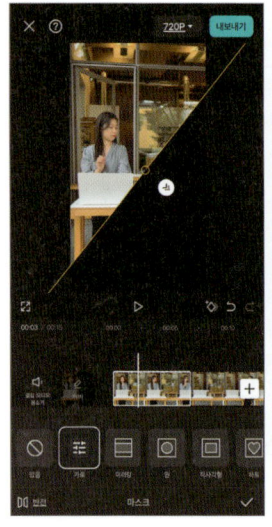  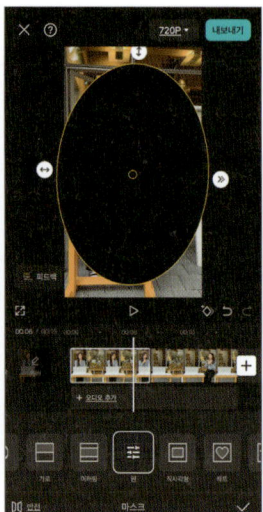

⌃ 회전한 가로 마스크    ⌃ 한쪽으로 늘려 타원으로 변형한 원 마스크

**옵션값으로 변형** 미리 보기 화면을 이용한 변형이 어렵거나, 좀 더 세밀하게 마스크 영역을 조절하고 싶다면 마스크 패널에서 현재 선택 중인 모양 아이콘을 한 번 더 눌러 보세요. 다음과 같이 상세 옵션 패널을 이용할 수 있습니다.

예를 들어 [가로] 마스크를 적용한 후 다시 한번 [가로]를 누르면 [위치], [회전], [깃털] 탭이 표시됩니다. [위치] 탭에서는 X, Y축을 기준으로 마스크의 위치를 조절할 수 있고, [회전] 탭에서는 정확한 각도로 회전시킬 수 있습니다.

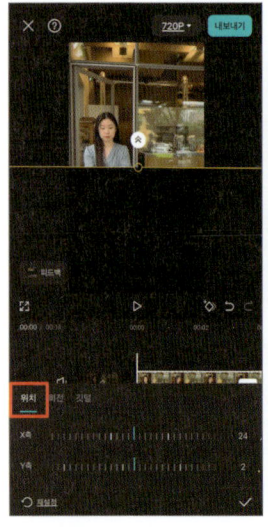 

⌃ [위치] 탭    ⌃ [회전] 탭

[깃털] 탭은 마스크 경계를 부드럽게 처리하는 옵션으로, 미리 보기 화면의 마스크에 표시된 >> 모양 아이콘과 같은 기능입니다. [깃털] 탭의 옵션값을 높일수록 경계가 부드러워지지만, 영상이 투명하게 표현되어 원하는 효과를 얻을 수 없습니다. 따라서 피사체를 최대한 가리지 않는 선에서 가장 자연스러운 정도를 찾아야 합니다. 촬영 장면에 따라 차이가 있지만, 5~10 정도로 조절해 주면 적절합니다.

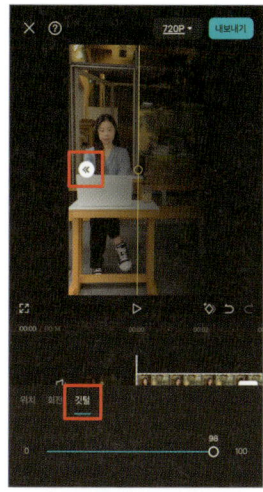

≪ [깃털] 탭의 옵션값에 따른 차이

### 🎩 마법 한 스푼 | 마스크와 키프레임의 조합

마스크와 키프레임의 조합은 신기한 영상을 위한 치트키입니다. 마스크에 키프레임을 추가한 후 위치나 크기를 변경하는 작업은 신비로운 영상의 시작입니다. '이건 어떻게 만든거지?'라는 궁금증이 생기는 영상이 있다면 그 변화를 자세히 살펴보세요. 무엇인가가 '점점' 변하는 영상이라면 대부분의 비밀이 키프레임과 마스크의 조합입니다. 마스크와 키프레임을 활용한 실습은 276쪽을 확인해 보세요.

≪ 마스크 위치 변화에 따른 키프레임 추가 예시

## 마스크 기능으로 쌍둥이 영상 만들기

많은 사람이 어려워하는 기능 중 하나가 마스크입니다. 그만큼 좀 더 쉽게 익히는 방법을 묻는 사람이 많지만 익숙해지도록 연습하는 것 이외에는 방법이 없습니다. 마스크 영상의 대표라고 할 수 있는 쌍둥이 영상, 같은 사람이 한 화면에 동시에 나오는 영상을 제작해 보겠습니다.

⌃ 'celebrity' 뮤직 비디오에 활용된 쌍둥이 영상, 출처: https://www.youtube.com/@1theK

이 기법은 아이유의 'celebrity' 뮤직비디오에서 활용되었으며, 예능에서도 자주 사용됩니다. 최근에는 과거와 현재 혹은 상황별 코디를 소개하는 패션 콘텐츠에서도 빈번하게 활용하는 기법이므로, 꼭 한 번 실습해 보길 바랍니다.

**영상 촬영** 이 영상은 삼각대가 필수입니다. 삼각대에 카메라를 고정한 후 다음과 같이 왼쪽에만 사람이 나오는 영상과 오른쪽에만 사람이 나오는 영상을 각각 촬영합니다. 이후 마스크 기능으로 합성할 것이므로 사람이 화면 중앙을 침범하지 않도록 해야 합니다. 두 영상을 촬영하면서 카메라는 일절 움직이지 않도록 하는 것이 핵심입니다.

⌃ 쌍둥이 영상 제작을 위한 두 장면

**마스크 적용** 캡컷에서 새로운 프로젝트를 시작하고, 앞에서 준비한 2개의 영상을 불러옵니다. 이제 마스크를 적용할 것인데, 이때 핵심은 '사람이 없는 영역을 투명하게 가리고, 다른 영상을 표시한다'입니다.

❶ 우선 왼쪽에 사람이 있는 클립을 선택한 후 ❷ 도구 바에서 [마스크]를 선택하고, ❸ [가로]를 누릅니다. ❹ 미리 보기 화면에서 90도로 회전한 후 깃털을 8 정도로 조절합니다.

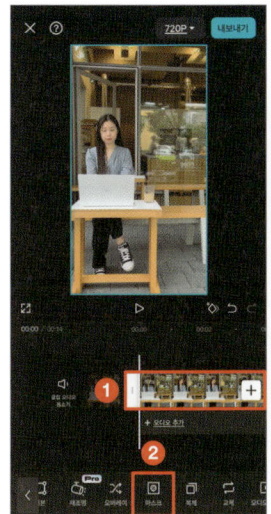  

≪ 클립 선택 → [마스크] → [가로] → 회전 및 깃털 적용

**오버레이 적용** 이제 투명하게 가려진 영역으로 오른쪽 인물 영상이 표시되면 되겠죠? 2개의 클립 중 하나를 PIP 클립으로 전환해야 합니다. 그렇다면 어떤 클립을 PIP 클립으로 전환해야 할까요? 일부가 가려진(투명한) 영상이 위에 배치되어야 투명한 영역으로 다른 영상이 합성되겠죠? 타임라인 영역에서 아래에 배치될수록 실제 영상은 위에 표시됩니다. 그러므로 ❶ 마스크가 적용된 클립을 선택한 후 ❷ 도구 바에서 [오버레이]를 선택하면 완성입니다. 기억하세요. '항상 지워진 영상을 앞으로!' 마스크가 적용된 영상에 오버레이도 적용합니다.

≪ 마스크 적용된 클립 선택 후 [오버레이]

CHAPTER 01 마법 같은 영상을 위한 핵심 비법 4가지

**PIP 클립의 위치 및 길이 조절** 실습을 따라 했는데도 한쪽이 계속해서 검은색으로 표시된다면 타임라인 영역을 확인해 보세요. 합성할 영상의 클립은 세로로 나란히 배치되어 있어야 합니다. 아래와 같이 2개의 클립이 서로 겹쳐 있지 않다면 PIP 클립을 꾹 누른 후 메인 클립과 나란히 배치되도록 위치를 옮겨 보세요.

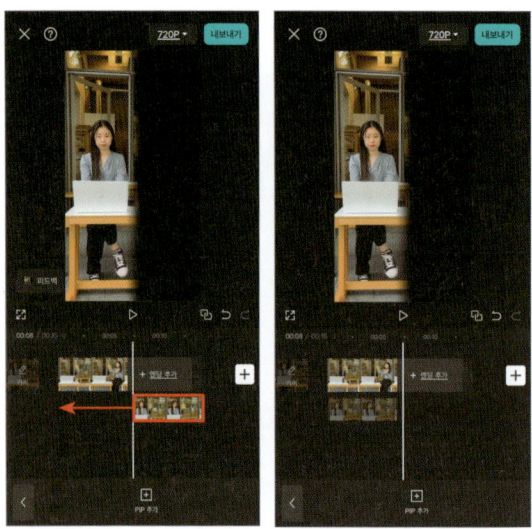

**TIP & TECH** 간혹, 2개의 클립에 각각 마스크를 적용하는 분이 있습니다. 다시 한번 기억하세요! 위에 배치될 영상(타임라인 영역에서는 아래)에만 마스크를 적용하면 충분합니다.

주의할 점 한 가지 더! 메인 클립과 PIP 클립의 길이를 확인해 보세요. 둘 중에 하나가 더 길다면 끝에 가서는 한쪽만 표시되어 합성이 들통날 수 있습니다. 그러니 두 클립의 길이를 똑같이 맞춰 주세요.

《 끝이 맞지 않으면 합성이 들통날 수 있습니다.

## 키프레임과 마스크로 오프닝 영상 만들기

마스크 기능을 적용한 영상은 대부분 PIP 클립으로, 앞쪽에 배치됩니다. 하지만 예외도 있습니다. 이번 실습에서 만들어 볼 영상처럼 문이 열리는 효과 후에 영상이 재생되는 형태입니다. 여기서 완성한 영상은 오프닝으로 활용하기 좋습니다. 특히 감성적이거나 여행 콘텐츠의 시작 부분에 적용하면 효과적입니다.

**마스크 적용** 이번 실습을 위한 준비는 오프닝으로 사용하고 싶은 영상 한 개면 충분합니다. ❶ 오프닝으로 사용할 영상 클립을 선택한 후 ❷ 도구 바에서 [마스크]를 선택하고 ❸ [미러링]을 선택합니다. [미러링]을 선택하면 영상의 가운데만 보입니다. 이 부분을 완전히 닫은 후 '점점' 열리게 하는 것이 핵심입니다. '점점' 열리게 하기 위해 키프레임을 추가하면 되겠죠?

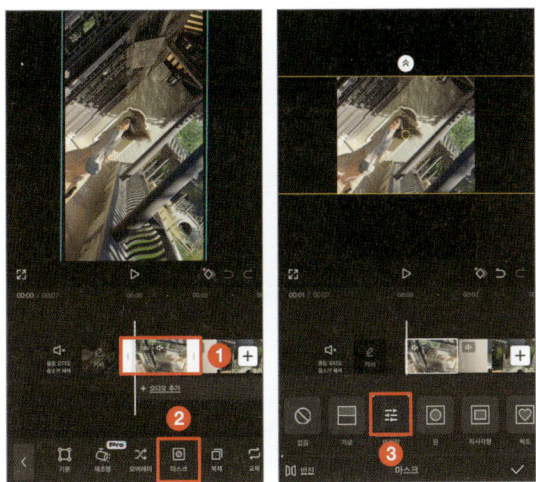

⌃ 오프닝 영상 클립 선택 → [마스크] → [미러링]

**키프레임 추가** ❶ 인디케이터를 클립의 맨 앞으로 옮긴 후 ❷ 미리 보기 화면에서 두 손가락을 모아서 그림과 같이 마스크 영역을 완전히 닫고, ❸ 타임라인 오른쪽 위에 있는 [키프레임 추가] 아이콘을 눌러 첫 번째 키프레임을 추가합니다. 이어서 ❹ 인디케이터를 2초 정도 뒤로 옮긴 후 ❺ 미리 보기 화면에서 마스크 영역을 완전히 열어 줍니다. 설정이 변경되므로 자동으로 키프레임이 추가됩니다. 이때 화면이 열리는 속도는 키프레임 간격에 따라 결정됩니다. 경험상 2초가 가장 적절했으나 더 천천히 열리게 하고 싶다면 키프레임을 좀 더 뒤에 추가하면 됩니다.

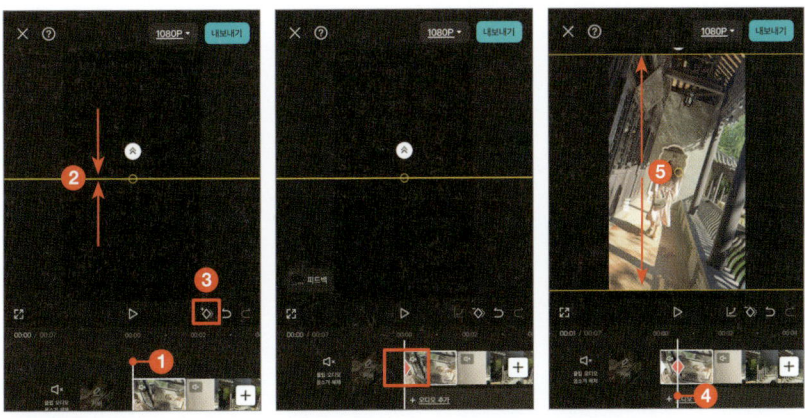

⌃ 마스크 영역 조절 → 키프레임 추가 → 인디케이터 이동 → 마스크 영역 조절

**TIP&TECH** 마스크 영역을 닫을 때 대각선 방향으로 두 손가락을 모으거나 펼치면 좀 더 수월하게 조절할 수 있습니다.

이제 영상을 재생해 보세요. 다음과 같이 검은 화면이 점점 열리면서 영상이 나타나는 오프닝이 완성됩니다. 이대로 패널 오른쪽 아래에 있는 [적용] 아이콘을 눌러 마스크 및 키프레임을 적용합니다.

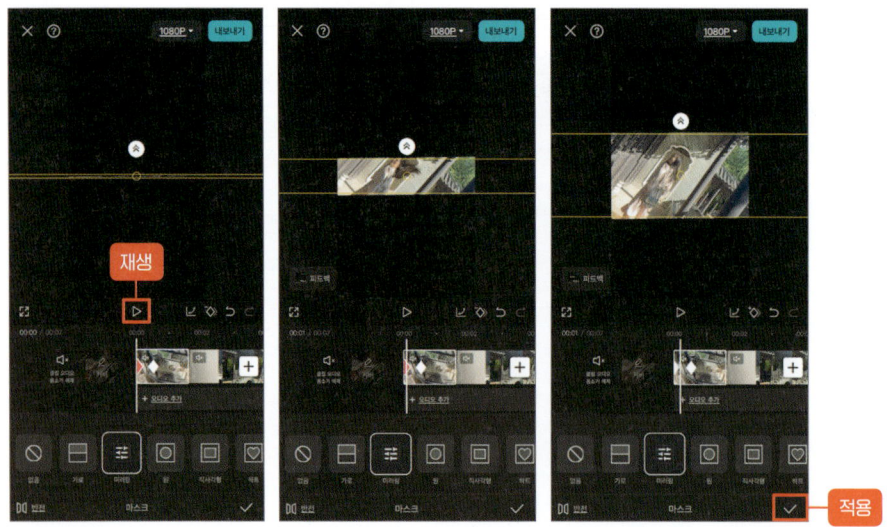

▲ 점점 열리면서 시작하는 오프닝 영상

마스크와 키프레임만으로 그럴듯한 오프닝이 완성되었죠? 이처럼 마스크와 키프레임 콜라보를 잘 활용하면 더욱 다채로운 영상을 완성할 수 있습니다.

# 영화 CG와 같은 합성 기법, 크로마 키

영화의 비하인드를 본 적이 있으신가요? 특히 CG와 같은 그래픽 합성 기술을 활용한 영화 현장에 항상 따라 다니는 것이 있습니다. 바로 크로마 키입니다. 마스크가 특정 모양으로 오려내는 기능이라면 이번에 배울 크로마 키는 지정한 색을 지우는 기능입니다.

## 크로마 키 세상 파헤치기

크로마 키는 영상을 합성할 때 사용하는 대표적인 기법입니다. 대표적으로 화려한 영상의 블록버스트 영화들은 초록색 혹은 파란색으로 채워진 스튜디오에서 촬영한 후 컴퓨터 그래픽으로 배경을 합성하죠. 이때 초록색 혹은 파란색으로 채워진 스튜디오가 바로 크로마 키 배경이자, 컴퓨터 그래픽이 합성되는 영역이 되는 것입니다.

⌃ 크로마 키 기법으로 완성된 영화, 출처: https://www.youtube.com/@TrendCentral

그렇다면 크로마 키 배경은 왜 초록색이나 파란색일까요? 다른 색을 사용하면 안 될까요? 크로마 키는 배경이 되는 '특정 색을 지우고 그 자리에 합성'하는 기법입니다. 만약, 영화에서 빨간색을 크로마 키 배경으로 활용했다면 이후 빨간색을 지웠을 때 어떤 문제가 발생할까요? 인물의 입술이 사라질지도 모릅니다. 검은색 배경이라면요? 검은 머리카락과 눈동자가 투명하게 사라지게 될 겁니다.

즉, 사람의 신체에 없는 색, 파란색과 초록색을 주로 사용하는 것입니다. 물론 예외가 있을 수 있습니다. 초록빛으로 가득한 숲에서 하늘과 사람의 뒷모습을 촬영한다면 빨간색을 크로마 키 배경으로 사용할 수 있을 겁니다. 이렇듯 어떤 환경에서 무엇을 촬영하는지에 따라 크로마 키 색이 달라질 수 있지만, 기본은 초록색, 파란색이라는 걸 기억하면 됩니다.

**TIP&TECH** 배경 제거 기능이 있는데 왜 크로마 키를 사용하는지 궁금할 수 있습니다. 이유는 간단합니다. 배경 제거 기능은 한계가 있기 때문이죠. 크로마키를 이용하면 머리카락 한 올까지, 혹은 훨씬 더 정교하게 합성할 수 있습니다.

## 크로마 키 기법의 이용 사례 살펴보기

크로마 키 기법으로 영상을 합성하려면 크로마 키 배경에서 촬영한 영상이 필요합니다. 즉 초록색이나 파란색 배경에서 영상을 촬영해야 합니다. 천, 혹은 색지, 크로마 키 전용 배경 등 초록색이나 파란색으로 된 배경을 찾아 보세요. 아래의 다양한 예시 중 어떤 용도로, 무엇을 촬영하고 싶은지에 따라 적절한 배경을 준비하면 됩니다.

크로마 키를 활용한 대표적인 예시는 배경 합성입니다. 이때는 피사체(인물)보다 크고 넓은 배경이 필요합니다.

▲ 크로마 키 촬영 실제 현장    ▲ 크로마 키 배경에서 촬영한 영상과 합성 결과

다음으로 제품 광고에도 크로마 키 기법을 자주 이용합니다. 광고 영상을 보면 카메라와 같은 제품이 저절로 움직이거나 작동하기도 합니다. 이때 CG로 작업하기도 하지만, 크로마 키 기법을 이용하기도 합니다.

▲ 크로마 키 배경에서 촬영 중인 제품과 합성한 결과

세 번째 사례로 투명 인간 영상을 만들 수 있습니다. 2000년에 개봉한 영화 '할로우맨'과 2020년에 개봉한 '인비저블맨'이 투명 인간을 다룬 영화입니다. 당시에는 정말 신기하게 봤는데 알고 보니 크로마 키 배경이 아닌 크로마 키 옷을 입고 촬영하는 방법이었습니다.

▲ 영화 '인비저블맨' 비하인드 영상

크로마 키 옷을 입고 물체를 옮기는 영상을 촬영하면 물체가 저절로 움직이는 듯한 영상을 만들 수도 있습니다.

▲ 크로마 키 옷을 입고 촬영한 영상과 결과물

마지막으로 눈길을 사로잡는 트랜지션 방법으로 활용할 수 있습니다. 합성하고 싶은 부분에 초록색 종이를 붙이거나 핸드폰 화면을 초록색으로 만들어 촬영한 후 해당 위치에 또 다른 영상을 합성하면 영상 속 영상으로 들어가는 듯한 장면을 연출할 수 있습니다.

⌃ 크로마 키 트랜지션을 위한 촬영 모습

⌃ 크로마 키 트랜지션 결과

이 외에도 X레이 효과, 움직이는 액자, 전단지 등 움직이는 것 자체가 신기한 물체에 크로마 키 기법을 이용해 합성하면 마법 같은 영상을 만들 수 있습니다.

≪ 움직이는 전단지 영상

##  캡컷의 크로마 키 합성 방법

캡컷에서 크로마 키 합성을 위해 크로마 키를 적용할 영상과 크로마 키 영역에 합성할 영상을 준비해서 프로젝트를 시작합니다.

**크로마 키 적용** ❶ 먼저 크로마 키가 적용될 클립을 선택한 후 ❷ [배경 제거]를 선택한 다음 ❸ [크로마 키]를 선택합니다.

≪ 클립 선택 → [배경 제거] → [크로마 키] 선택

**크로마 키 색상 선택** ① 크로마 키 패널이 열리고 ② 미리 보기 화면에는 원(컬러 피커)이 표시됩니다. ③ 컬러 피커를 드래그하여 제거할 색상을 선택하면 됩니다. 예시와 같은 장면이라면 원을 파란색 배경으로 옮긴 후 ④ 크로마 키 패널에서 **[채도]**를 높여 파란색 배경을 모두 투명하게 조절합니다.

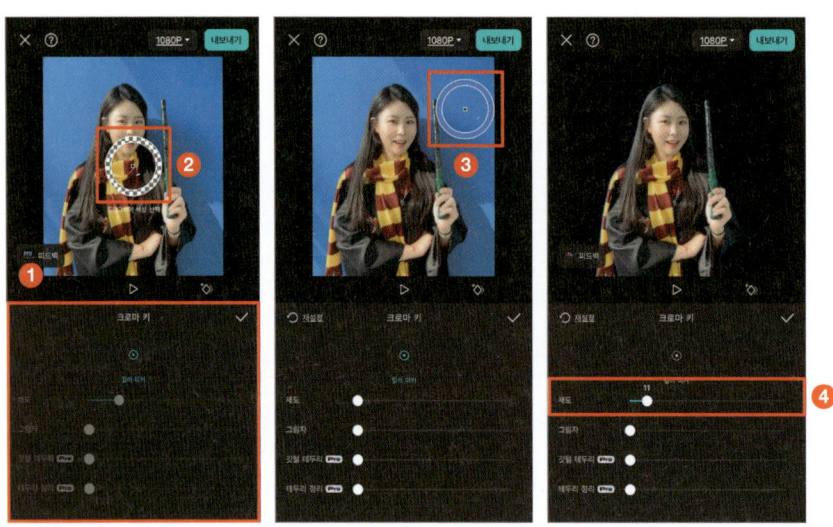

▲ 컬러 피커로 제거할 색 선택 후 [채도] 조절

크로마 키 작업의 핵심은 채도 조정이라고 봐도 무방합니다. 크로마 키 배경을 모두 제거했다면 ① 해당 클립을 선택한 후 ② 도구 바에서 **[오버레이]**를 선택하고, ③ PIP 클립으로 전환된 클립을 ④ 합성할 영상과 나란히 배치하여 완성합니다.

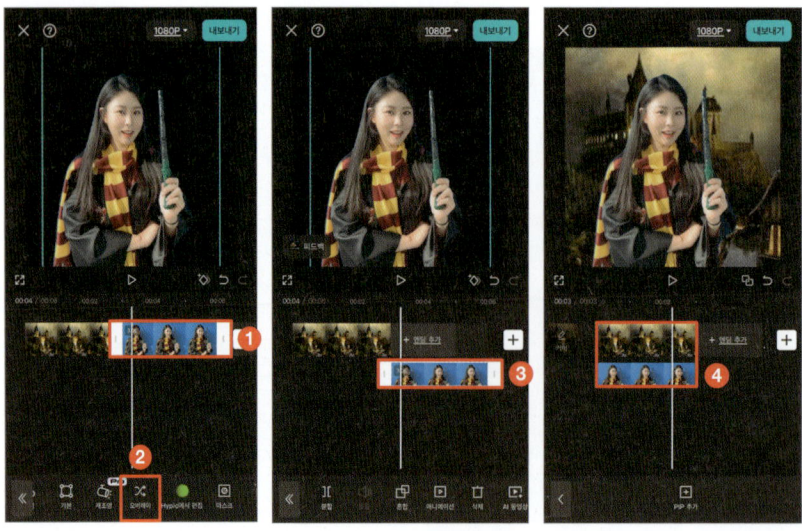

▲ 크로마 키 클립 선택 → [오버레이] → PIP 클립 위치 조절

CHAPTER

# 영상 마법의 마지막 보스, 실전 편집!

지금까지 배운 영상의 기본과 다양한 편집 기능을 활용해 나만의 마법 같은 영상을 만들어 보는 시간입니다. 각 결과물을 얻기 위한 촬영부터 편집 과정을 소개할 예정이니, 눈으로만 보지 말고, 직접 한 번 따라 만들어 보세요. 그런 다음 책의 결과물과 여러분의 결과물을 비교해 보세요. 그래야 진짜 여러분의 실력이 됩니다.

**Magic 01**  커피 위에 사람이? 작은 세상 마법
**Magic 02**  시간을 조절하는 마법
**Magic 03**  사람이 날아오는 마법
**Magic 04**  내가 4명이나? 네 쌍둥이 마법
**Magic 05**  기둥 뒤로 가면 옷이 바뀌는 마법
**Magic 06**  문이 열리면서 펼쳐지는 새로운 세상
**Magic 07**  커피가 지나가니 텍스트가 나타나는 마법
**Magic 08**  상자를 열지 않고 상자 속 물건을 확인하는 마법

## 커피 위에 사람이? 작은 세상 마법

영상 보기

귀여움. 한도 초과! 세상에서 가장 작은 카페, 공유 배우가 출연한 카누의 광고를 떠올려 보세요. 거인국에 방문한 듯 미니미가 된 공유 배우가 커피잔, 스템플러 등 다양한 물건 위에 걸터앉아 있는 모습이 기억날 겁니다. 이 광고처럼 여러분도 미니미가 되어 보세요.

배경 제거 기능으로 간단하게 미니미 캐릭터가 될 수 있습니다. 게다가 여러분이 원하는 장소, 물건 어디든 앉을 수 있습니다. 캡컷의 Pro 기능인 자동 배경 제거를 이용하지만, 무료 사용자도 내보내기 전까지는 자유롭게 실습할 수 있습니다.

**TIP & TECH** 배경 제거 기능을 소개할 때 언급한 무료 앱인 비타를 활용해도 좋습니다. 방법은 크게 다르지 않으니까요.

▲ 작은 카페 영상 결과

### 미니미 세계를 구현할 배경과 인물 촬영하기

삼각대 준비는 필수! '조금이라도 흔들리면 어색한 티가 난다!' 싶은 영상이라면 반드시 삼각대를 준비해서 촬영을 시작하세요. 이번 영상의 체크 포인트! 물건을 먼저 찍으면서 각도와 방향을 고민해 보세요. 예시 중 커피에 걸터앉은 사람은 커피 배경이 정면이므로, 사람도 정면에서 같은 눈높이로 촬영했습니다. 소금빵 예시는 오른쪽에 있는 소금빵에 사람을 배치하기로 미리 기획하여,

빵을 살짝 내려다보는 각도로 촬영했습니다. 따라서 사람을 촬영할 때도 다리를 왼쪽으로 향하게 하고, 찍는 각도도 빵을 촬영할 때와 유사한 구도로 촬영했습니다.

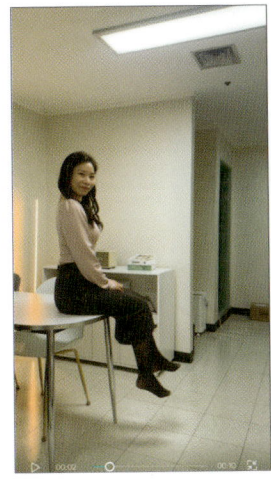

☆ 미니미 세계를 완성할 2개의 영상 준비하기

## 미니미 세상으로 합성하기

배경 영상과 인물 영상이 준비되었으면, 인물 영상과 배경 영상 순서로 선택하여 프로젝트를 시작합니다. ❶ 인물 클립을 선택한 후 ❷ 도구 바에서 클릭 후 [배경 제거]를 선택하고, ❸ [자동 삭제]를 눌러 인물만 남깁니다. 그런 다음 ❹ 배경 제거한 영상은 [오버레이]!

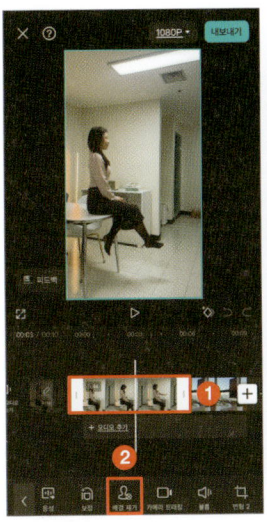
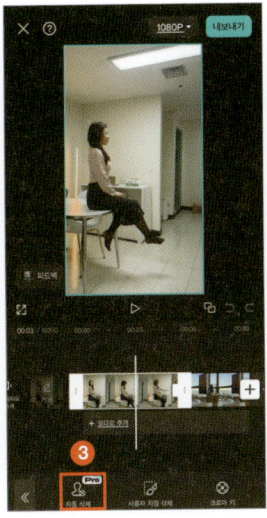
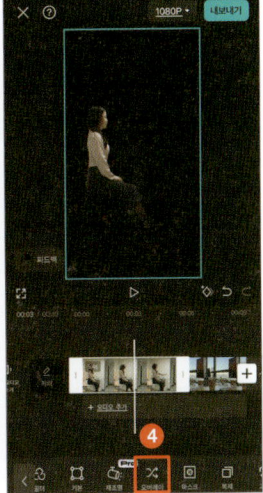

☆ 인물 클립 선택 → [배경 제거] → [자동 삭제] → [오버레이]

오버레이하여 ❶ PIP 클립으로 전환되면 ❷ 미리 보기 화면에서 인물의 크기와 위치를 조절하여 커피 위에 걸터앉힙니다. ❸ 합성의 마지막 단계는 클립의 길이 맞추기죠? 길이가 더 긴 클립의 오른쪽 조절 바를 왼쪽으로 옮겨 클립의 길이를 맞추면 완성입니다. 정말 간단하죠?

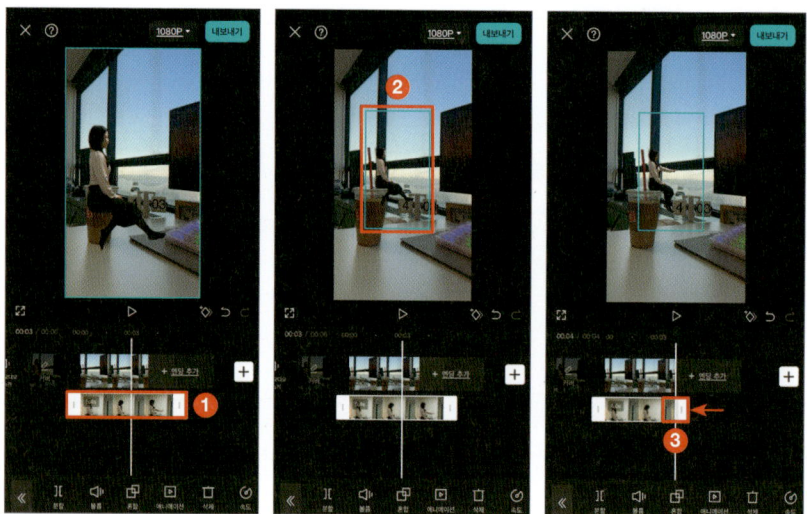

≫ PIP 클립 선택 → 위치 및 크기 조절 → 클립 길이 맞추기

여러분만의 멋진 카페를 찾아 미니미 세상을 완성해 보세요.

# 시간을 조절하는 마법

영화 '어벤져스'에서 닥터 스트레인지가 사과를 계속 썩도록 만드는 장면이 있습니다. 주인공을 제외한 모든 세상이 빠르게 흘러가는 영화 장면들도 흔히 볼 수 있죠. 이처럼 세상이 멈추게, 혹은 빠르거나 느리게 돌아가는 시간 조절 마법을 완성해 보세요.

두 팔을 뻗어 시간을 빠르게 조정하는 듯한 마법 영상을 만들어 보겠습니다. 날 좋은 날, 구름이 적당하게 예쁜 날 남몰래 시간을 조정해 보세요.

시간을 조절하는 마법 영상 »

### 인물 영상과 시간의 흐름을 표현할 타임랩스 영상 촬영하기

시간이 평범하게 흐르다가 빠르게 흐르는 영상에서도 삼각대는 필수! 점프하면서 두 팔을 벌리는 인물 영상을 촬영하고, 같은 구도를 유지한 채 [하이퍼랩스(타임랩스)] 기능으로 30분 정도 구름을 촬영합니다. 인물을 먼저 촬영하는 이유는 구름 배경과의 자연스러운 어울림을 고려해서입니다. 아무래도 구름 영상을 먼저 찍게 되면 시간이 어느 정도 지난 후이므로 인물 영상과 구름 영상의 앞부분 구름의 모양이 다르겠죠?

또한, 구름을 타임랩스 기능으로 촬영함으로써 긴 시간이 짧게 압축되어 용량을 몇 배로 아낄 수 있습니다. 일반 동영상으로 30분을 촬영한다면 그만큼 많은 저장 용량과 이후 편집 단계에서 긴 클립의 길이로 불편함을 겪을 수 있습니다.

△ 삼각대로 인물 영상 촬영   △ 하이퍼랩스(타임랩스) 기능으로 30분간 구름 영상 촬영

## 배경 제거와 속도 조절 기능으로 영상 완성하기

인물 영상과 구름 영상 순서로 선택하여 프로젝트를 시작합니다. 이번 영상의 포인트는 점프하면서 두 팔을 벌리는 순간에 맞춰 구름의 움직임도 빨라지는 것입니다.

❶ 인물 클립에서 두 팔을 벌리는 순간을 찾아 ❷ 도구 바에서 [분할]을 선택합니다. ❸ 분할된 뒤쪽 클립을 선택한 후 ❹ [오버레이]를 선택하여 PIP 클립으로 전환합니다. ❺ PIP 클립이 다음과 같이 구름 클립과 나란히 배치되어야 합니다.

△ 팔 벌리는 위치로 이동 → [분할] → [오버레이]

❶ PIP 클립을 선택하고 ❷ [배경 제거] 후 ❸ [자동 삭제]를 선택하여 PIP 클립에서 인물만 남깁니다. 그러면 메인 클립의 타임랩스 구름 영상과 합성되어 팔을 벌리는 시점부터 구름이 빠르게 움직이는 영상이 완성됩니다.

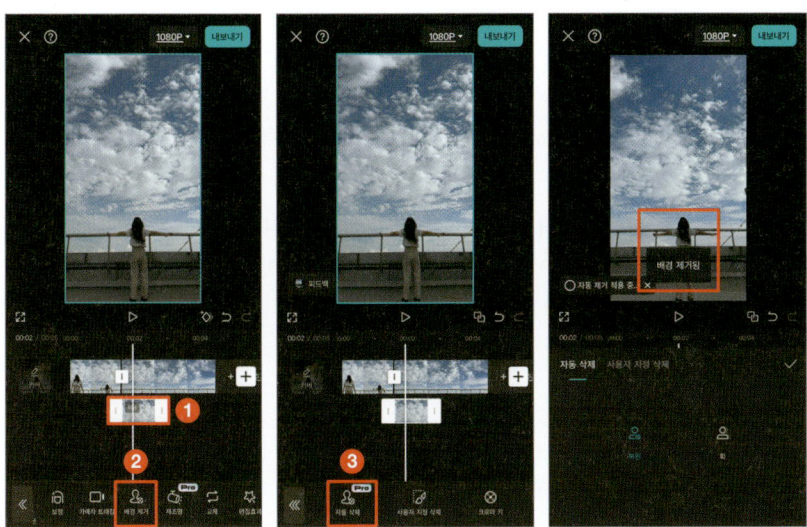

≪ PIP 클립 선택 → [배경 제거] → [자동 삭제]

완성한 영상을 재생해 보세요. 구름이 생각보다 느려서 다이내믹한 느낌을 주기에는 다소 아쉽죠? 구름 영상 클립의 길이가 길게 남아 있을 겁니다. 속도를 더 빠르게 조절하기 위해 ❶ 구름 영상 클립 선택 후 ❷ [속도]를 선택하고, ❸ [일반]을 눌러 ❹ 속도를 빠르게 조절합니다. 속도를 빠르게 조절할수록 클립의 길이가 짧아지므로, 아래쪽 PIP 클립과 길이가 같아지도록 속도를 조절하고 ❺ [적용]을 눌러 완성합니다.

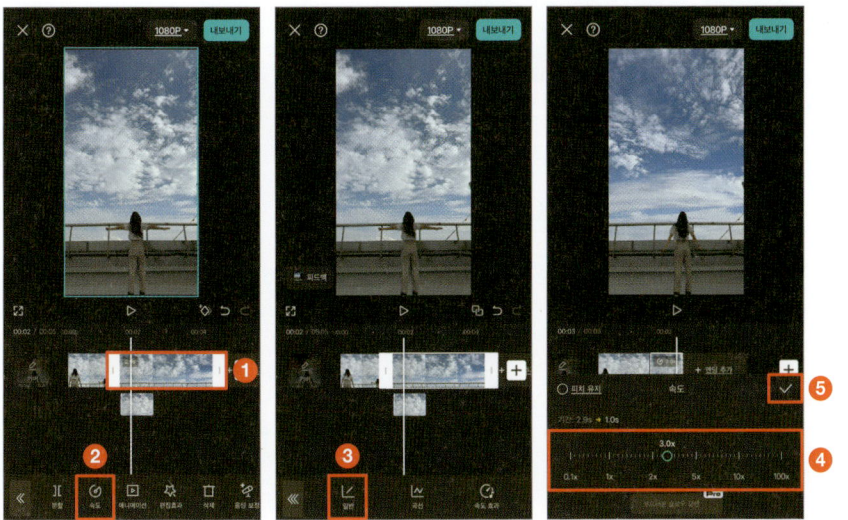

≪ 구름 클립 선택 → [속도] → [일반] → 빠르게 조절

## 사람이 날아오는 마법

가수 에스파의 '슈퍼노바' 뮤직비디오를 보면 윈터가 공중에서 날아다니는 등 신기한 영상 연출 장면이 많습니다. 배경 제거 기능으로 사람만 남긴 후 키프레임을 적용하면 날아다니는 영상이나 회전하는 영상을 쉽게 완성할 수 있습니다.

이번에 소개하는 마법의 영상은 여행 콘텐츠나 도입부에서 시선을 끄는 용도로 사용하기 좋습니다.

≪ 날아오는 사람 영상

## 사람이 날아오는 듯한 영상 촬영하기

영상에서 사람만 남겨 하늘에서 뚝 떨어지는 듯한 장면을 연출해야 합니다. 이번에도 준비물은 뭐다? 삼각대죠.

인물 영상에서 배경을 제거하여 사용할 것이므로, 배경 영상과 같은 위치에서 살짝 점프한 후 바닥을 손으로 짚는 동작을 촬영합니다. 그런 다음 인물 없이 같은 배경 영상을 촬영합니다.

인물 영상과 배경 영상 »

## 배경 제거와 키프레임으로 사람이 날아오는 영상 완성하기

인물 영상과 배경 영상 순서로 프로젝트를 시작합니다. ① 인물 영상 클립을 선택한 후 ② 도구 바에서 [오버레이]를 선택합니다. ③ PIP 클립으로 전환되면서 배경 영상 클립 아래에 배치됩니다. ④ PIP 클립에서 바다을 짚기 전, 슈퍼맨처럼 손을 하늘로 뻗고 있는 장면으로 이동한 후 ⑤ [분할]을 선택합니다.

⌃ 인물 클립 선택 → [오버레이] → 착지 직전 [분할]

분할된 ① 앞쪽 클립을 선택하고 ② [배경 제거] 후 ③ [자동 삭제]를 선택하여 배경을 제거하고 인물만 남깁니다.

△ 분할된 앞쪽 클립 선택 → [배경 제거] → [자동 삭제]

**키프레임 적용** 실제 촬영 시에는 살짝 점프했지만 배경을 제거한 인물의 위치를 조정하여 저 높은 곳에서 날아오는 것처럼 키프레임을 적용합니다. ① 배경 제거한 클립의 맨 끝에 [키프레임]을 추가하고, ② 맨 앞으로 이동한 후 ③ 미리 보기 화면에서 사람을 화면 위쪽 하늘로 옮깁니다. ④ 위치 정보가 바뀌므로 자동으로 키프레임이 추가됩니다. 영상을 재생해 보세요. 마치 하늘 높은 곳에서 바닥으로 착지하는 듯한 영상이 완성됩니다.

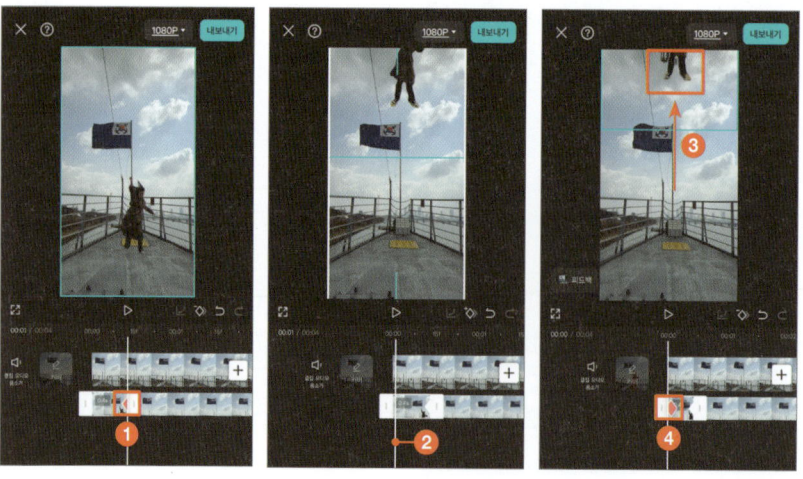

△ 맨 뒤에 키프레임 추가 → 맨 앞에서 인물의 위치 변경

**TIP&TECH** 위의 장면은 배경과 인물의 구분이 다소 모호합니다. 그러므로 배경 제거 기능으로 완벽하게 배경이 제거되지 않고 일부 테두리처럼 남을 수 있으나 괜찮습니다. 1초 만에 하늘에서 뚝 떨어지는 영상이므로 어색해도 쉽게 눈치채지 못할 것입니다.

만약 더 멋지고 티가 나지 않는 영상으로 업그레이드하고 싶다면 효과 하나를 추가해 볼 수 있습니다. ① 인디케이터를 분할된 PIP 클립의 경계 정도로 옮긴 후 ② 아무런 클립도 선택하지 않은 상태에서 [편집효과]를 선택하고 ③ [동영상 효과]를 선택합니다. ④ 검색 기능으로 [흔들림]을 찾아 선택합니다.

≪ [편집효과] → [동영상 효과] → 흔들림 검색 후

① 효과 클립이 길게 추가되어 있습니다. ② 효과 클립의 오른쪽 조절 바를 왼쪽으로 옮겨 착지 순간에만 짧게 효과가 적용되도록 길이를 조절합니다. 마지막으로 효과 클립이 선택된 상태에서 ③ [대상]을 선택한 후 ④ 효과 적용 대상으로 인물 클립을 선택하고 ⑤ [적용]하면 완성입니다.

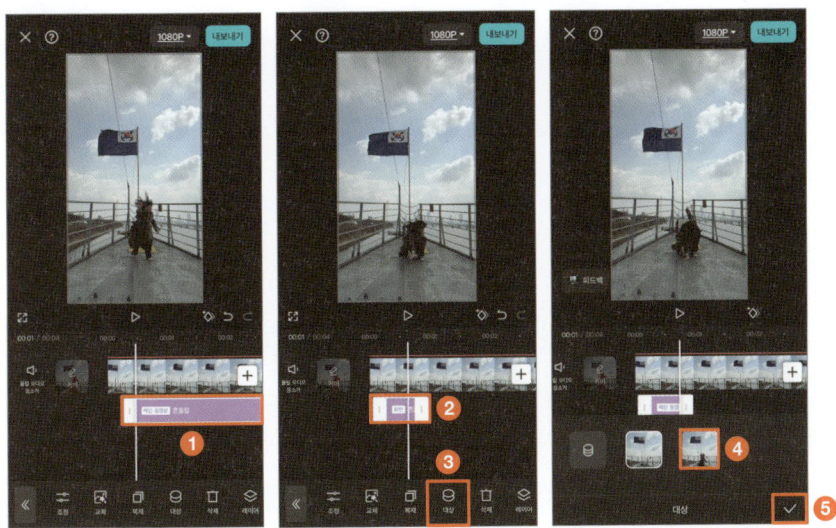

≪ 효과 클립 길이 조절 → [대상] → 인물 클립

# 내가 4명이나?
# 네 쌍둥이 마법

한 화면에 같은 사람이 무려 4명이나?? 이 기법은 같은 사람이 서로 다른 옷을 입고 있거나, 다른 동작을 하는 모습을 한 번에 보여줄 수 있습니다.

## 같은 장소 서로 다른 모습 촬영하기

대부분의 합성 영상은 삼각대가 필수입니다. 이번에도 마찬가지죠. 카메라를 고정한 후 화면 속에서 사람이 서로 겹치지 않도록 네 가지 행동별로 영상을 촬영합니다.

⌃ 네 쌍둥이 영상을 위한 촬영

만약 한 장면이라도 겹치는 위치에서 촬영된다면 다음 페이지의 왼쪽 장면처럼 경계가 부딪혀 어색한 영상이 됩니다. 또한, 인물과 인물이 가깝게 위치했을 때도 마스크 사용 후 깃털 옵션 적용 시 문제가 될 수 있으므로 화면에서 최대한 겹치지 않으면서 넓게 퍼질수록 완성도 높은 결과물을 얻을 수 있습니다.

⌃ 어색하게 완성된 영상    ⌃ 잘 만든 네 쌍둥이 영상

## 마스크 기능으로 네 쌍둥이 영상 완성하기

촬영한 4개의 영상을 선택하여 프로젝트를 시작합니다. 하나의 메인 영상만 온전히 유지하고, 나머지 3개의 영상 클립에서는 마스크 기능으로 인물 부분만 남길 것입니다. 246쪽에서 실습했던 쌍둥이 영상에서는 단순히 세로로 반을 나누었지만, 네 쌍둥이는 사람만 남겨야 서로 겹치거나 실수로 다른 클립의 인물을 가리는 실수를 방지할 수 있습니다.

**마스크 적용** 우선 첫 번째 클립은 그대로 유지합니다. ❶ 두 번째 클립부터 선택하고 ❷ 도구 바에서 [마스크]를 선택합니다.

⌃ 두 번째 클립 선택 → [마스크]

❶ [원]이나 [직사각형]을 선택하여 ❷ 인물만 보이도록 마스크의 크기와 위치를 조절합니다.
❸ 선택한 마스크 모양을 한 번 더 누른 후 [깃털] 탭에서 3~5 정도로 조절합니다. 깃털 옵션을 높게 설정하면 다른 클립의 인물과 겹칠 수 있으므로 경계가 자연스러운 정도로만 설정하는 것이 좋습니다.

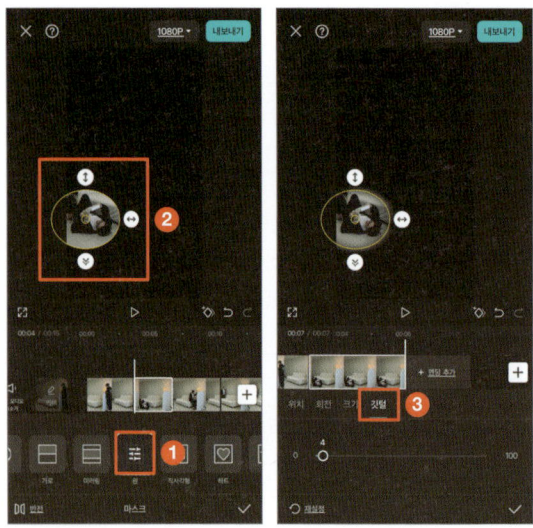

⌃ [원] / [직사각형] → 크기 및 위치 조정 → 깃털 적용

남은 세 번째와 네 번째 클립도 각각 선택한 후 원이나 직사각형으로 마스크를 씌우고, 깃털 옵션까지 적용합니다.

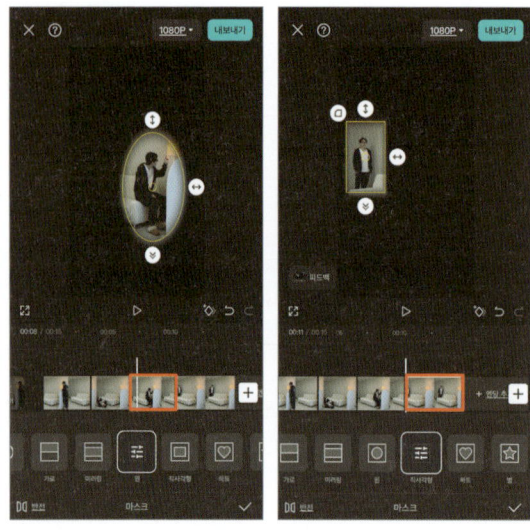

⌃ 세 번째와 네 번째 클립의 마스크 적용 결과

**오버레이 후 클립 위치 조정** 마스크 적용이 끝났으면 첫 번째 클립을 제외한 ① 나머지 클립을 각각 선택한 후 ② [오버레이]를 선택해서 ③ 3개의 PIP 클립을 만듭니다. ④ PIP 클립과 메인 클립이 같은 위치에 있어야 하므로 각 PIP 클립을 꾹 누른 후 그림과 같이 왼쪽으로 정렬합니다.

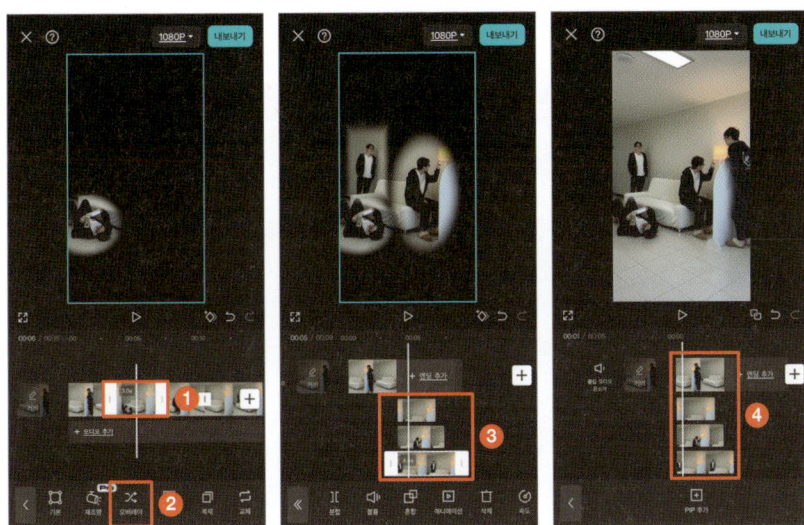

⌃ 클립 선택 → [오버레이] → 각 클립 나란히 배치

얼핏 보면 네 쌍둥이 영상이 완성되었습니다. 하지만 각 마스크의 경계를 꼼꼼하게 살펴볼 필요가 있습니다. 깃털 옵션으로 경계가 지워진 인물이 있다면 깃털 옵션값을 다시 조절해야 합니다. 그런 다음 마지막으로 클립의 길이를 모두 맞추면 완성!

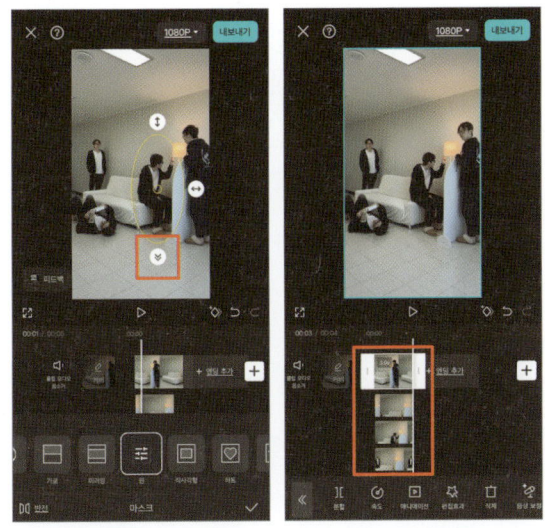

⌃ 마스크 경계 확인 후 클립 길이 맞추기

**TIP & TECH** 마스크 경계는 해당 클립을 선택한 후 도구 바에서 [마스크]를 선택한 다음 미리보기 화면에서 >> 아이콘을 이용하거나 현재의 마스크 모양 아이콘을 다시 한번 누른 후 [깃털] 탭을 이용합니다.

## 기둥 뒤로 가면 옷이 바뀌는 마법

영상 보기

영화 '악마는 프라다를 입는다'를 보셨나요? 개봉한 지 20년이 지난 영화지만, 지금 다시 봐도 세련된 영상미에 놀라게 됩니다. 영화 장면 중 택시가 지나가면서 기둥을 지날 때마다 주인공의 옷이 바뀌는 장면이 있습니다. 그 장면을 우리는 스마트폰으로 구현해 보겠습니다.

### 옷이 바뀌는 장면 촬영하기

더는 삼각대를 이야기하지 않아도 되겠죠? 당연히 삼각대를 이용해 촬영합니다. 사람만 움직일 뿐 위치나 장소, 구도는 전혀 변하지 않도록 촬영해야 합니다. 또한, 촬영 장소를 찾을 때도 보통의 기둥보다는 예시처럼 예쁘고 감성적인 곳에서 촬영하면 더욱 멋진 영상이 되겠죠?

멋진 장소를 찾았다면 ❶ 옷을 갈아입기 전 기둥 뒤로 들어가는 영상과 ❷ 다른 옷으로 갈아입은 후 기둥에서 나타나는 영상을 각각 촬영합니다. 이때 합성에 사용할 부분의 앞뒤로 조금 여유 있게 촬영하고, 배경만 추가로 촬영해 놓으면 이후 편집 단계에서 발생할 수 있는 문제를 좀 더 유연하게 대처할 수 있습니다. 촬영 중 팁 하나! 기둥 중간을 기준으로 마스크를 씌울 것이므로, 손으로 기둥을 잡는다면 손가락이 기둥 바깥으로 삐져나오지 않도록 해야 합니다.

⌃ 옷을 갈아입기 전과 후 영상

## 마스크 기능으로 옷 갈아입는 영상 합성하기

옷 갈아입기 전 영상과 갈아입은 후 영상 순서로 프로젝트를 시작합니다. 이번 영상의 포인트는 영상에서 기둥 뒤로 들어간 타이밍에 갈아입은 모습이 등장하는 것입니다. 그러므로 두 영상의 타이밍을 잘 맞춰야 합니다.

**영상 타이밍 맞추기** ❶ 갈아입은 후 영상 클립을 선택한 후 ❷ 도구 바에서 [불투명도]를 선택하여 ❸ 불투명도를 60 정도로 낮추고 ❹ [적용]합니다. ❺ 이어서 [오버레이]를 선택하여 갈아입은 후 영상을 PIP 클립으로 전환합니다.

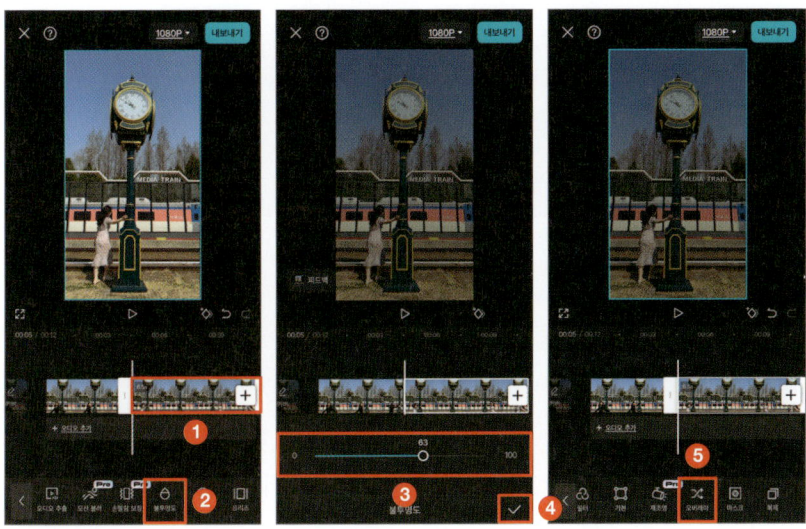

☆ 두 번째 클립 선택 → [불투명도: 60] → [오버레이]

PIP 클립을 꾹 눌러 왼쪽으로 조금씩 옮기면서 메인 클립에서 기둥 뒤로 들어가는 장면과 PIP 클립에서 기둥 뒤에서 나오는 장면이 일치하도록 타이밍을 맞춥니다. 메인 클립에서 기둥으로 들어간 위치에 인디케이터를 옮기고, PIP 클립을 좌우로 조금씩 움직이면서 맞추는 것이 가장 편리합니다.

타이밍을 맞췄다면 PIP 클립의 불투명도를 다시 100으로 되돌립니다.

∧ 위치가 맞지 않았을 때

∧ 두 영상에서 각각 기둥 뒤에 완전히 가려졌을 때

∧ 불투명도 복구

**마스크 적용하기** 이제 기둥 기준으로 영상의 절반을 가리면 됩니다. ❶ PIP 클립을 선택하고 ❷ 도구 바에서 [마스크]를 선택한 후 ❸ [가로]를 선택합니다. ❹ [가로]를 한 번 더 누른 후 [회전] 탭에서 ❺ 90도로 변경하여 세로 방향 마스크를 씌웁니다. 미리 보기 화면에서 직접 시계 방향으로 회전시켜도 됩니다. 반시계 방향으로 회전하면 옷 갈아입은 인물이 가려지니 주의하세요. 마지막으로 깃털을 3 정도로 적용하면 완성입니다.

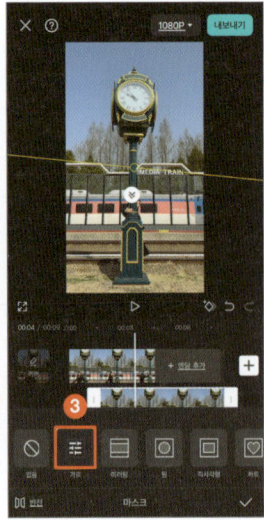

∧ PIP 클립 선택 → [마스크] → [가로] → 회전

앞서 영상을 촬영할 때 각 영상의 앞뒤를 여유 있게 촬영하거나 배경만 촬영해 두면 좋다고 했죠? 앞의 결과에서 옷을 갈아입기 전 영상 클립의 길이가 짧다면 아래와 같이 클립이 서로 겹치지 않는 구간에서는 영상의 반만 표시됩니다.

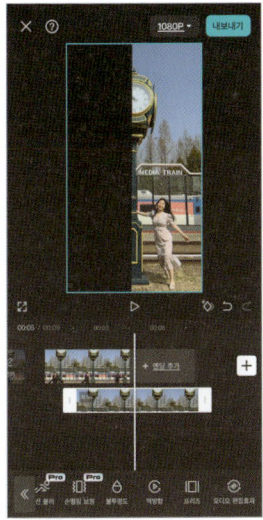

☆ 메인 클립에 여유 영상이 없을 때 발생할 수 있는 문제

이럴 때는 다음과 같은 추가 작업을 해야 합니다. ❶ 메인 클립이 끝나는 지점으로 인디케이터를 옮긴 후 ❷ PIP 클립을 선택하고 ❸ [분할]을 선택합니다. ❹ 분할된 뒤쪽 클립부터는 메인 클립과 겹치지 않아 반쪽 영상이 되므로 마스크를 다시 없애면 문제 해결 완료입니다.

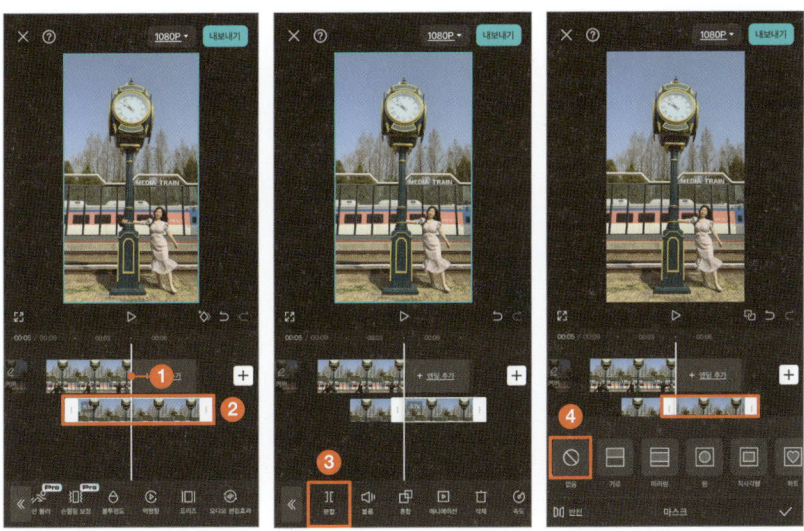

☆ 메인 클립이 끝나는 위치에서 [분할] → 뒤쪽 클립 선택 → [마스크] → [없음]

## 문이 열리면서 새로운 세상이 펼쳐지는 마법

영상 보기

'우리 집 문이 활짝 열리고 새로운 세상이 펼쳐졌으면 좋겠다!'는 상상 해 본 적 있나요? 신비로운 느낌의 뮤직비디오를 보면 문이 열리면서 낯선 장면이 나타나기도 합니다. 여러분은 문이 열렸을 때 어떤 세상이 펼쳐지길 바라나요? 어떤 세상이든 영상으로 꿈을 이뤄 보세요.

### 문이 열리는 장면과 배경 영상 촬영하기

이번에 완성해 볼 마법은 엘리베이터 문이 열리면 경복궁이 나타나는 영상입니다. 이번에는 삼각대가 없어도 됩니다. 문이 열리는 영상과 문 너머에 펼쳐질 배경을 각각 촬영해 주세요.

⌃ 엘리베이터 속 새로운 세상

평범한 방문이나 대문보다는 자동으로 정확하게 양쪽이 열리는 엘리베이터에서 촬영했을 때 가장 자연스럽고 예쁜 영상이 완성되었습니다. 먼저 엘리베이터가 열리기 전 정중앙으로 구도를 맞추고 엘리베이터가 활짝 열렸을 때 좌우가 화면에 꽉 차도록 촬영합니다. 이때 활짝 열린 문은 화면에서 보이지 않도록 하는 것이 포인트입니다.

≪ 엘리베이터 촬영 영상

만약 아래와 같이 수직, 수평이 맞지 않았다면 이후 마스크 작업이 어렵게 됩니다. 최대한 수직, 수평을 맞추면서 화면 가득 엘리베이터가 채워지도록 여러 번 촬영해 보세요.

≪ 잘못 촬영한 엘리베이터 영상

## 마스크와 키프레임으로 새로운 세상 합성하기

엘리베이터 영상과 엘리베이터에서 등장할 배경 영상 순서로 프로젝트를 시작합니다. ❶ 엘리베이터 영상 클립에서 문이 열리기 시작하는 장면으로 이동한 후 ❷ 도구 바에서 [분할]을 선택합니다. ❸ 분할된 뒤쪽 클립을 선택한 후 맨 앞에서 ❹ [키프레임 추가]를 누릅니다. ❺ 키프레임이 추가되면 이어서 [마스크]를 선택합니다.

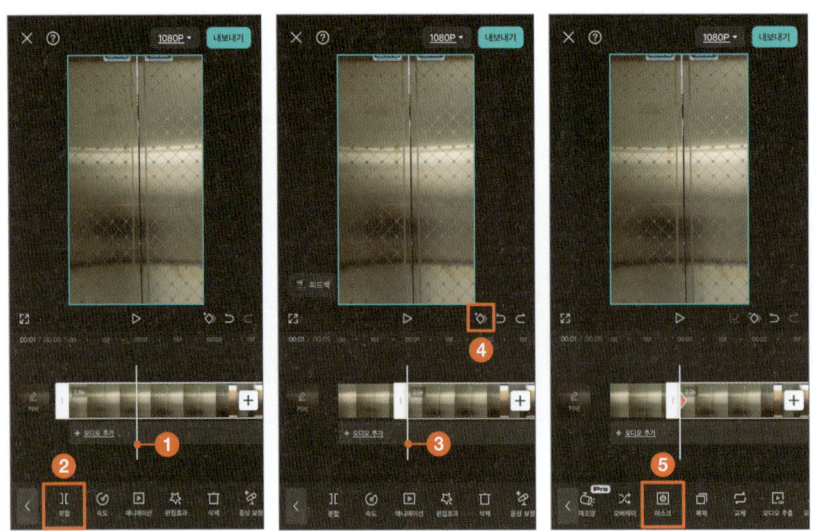

⌃ 문이 열리는 장면 → [분할] → 맨 앞에서 키프레임 추가 → [마스크]

마스크 패널이 열리면 양쪽으로 마스크 영역을 지정할 수 있는 ❶ [미러링]을 선택합니다. ❷ 문 사이로 배경 영상을 합성할 것이므로 중앙을 가려야 합니다. 그러므로 [반전]을 누르고, ❸ 90도 회전시켜 세로 방향으로 마스크를 지정합니다.

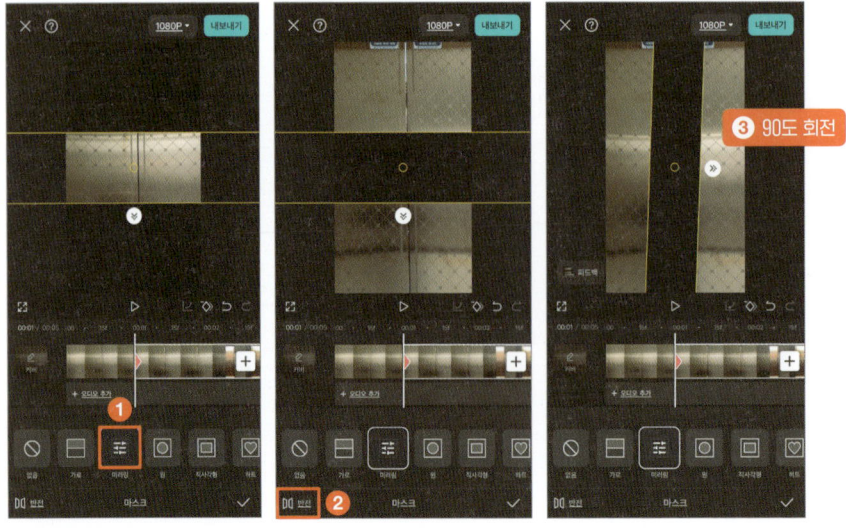

⌃ [미러링] → [반전] → 90도 회전

이어서 ① 미리 보기 화면에서 두 손가락을 모아 벌어진 마스크 사이를 최대한 붙입니다. 이제 반복 작업 시작입니다. ② 인디케이터를 10f씩 오른쪽으로 옮긴 후 ③ 엘리베이터의 입구가 열린 만큼 마스크를 벌려 주면 ④ 자동으로 키프레임이 추가됩니다.

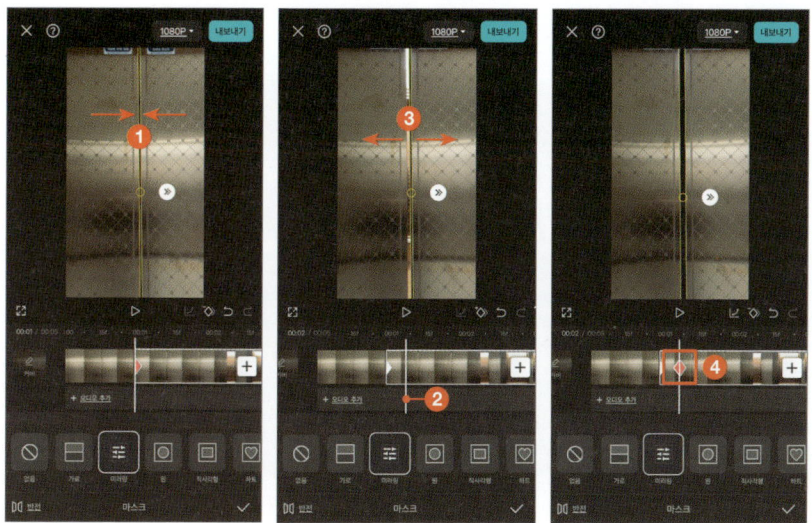

≫ 마스크 영역 조절 → 10f 이동 → 마스크 영역 조절

10f씩 이동 후 마스크 변경 과정을 반복하여 키프레임을 추가하는 작업은 엘리베이터 문이 활짝 열린 지점까지 이어집니다. ① 마지막 키프레임을 추가했다면 ② [적용]을 누르고, 이어서 ③ [오버레이]를 선택합니다.

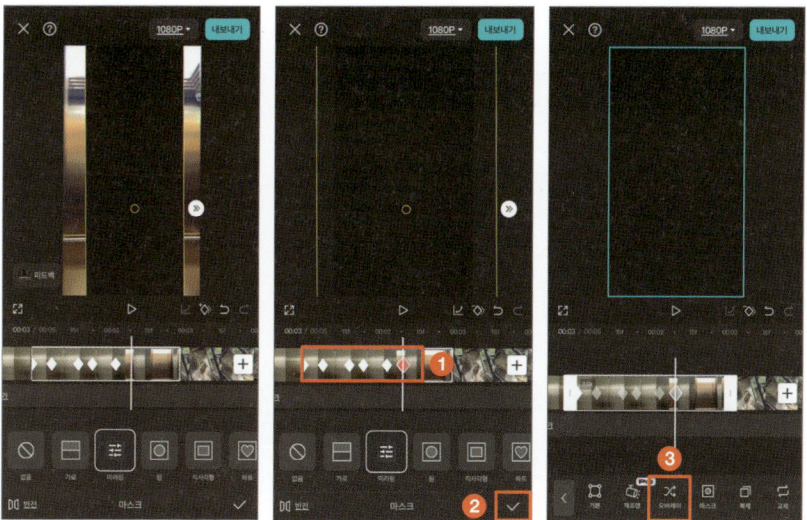

≫ 키프레임 작업 반복 후 적용 → [오버레이]

이제 배경 영상 클립과 마스크가 적용된 PIP 클립을 나란히 배치하면 완성입니다. 엘리베이터 문이 열리고 새로운 세상이 펼쳐집니다.

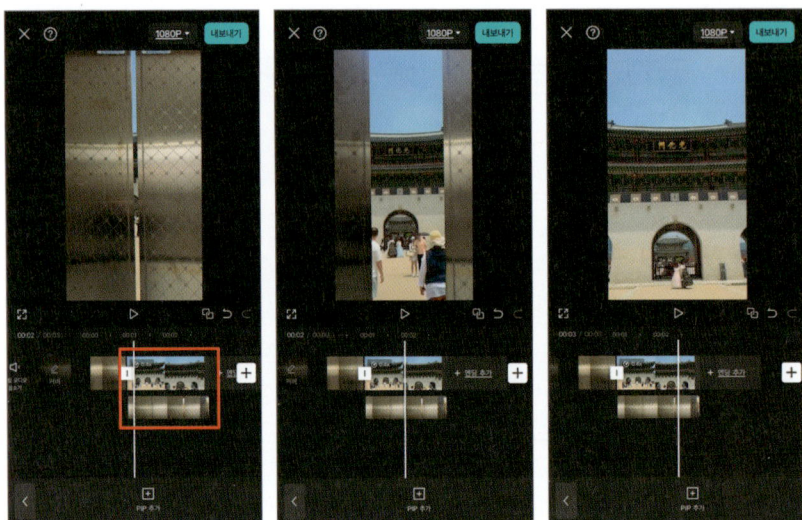

≪ 완성 결과

# 커피가 지나가니 텍스트가 나타나는 마법

영상 보기

광고에서 브랜드 이름이나 영화 제목을 강조할 때 자주 사용하는 기법이 있습니다. 물체나 사람이 지나가면 그 뒤를 따라 텍스트가 나타나는 영상을 완성해 보겠습니다.

## 무엇인가 지나는 영상 촬영하기

이번에 소개하는 마법 같은 기법은 감성적인 분위기의 여행지에서 자전거를 타고 지나가면 여행지의 이름이 등장하거나, 커피가 지나가면 메뉴 이름이 등장하는 등 정말 다양하게 활용할 수 있습니다. 여기에 콜라주 한 스푼을 더하면 아래와 같이 여러 줄의 문구가 나타나게 연출할 수도 있습니다.

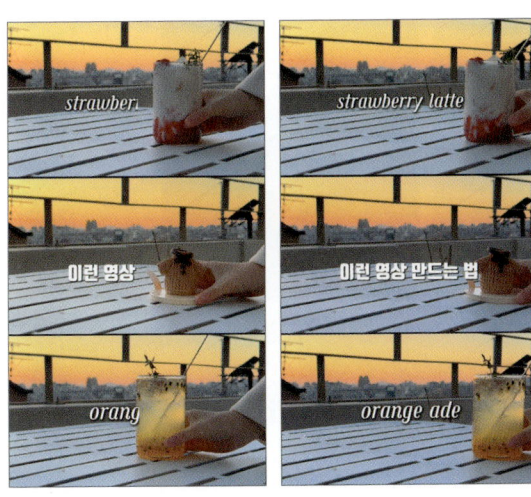

⌃ 텍스트가 나타나는 영상

텍스트는 캡컷에서 직접 입력할 것이므로 사람이나 기차, 자전거, 커피 등 무언가가 지나가는 영상 하나만 준비하면 됩니다.

⌃ 기차 지나가는 영상 예시

⌃ 커피가 지나가는 영상 예시

### 텍스트와 배경을 영상 파일로 저장하고, 키프레임 적용하여 합성하기

이번 영상의 핵심은 텍스트가 점점 나타나는 것입니다. 텍스트에 마스크만 씌울 수 있다면 너무나 간단한 방법이지만, VN이라는 앱을 제외한 스마트폰 영상 편집 앱 중에는 텍스트에 마스크를 씌우는 기능이 없습니다. 따라서, 영상과 텍스트를 하나의 영상으로 저장한 후 다시 불러와서 사용하는 방식으로 작업합니다.

**텍스트 영상 저장하기** 물체가 지나가는 영상으로 프로젝트를 시작한 후 ❶ 물체의 동선을 따라 텍스트를 입력합니다. 이때 물체를 따라 텍스트가 나타나야 하므로 물체의 왼쪽 끝과 텍스트의 왼쪽 끝을 맞춥니다. 만약 ❷ 아래의 두 번째 장면처럼 물체가 다 움직였을 때 텍스트 일부가 물체와 겹친다면 겹친 만큼 영상에 표시되지 않게 됩니다. 그러므로 ❸ 세 번째 장면처럼 물체의 오른쪽 끝보다 왼쪽에서 텍스트가 끝나도록 위치나 크기를 조절한 후, ❹ [내보내기]를 눌러 영상 파일로 저장합니다. 텍스트에 마스크 기능을 적용할 수 없으므로, 영상과 텍스트를 하나로 만드는 과정입니다!

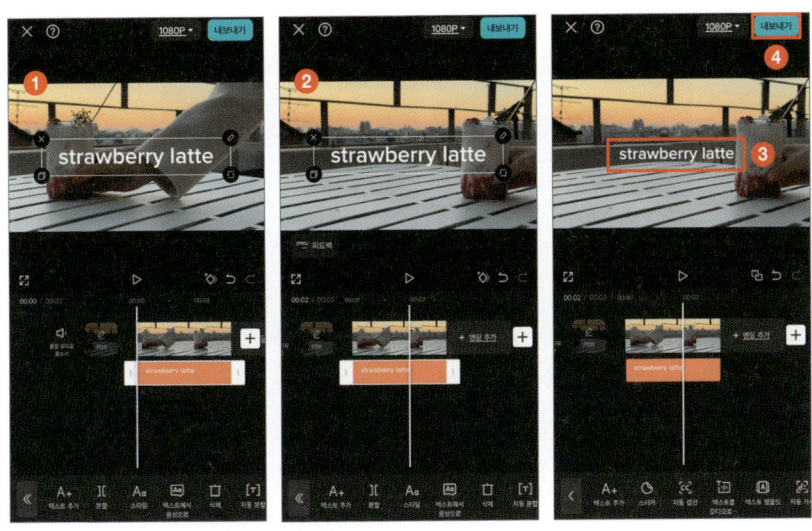

⌃ [텍스트] → 문구 입력 → 물체의 이동 범위에 맞게 텍스트 배치

**저장한 텍스트 영상 불러오기** 내보내기 작업이 끝나면 왼쪽 위 ❶ [<]를 눌러 다시 프로젝트 화면으로 돌아와서 ❷ 앞서 입력한 텍스트 클립을 선택한 후 ❸ [삭제]를 선택합니다. ❹ 텍스트 클립 삭제 후 클립 오른쪽에 있는 [+] 아이콘을 눌러 앞서 저장한 텍스트 영상을 불러옵니다.

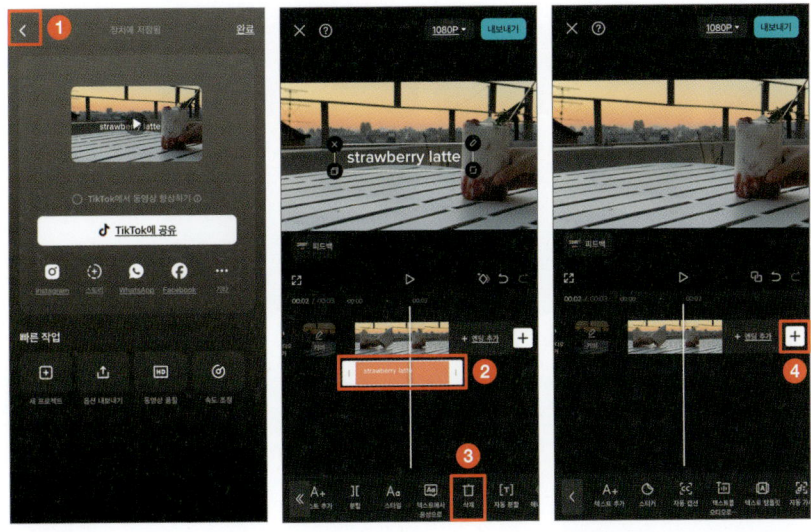

⌃ [내보내기] → 텍스트 클립 삭제 → 저장한 영상 불러오기

**키프레임 추가 및 마스크 적용** ❶ 메인 트랙에 텍스트를 추가하지 않은 영상과 추가한 영상이 일렬로 배치되었습니다. ❷ 텍스트가 없는 앞쪽 클립을 선택한 후 ❸ [오버레이]를 선택하고, ❹ PIP 클립의 맨 앞에서 ❺ 키프레임을 추가합니다. ❹ 그런 다음 [마스크]를 선택합니다.

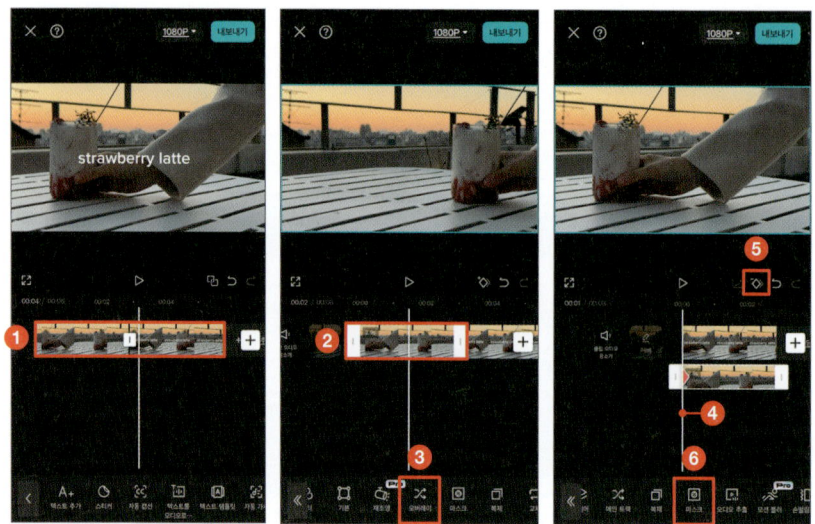

∧ 텍스트가 없는 영상 선택 → [오버레이] → 키프레임 추가 → [마스크]

❶ 마스크 패널이 열리면 [가로]를 선택하고 ❷ 미리 보기 화면에서 시계 방향으로 90도 회전한 후 ❸ 컵의 왼쪽 경계에 맞춰 마스크를 옮깁니다.

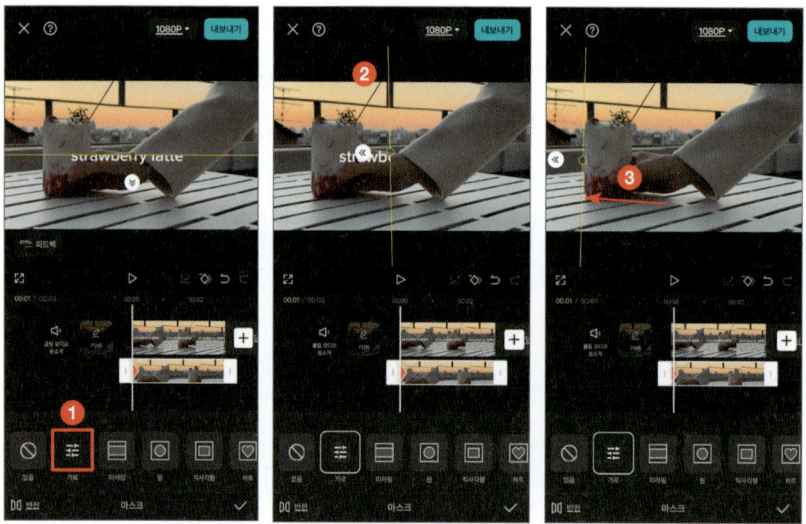

∧ [가로] → 90도 회전 → 컵 왼쪽 경계에 맞춰 마스크 위치 변경

이제 컵이 오른쪽으로 이동할 때마다 마스크 선도 컵을 따라 이동하도록 키프레임을 적용할 것입니다. 인디케이터를 오른쪽으로 옮기면서 컵 위치에 맞게 마스크 선의 위치를 옮기면 자동으로 키프레임이 추가됩니다. 많이 추가할 필요는 없고 3~5개 정도로 키프레임을 추가하면 완성입니다.

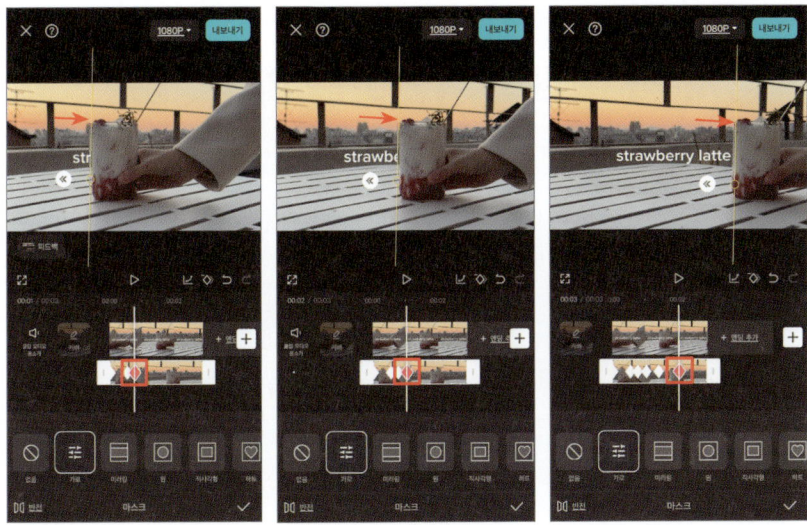

△ 컵 위치 변경에 따른 마스크 위치 변화로 키프레임 추가

영상을 재생해 보세요. 컵이 지나가면서 자연스럽게 텍스트가 나타나는 마법 같은 영상이 완성되었습니다. 이번에 소개한 기법을 활용하여 여행지에서 사람이 지나가면 텍스트가 등장하거나, 여러분이 원하는 물체를 정해 텍스트가 나타나는 영상을 직접 완성해 보세요.

## 상자를 열지 않고 상자 속 물건을 확인하는 마법

영상 보기

마지막 마법! 없는데 있다? 상자를 열지 않고도 상자 속 물건을 알아맞히는 X-ray 마법 영상입니다. 이번 마법 실습에서 크로마 키를 제대로 활용하는 꿀팁까지 배워 보세요.

### 스마트폰을 크로마 키 배경으로 활용하기

이번에 만들 실습은 스마트폰 화면에 상자 속 내용이 표시되는 X-ray 영상입니다. 즉, 스마트폰 화면에 크로마 키 기법으로 다른 영상을 합성할 예정입니다.

⌃ 스마트폰을 이용한 X-ray 기법 영상

그러므로 구글 등에서 '초록색 화면'으로 검색하여 이미지를 다운로드한 후 이미지 크기를 9:16으로 바꾸고 적절하게 확대하여 스마트폰 화면 가득 초록색 이미지로 채웁니다.

⌃ 초록색 이미지를 다운로드한 후 스마트폰 화면 가득 채우기

## 스마트폰으로 스캔하는 듯한 영상과 스캔될 영상 촬영하기

이번 영상도 정확한 위치에 물체를 두기 위해 삼각대를 준비해야 합니다. 또한, 크로마 키 배경으로 사용할 스마트폰과 촬영에 사용할 스마트폰이 각각 필요합니다.

준비물이 갖춰졌으면 삼각대를 설치한 후 크로마 키 배경용 스마트폰을 들고 빈 공간 혹은 상자 위를 스캔하는 듯한 장면을 촬영합니다. 이어서 스마트폰으로 스캔했을 때 화면에 표시될 배경 영상도 촬영합니다. 이전 영상과 같은 길이로 아무것도 건드리지 않은 채 촬영해야 합니다.

   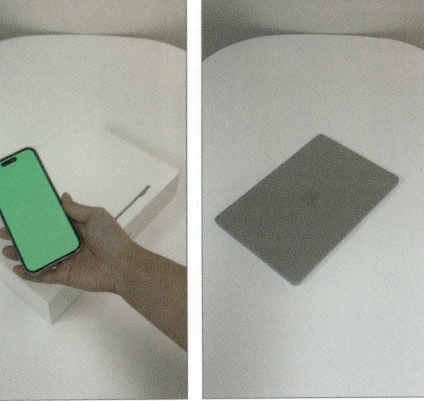

⌃ 빈 공간을 스캔하는 영상  ⌃ 상자 속을 스캔하는 영상

## 크로마 키 기능으로 스마트폰 화면에 배경 영상 합성하기

스마트폰으로 스캔하는 영상과 스캔될 물체 영상 순서로 프로젝트를 시작한 후 가장 먼저 할 일은 초록색 배경을 제거하는 작업입니다. ① 스마트폰 영상 클립을 선택한 후 ② [배경 제거]를 선택하고 ③ [크로마 키]를 선택합니다. ④ 미리 보기 화면에서 컬러 피커를 초록색 화면으로 옮깁니다.

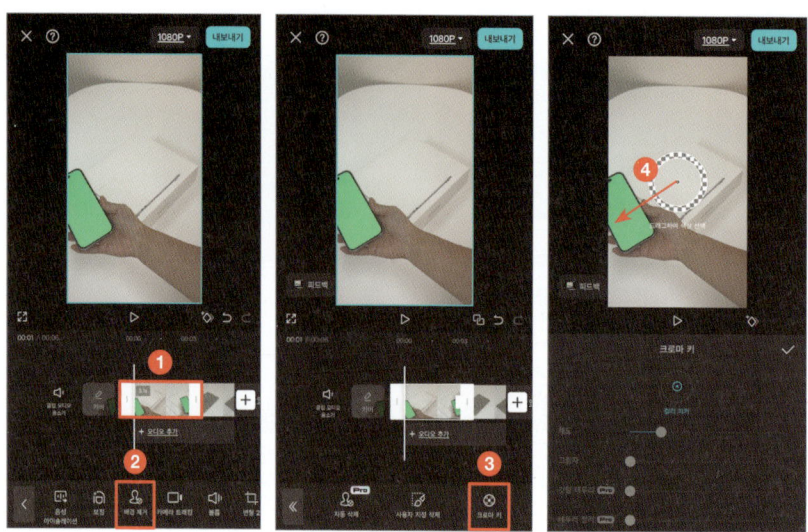

∧ 스마트폰 영상 클립 선택 → [배경 제거] → [크로마 키] → 초록색으로 컬러 피커 이동

① 크로마 키 패널에서 [채도]를 조절하여 초록색을 모두 제거한 후 ② [적용]을 누릅니다. ③ 이어서 스마트폰 클립을 [오버레이]하면 완성! 너무 쉽죠?

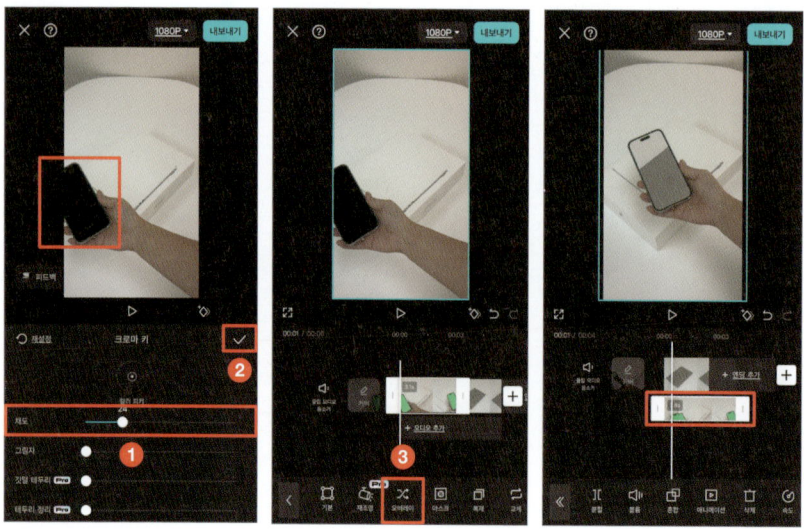

∧ 채도 조절 후 [오버레이]

**TIP&TECH** 여기서는 상자 속 물건을 스캔하는 영상을 제작했습니다. 이번 기법의 원리를 이해하면 아무것도 없는 곳에 커피가 표시되는 영상을 만들 수도 있고, 사람이 초록색 종이를 들고 있는 장면에서 다른 옷을 입은 영상이 보이게 만들 수도 있습니다. 조금 더 나아가, 사람이 초록색 종이를 들고 촬영한 뒤, 같은 자리에 해골 모형을 합성하는 방식으로 X-ray 영상처럼 만들 수도 있습니다. 상상의 나래를 마음껏 펼쳐 다양한 연출로 영상을 완성해 보세요.

## 마법 한 스푼 | HSL 조절하기

크로마 키에서 핵심 포인트는 무엇일까요? 초록색으로 촬영했다는 점을 들키지 말아야겠죠? 가족에게도 알려 주지 않았던 크로마 키 합성의 마지막 핵심 비밀. ❶ 크로마 키 영상 클립을 선택하고 ❷ [조정]을 선택합니다. ❸ [조정] 탭이 열리면 [HSL]을 선택한 후 ❹ 초록색 ❺ [채도]를 0으로 변경해 보세요. 크로마 키로 제거한 초록색의 미세한 느낌조차 나지 않게 되어 더욱더 전문가 같은 영상을 완성할 수 있습니다.

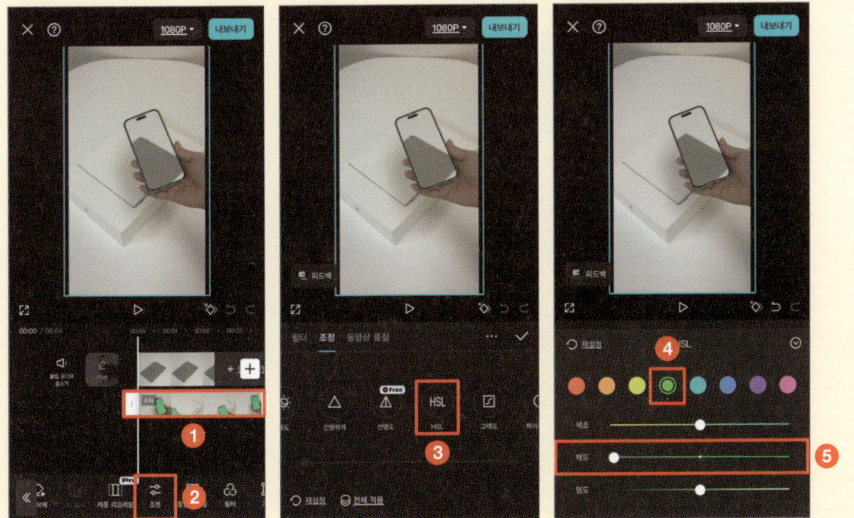

≫ [조정] → [HSL] → 초록색 → [채도: 0]

✦ FINAL MISSION ✦
# 트랜지션 미션을 수행하라

여러분 어떠셨나요? 이제 롱제이를 뛰어넘는 여러분만의 영상 마법을 펼치실 수 있겠죠? 영상 마법을 마스터할 수 있는 진짜 마지막 미션을 드리겠습니다. 이 책을 정독했다면 292쪽에 있는 초록색 페이지를 활용해 트랜지션 영상을 만들어 보세요.

여러분이 완성한 트랜지션 영상을 업로드하고, @ggultip_longj를 태그해 주세요. 확인하는 즉시 댓글을 남기러 달려가겠습니다. 책을 읽고 얼마나 도움이 되었는지 열정 가득한 여러분과 소통하고 싶습니다. 자, 그럼 마지막 미션을 위해 크로마 키로 만들 수 있는 트랜지션 촬영 편집 방법을 소개합니다. 이 방법을 참고해 만든 참신하고 재밌는 영상을 기다리고 있겠습니다.

## 크로마 키 트랜지션 미션 영상 촬영하기

아래의 스마트폰이 책이라 생각하고 촬영하면 됩니다. 영상의 시작은 초록색으로 화면 전체를 가렸다가 뒤로 물러나면서 촬영해 보세요. 책을 이용할 것이므로 초록색 화면에서 뒤로 빠지면서 책을 덮는 장면을 촬영해도 좋겠죠?

⌃ 크로마 키 트랜지션 영상 촬영하기

## 크로마 키 트랜지션 미션 영상 완성하기

트랜지션 영상과 함께 크로마 키 화면에 합성할 배경 영상까지 준비한 후 배경 영상과 트랜지션 영상 순서로 프로젝트를 시작합니다. 이후 크로마 키 기능으로 초록색 배경을 제거합니다.

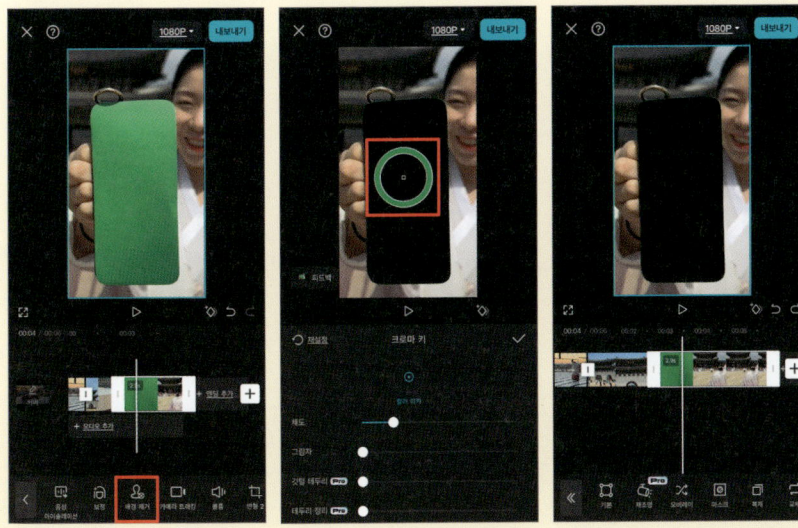

▲ [배경 제거] → [크로마 키] → 초록색 제거

이제 트랜지션 영상 클립을 [오버레이]하여 PIP 클립으로 전환하고 크로마 키 영역에 검은색 배경만 나타나지 않도록 배경 클립과 적절하게 겹쳐서 배치하면 완성입니다.

▲ 잘못된 크로마 키 합성    ▲ 제대로 합성된 크로마 키 영상

어때요? 어렵지 않죠? 여러분만의 새로운 마법! 미션 영상을 기다리고 있겠습니다. 감사합니다.

# 찾아보기

## 숫자
4K 022
8등신 보정 208
1080p 022

## B F
B 페이 119
FHD 022
fps 022
f값 060

## G H
GIF 099
HDR 비디오 024
HSL 184

## M P
mp3 165
PIP 224
PIP 추가 225

## U W
UHD 022
W 플래 119

## X Y Z
X축 065
Y축 067
Z축 069

## ㄱ
가독성 138
가로 083
가로 세로 비율 094
가을빛 보정 201
가이드라인 139
감각적인 영상 108
갤럭시 019
거리 043
건물 035
걷는 장면 072
겨울 왕국 205
격자 018
격자 기능 037
격자 선 039
계절감 197
고속 촬영 058
곡선 122
공간감 042
교체 103
구도 037
구독 080
그래프 132

그림자 182
그림자 스타일 148
글꼴 143
글꼴 추가 144, 146
기름때 030
기본 102
기본 엔딩 추가 089
기본 조작 091
깃털 245

## ㄴ
내레이션 172
내보내기 098
내보내기 설정 098
네온사인 148
녹화 161
눈높이 046

## ㄷ
다리 길게 210
대비 조절 180
동영상 효과 267
드론 050

## 찾아보기

### ㄹ
라스팅 텍스트 153
레이어 227
렌즈 030
로우 앵글 051
리터치 210

### ㅁ
마스크 242
마스크 반전 243
맛집 영상 195
메인 트랙 227
모자이크 212
목소리 172
무료 080
무료 글꼴 144
무빙 064
뭉개짐 현상 122
미니미 세상 259
미러링 100

### ㅂ
반원 065
밝기 조절 179
배경 033
배경 스타일 149

배경 제거 235
배율 053
변형2 100
변화 구간 131
별 궤적 059
보정 178, 208
복제 104
볼륨 105
부드러운 슬로우 모션 122
분리 151
분할 097
불러오기 087
붉은 노을 201
뷰티 광고 044
브이딧 217
블랙 183
블러 063
블로 212
비디오 녹화 024
비율 031
비율 변경 093
비율 조정 101
비타 215
비트 122, 166
비트 생성 167
비트 쪼개기 167
빼기 119

### ㅅ
사용자 지정 122
삭제 097
삼각대 026
상반신 071
새로운 클립 090
새 프로젝트 086
색조 184
샘플 음악 160
샷의 종류 043
세로 083
세로 영상 041
세우기 119
소실점 042
속도 조절 120
손떨림 보정 106
숏폼 138
수준기 018
수직 018
수평 018
수평 맞추기 083
스마트폰 025, 053
스타일 적용 147
스토리 변화 117
스티커 157
슬로 모션 055
슬로 모션 구간 056
시네마틱 060

시선 039
쌍둥이 영상 246

## ㅇ

아웃도어 광고 044
아이 레벨 046
아이폰 018
안내선 019
안정적 031
안정화 향상 024
애니메이션 150
앱 026
앵글 046
얼굴 장면 073
얼짱 각도 049
여행 영상 067
역방향 113
역재생 114
연결 해제 137
연출 036
영상 028
영상 합성 228
영상 회전 093
오디오 분리 164
오디오 음조 변경 121
오버레이 224
오프닝 영상 248

온도 184
옷 갈아입는 영상 273
옷 색상 189
외모 변화 117
요소 클립 151
움직이는 것 034
움직이는 텍스트 155
움직임 029
움짤 099
워드아트 149
워터마크 088
웨이스트 샷 043
위치 102
위치 이동 092
유료 080
유튜브 라이브러리 221
유튜브 쇼츠 152
유튜브 쇼츠 스타일 152
음량 170
음량 조정 171
음소거 105
음악 녹음 160
음악 저작권 221
음악 편집 166
음절 141
인물 동영상 063
인물 영상 060
인터페이스 085

일반 121
일시 정지 104

## ㅈ

자동 캡션 174
자르기 083
자막 134
자막 생성 174
장면 전환 115
재설정 209
저작권 219
전환 116
조정 178
종이공 119
좋은 영상 081
지브리 느낌의 보정 199

## ㅊ

채도 조절 180
초점 060
촬영 대상 034
추가 090
추출 163

# 찾아보기

## ㅋ
캡컷 078
컷 편집 095
콜라주 108
크로마 키 251
클로즈업 045
클로즈업 샷 043
클립 길이 096
클립 순서 091
클립 오디오 음소거 105
클립 자르기 096
키프레임 127
키프레임 구간 132

## ㅌ
타임랩스 058
텍스트 상자 134
텍스트 위치 136
텍스트 추가 134
텍스트 클립 135
텍스트 템플릿 150
텍스트 편집 142
트래킹 156
트랜지션 064
틸트 064

## ㅍ
패닝 064
페이드 아웃 170
페이드 인 170
편집 앱 078
편집 위치 091
편집 화면 087
편집효과 149
풀 샷 043
품질 031
프레임 022
프리즈 104
필터 178
핑크빛 보정 197

## ㅎ
하이라이트 182
하이 앵글 049
하이퍼랩스 058
합성 224
해상도 021, 095
혼합 119, 228
화면 기록 161
화면 비율 094
화사한 얼굴 193
화이트 183
화질 021
확대 102
확대/축소 092
회전 101, 102
획 스타일 147
획 추가 237
휘도 조절 181
흐림 정도 063
흑백 세상 131
흔들림 031